数据法学

（第五卷）

李玉华　主编
毛立琦　执行主编

中国人民公安大学出版社
·北　京·

图书在版编目（CIP）数据

数据法学. 第五卷/李玉华主编. --北京：中国

人民公安大学出版社，2024.4

ISBN 978-7-5653-4767-2

Ⅰ.①数… Ⅱ.①李… Ⅲ.①计算机网络-数据管理

-法规-研究-中国 Ⅳ.①D922.174

中国国家版本馆 CIP 数据核字（2024）第 001390 号

数据法学（第五卷）

李玉华 主编

出版发行：中国人民公安大学出版社
地 址：北京市西城区木樨地南里
邮政编码：100038
经 销：新华书店
印 刷：涿州市新华印刷有限公司

版 次：2024 年 4 月第 1 版
印 次：2024 年 4 月第 1 次
印 张：15.75
开 本：787 毫米×1092 毫米 1/16
字 数：242 千字

书 号：ISBN 978-7-5653-4767-2
定 价：45.00 元

网 址：www.cppsup.com.cn www.porclub.com.cn
电子邮箱：zbs@cppsup.com zbs@cppsu.edu.cn

营销中心电话：010-83903991
读者服务部电话（门市）：010-83903257
警官读者俱乐部电话（网购、邮购）：010-83901775
法律图书分社电话：010-83905745

《数据法学》（第五卷）

主　　编：李玉华

副主编：邢　捷　苏　宇

执行主编：毛立琦

编　　委：（按姓氏笔画排序）

毛立琦　邓　辉　孙其华　苏　宇

张伟珂　陈星宇　康　宁

目　录

经典译苑

....

Contents

Classical Translation

特　　稿

我国公共数据汇集应用制度实证研究

——基于 59 个地方的立法文件的分析

程　迈* 丁安然**

（南昌大学法学院，江西南昌　330031）

摘　要：公共数据是我国重要的数据类型。目前，在公共数据汇集应用制度的建设方面，各地立法"百花齐放"，但还缺乏中央层面的统一立法。通过分析 59 个地方共 83 份有关公共数据的立法文件可以得知，各地普遍将公共机构在履行职权过程中获得的数据定义为公共数据，但各地公共数据汇集方式的集约化程度却不高，打通其堵点的关键便在于尊重和承认公共数据掌握主体自身的利益。此外，公共数据汇集应用机制的法律地位也缺乏共识性的定论，由此导致汇集主体在行政机关与事业单位之间游离不定。分析显示，公共数据的开放与运营在各地立法中属于相对薄弱的环节，这不利于激发市场主体在公共数据资源开发利用中的积极性。因此，在未来的制度建设中，需要弱化当前政府占据中心的主体地位，更好地承认、保护社会主体的权益。

关键词：公共数据；数据共享；数据开放；数据运营；地方立法

党的二十大报告提出，要加快建设数字中国，加快发展数字经济，促进数字经济与实体经济深度融合。数据是数字经济的核心生产要素，在党的二十大报告中，数据也成为与"重大基础设施、金融、网络"等同等重要的涉

　　基金项目：江西省社会科学"十四五"（2022 年）基金一般项目"优化法治营商环境视野下行刑交叉案件不予追究刑事责任机制研究"（项目编号：22FX15D）。

　　* 程迈，华东政法大学涉外法治研究院教授。

　　** 丁安然，南昌大学法学院讲师。

及国家安全的战略资源。我国各级政府机关和各类公共组织，在中国特色社会主义市场经济体系和社会综合治理过程中扮演着积极的角色，相应地收集并积累了丰富的数据资源，实践中这部分数据资源经常被人们称为"公共数据"。在这些公共数据中蕴含着丰富的经济价值和社会价值，如果能够对其进行充分汇集整合和挖掘利用，无疑将起到助推中国数字经济发展、数字中国建设的作用。

但需要注意的是，目前对于公共数据的汇集应用制度，无论是在理论上还是制度设计上，还存在着许多争议。例如，对于公共数据的定义、如何平衡公共数据利用与数据安全之间的关系、来源和类型复杂广泛的公共数据资源应当采取怎样的汇集方式、公共数据汇集应用机构的法律地位、普通公民是否有权向公共机构要求其公开特定类型的公共数据、在公共数据的开发应用过程中公私主体之间的权利义务，等等。面对实践中的这些争议，我国的公共数据制度建设迫切需要全国性的立法对这些问题给出权威的回答。

但是从目前我国关于公共数据的立法发展来看，全国层面上的立法更多地体现为"守底线"的立法，即对于数据安全、网络安全和个人信息保护有中央层面上的立法。但是对于数据，包括公共数据的开发应用问题，还缺乏直接有针对性的立法措施。这种中央立法阙如情况的发生，很大程度上是因为数据的开发应用属于一个新兴问题，既有的理论和制度尚不能很好地对其做出解释和规范。在中央立法缺位的情况下，地方立法百花齐放、百家争鸣，为在全国层面出台统一的公共数据应用立法，积累了宝贵的制度设计和实践经验。

为了更好地总结我国在公共数据汇集应用制度的地方实践经验，本文首先提炼了公共数据汇集应用制度中的关键问题。然后从这些关键问题出发，全面梳理了目前中国各地方的立法和规范性文件的相关规定，并检验了在制度实践中这些焦点问题的表现形式，凝练了已经达成的制度设计共识和需进一步明确的关键问题，以及有可能阻止制度推进发展的堵点。最后，在这些理论研究和实证分析的基础上，提出了一些继续推动制度建设的建议。

一、公共数据汇集应用制度的关键问题

近年来，随着我国数字经济的快速发展，公共数据的价值也开始进入人们的视野之中，相应地，公共数据汇集应用制度的建设与发展也成了决策者和研究者越来越关注的问题。在公共数据汇集应用制度的建设和发展中，与其他制度类似，人们尤其需要关注制度的一些核心概念的定义问题，以及制度的设计者与推动者的法律资格与行动权限的问题。在我国的公共数据汇集应用制度的建设与发展过程中，目前，公共数据的定义尤其是公共数据的来源范围，公共数据的共享汇集尤其是在政府机关和具有公共管理职能的公共组织之间的汇集方式，公共数据的开放应用尤其是社会主体参与公共数据的开发利用途径等问题，构成了目前中国公共数据汇集应用制度建设与发展过程中的核心问题。

（一）公共数据的定义

公共数据的汇集应用制度设计与实践，面对的第一个问题就是"公共数据"的定义。由于目前我国还没有针对公共数据汇集应用问题的全国性立法，相应地，在全国范围内对"公共数据"也缺乏统一明确的法律定义。这种法律上规定不明的情况也带来了学术讨论中的争议。

目前对于公共数据的定义，在学术研究中存在着两种观点，一种是从数据内容出发定义公共数据，尤其是认为涉及公共利益的数据即为公共数据。[1]另一种定义从数据的控制主体出发，即认为公共机构和组织掌握的数据即为公共数据。[2] 适用这两种存在比较大差异的定义方式，会在公共数据的汇集应用中带来不同的制度实践后果。例如，如果以内容为区分标准的话，一些大的数字经济企业的数据也会被纳入公共数据的范围，如在商业平台上用户的参与活动产生的数据；[3] 而在以主体为区分标准时，这些数字经济企业的数据就不会被纳入公共数据的范围。

此外，在实践中，"公共数据"与"政府数据""政务数据"等概念之间

---

[1] 例如，有学者指出："其与公共利益间的密切关联决定了此类数据资源的使用应当服务于社会公众基本需要和基本发展的满足，以维持和促进社会的进步与稳定。"齐英程：《作为公物的公共数据资源之使用规则构建》，载《行政法学研究》2021 年第 5 期。

[2] 赵加兵：《公共数据概念的规范界定及其民法意义》，载《河南牧业经济学院学报》2022 年第 2 期。

[3] 衣俊霖：《论公共数据国家所有》，载《法学论坛》2022 年第 4 期。

的区别也需要厘清。在实践中我们会看到，有时这些概念存在着混用的情况。① 这些情况的存在，都对一个清晰明确的"公共数据"定义提出了需要。

（二）公共数据的共享汇集制度

数据的价值在于"大"和其完整性，要充分发挥公共数据的价值首先需要做到对公共数据的高效完整汇集。目前，我国许多地方都已经开始了公共数据共享汇集平台的建设工作。② 在这些平台的建设过程中，公共数据的具体汇集方式，是由地方的一个平台统一汇集、最大限度地实现公共数据的集约化运用，还是分散汇集，建设多个内容性质存在一定差别但又有重叠交叉的平台，这也是这些不同的地方推进公共数据汇集应用工作态度的真实写照，或者制度建设水平的重要反映。

此外，在公共数据汇集的过程中，公共数据汇集机构的法律地位，如是政府机关还是事业单位，将直接决定该机构的履职能力以及在开放应用公共数据时的法律权限。因此，公共数据汇集机构的法律地位，其中包括其在行政序列中的上下级隶属关系，也是反映一个地方公共数据汇集应用工作实际推进情况的重要指标。

（三）公共数据的开放应用制度

公共数据汇集的过程，也是一个在公共数据掌握主体之间共享的过程。公共数据掌握主体基本上属于政府部门或者具有公共管理职能的公共组织，但是在这些公共机构之外，还有大量的社会主体，而且不同的社会主体可能表现出不同的需求，如高校科研人员与数字经济企业的需求不可避免地会存在差别。社会主体接触和利用公共数据的过程，也是公共数据开放或获得进一步应用的过程。公共数据的汇集最终是为了有效地利用这些数据，尤其是向社会开放并在经济和社会生活中得到有效应用，最终实现其数据价值。加

---

① 例如，在《中华人民共和国国民经济和社会发展第十四个五年规划和2035年远景目标纲要》中提出："开展政府数据授权运营试点，鼓励第三方深化对公共数据的挖掘利用。"此条规定中"政府数据"与"公共数据"之间的关系是值得探讨的。

② 例如，据《2021年度中国地方政府数据开放报告》，截至2021年10月，我国已经有193个省级和城市的地方政府上线了数据开放平台，覆盖了71.4%的省级和51.3%的设区的市的政府。复旦大学数字与移动治理实验室：《中国地方政府数据开放报告——省域（2021年度）》，载开放数林指数网，http://ifopendata.fudan.edu.cn/report，最后访问时间：2022年12月28日。

强对公共数据的开放应用，也构成了我国政府在推动发挥数据生产要素作用时的一个重要发力点。①

反过来说，无论公共数据的汇集工作做得如何出色，如果这些公共数据在得到有效汇集之后，只是保留在存储器中，没有进一步地开放，前期的汇集和共享工作的价值也将大打折扣，这种数据汇集工作将更多地停留在办公自动化和存档电子化的层面上。因此，在公共数据获得汇集后，公共数据的汇集机关是否会主动向社会公开这些数据、如何公开这些数据，普通公众是否具有对开放公共数据的请求权，非公共机构主体能否利用公共数据来进行数据运营活动，以市场化的方式更好地发挥出公共数据的价值，这些都是决定公共数据最终能否发挥出其生产要素价值的重要问题。

在数据开放应用过程中，虽然公共数据的开放与运营都属于社会主体接触、利用公共数据的过程，但是两者还是有一定差别的。公共数据的开放是向整个社会开放，社会主体是否会利用这些数据、如何利用这些数据，不在公共数据提供机构的控制范围内，在公共数据开放的过程中，公共数据提供机构更多地扮演着消极服务的角色。而在公共数据的运营过程中，公共数据的提供机构会与运营主体产生更密切的互动。考虑到某些公共数据因为涉及国家安全、公共利益或者他人权益，不宜无条件地向全社会公开，数据安全法也规定了数据的分类分级保护制度，② 此类数据更适宜采取授权运营的方式以开发其价值。③ 实践中，恰恰是这些不适宜于无条件向全社会开放的数据中蕴含着更丰富的经济价值与社会价值，相应地凸显了公共数据运营活动的重要性。因此，在对有关公共数据开放进行规定的基础上，对公共数据的运营进行规定也同样重要。

接下来，本文将基于不同地方立法文件的具体规定，针对以上问题进行全面深入的分析。虽然对立法文件文本的分析，还不能揭示出我国公共数据

---

① 例如，在2022年底发布的《中共中央 国务院关于构建数据基础制度更好发挥数据要素作用的意见》中，特别提到了"推进实施公共数据确权授权机制"方面的问题。2022年12月2日，载中国政府网，http://www.gov.cn/zhengce/2022-12/19/content_ 5732695.htm，最后访问时间：2022年12月22日。

② 《数据安全法》第21条第1款："国家建立数据分类分级保护制度……"

③ 宋烁：《构建以授权运营为主渠道的公共数据开放利用机制》，载《法律科学》（西北政法大学学报）2023年第1期。

汇集应用制度的全貌，尤其是不能充分展示实践中的各种具体操作，但是我国的立法文件倾向于将一些已经达成共识的问题写入文本，并对立法者的政策倾向做出宣示性的规定。在目前中央层面上的数据汇集应用立法尚阙如的情况下，这些地方立法文件中的共识表达对于展现我国公共数据汇集应用制度的真实发展状况及未来走向，有一定的预测作用。

二、我国公共数据汇集应用制度的实践情况

截至 2022 年 12 月 31 日，本文在写作过程中共搜索到 59 个地方的 83 份涉及公共数据汇集应用的有效地方性法规或规章，其中省、自治区与直辖市 26 个，设区的市 33 个。这些立法文件也构成了本文的研究对象。

表 1　本文涉及的 83 份地方性立法文件

文件名	生效年份
安徽省大数据发展条例	2021
安徽省政务数据资源管理办法	2021
北京市数字经济促进条例	2023
成都市公共数据管理应用规定	2018
大连市政务信息资源共享管理暂行办法	2017
东莞市政务数据资源共享管理办法（试行）	2020
佛山市政务数据资源管理办法（试行）	2020
福建省大数据发展条例	2021
福建省公共数据资源开放开发管理办法（试行）	2022
福建省政务数据管理办法	2016
福州市公共数据开放管理暂行办法	2019
福州市政务数据资源管理暂行办法	2019
广东省公共数据管理办法	2021
广东省数字经济促进条例	2021
广东省政务数据资源共享管理办法（试行）	2019

文件名	生效年份
广西政务数据安全管理办法	2020
广西政务数据资源调度管理办法	2020
广西壮族自治区大数据发展条例	2023
广州市数字经济促进条例	2021
广州市政务信息共享管理规定	2019
贵阳市政府数据共享开放条例	2017
贵州省政府数据共享开放条例	2020
贵州省大数据安全保障条例	2019
贵州省大数据发展应用促进条例	2016
海南省大数据管理局管理暂行办法	2019
海南省大数据开发应用条例	2019
杭州市政务数据资源共享管理暂行办法	2015
合肥市政务数据资源共享开放管理办法	2020
河北省数字经济促进条例	2022
河北省政务数据共享应用管理办法	2022
河南省政务数据安全管理暂行办法	2022
黑龙江省促进大数据发展应用条例	2022
湖北省政务数据资源应用与管理办法	2021
湖南省自然人信息大平台政务数据服务管理暂行办法	2020
吉林省促进大数据发展应用条例	2020
吉林省公共数据和一网通办管理办法（试行）	2019
济南市公共数据管理办法	2020
江苏省公共数据管理办法	2022
江西省公共数据管理办法	2022

文件名	生效年份
兰州新区政务数据资源共享管理办法（试行）	2021
辽宁省大数据发展条例	2022
辽宁省政务数据资源共享管理办法	2019
柳州市政务数据安全管理实施细则	2021
洛阳市政务数据资源共享管理暂行办法	2020
南京市政务数据管理暂行办法	2019
南宁市公共数据开放管理办法	2020
南阳市政务数据共享管理暂行办法	2022
内蒙古自治区政务数据资源管理办法	2021
宁波市公共数据安全管理暂行规定	2020
宁波市民政领域公共数据管理办法	2022
宁夏回族自治区政务数据资源共享管理办法	2018
平顶山市政务数据管理办法（试行）	2021
青岛市公共数据开放管理办法	2020
山东省大数据发展促进条例	2021
山东省电子政务和政务数据管理办法	2019
山东省公共数据开放办法	2022
山西省大数据发展应用促进条例	2020
陕西省大数据条例	2022
陕西省民政数据资源管理暂行办法	2018
陕西省政务信息资源共享管理办法	2017
上海市公共数据开放暂行办法	2019
上海市数据条例	2021
深圳经济特区数据条例	2022

文件名	生效年份
沈阳市政务数据资源共享开放条例	2020
石家庄市政务数据资源共享管理规定	2020
四川省数据条例	2023
天津市促进大数据发展应用条例	2018
无锡市公共数据管理办法	2020
武汉市公共数据资源管理办法	2021
西安市政务数据资源共享管理办法	2018
襄阳市政务数据开放共享使用管理办法（试行）	2022
烟台市公共数据开放管理暂行办法	2020
岳阳市政务信息资源管理暂行办法	2021
长沙市政务数据资源管理办法	2022
浙江省公共数据共享工作细则（修订版）	2021
浙江省公共数据开放工作指引（试行）	2020
浙江省公共数据开放与安全管理暂行办法	2020
浙江省公共数据条例	2022
郑州市政务数据安全管理暂行办法	2020
中山市政务数据管理办法	2020
重庆市数据条例	2022
株洲市政务数据资源共享开放管理办法（试行）	2021
厦门经济特区数据条例	2023

（一）从主体与职权出发的共识性公共数据定义

在59个地方的83份文件中，有26个地方的文件对"公共数据"给出了明确的定义。①

　　研究显示，在这些定义中，数据来源主体的公共性是核心定义要素。这些主体主要包含行政机关（各级政府部门和行政执法机构）以及履行公共管理和服务职能的机构（如公共组织、事业单位、企业或社会团体等）。在这26个地方的文件规定中，仅有一个地方的文件将公共数据的来源限制于"政务部门"，②但是该文件在第37条又规定，适用于"公共企事业单位"。③这表明，在对公共数据的立法定义中，数据来源主体的"公共性"要素已经是一个共识性的因素，是在确定公共数据属性时的必要因素。

　　对这些定义的进一步分析显示，公职性是第二个常见的因素，即应当是公共机构在履行公职过程中产生的各种数据。这26个地方立法性文件在定义公共数据时，都明确提及了"履行职责"的因素。从这些来看，即使是公共机构，如果它们掌握的数据不是在履行职责过程中产生的，也不应被纳入公共数据的范围。因此，公共机构在从事民商事活动中获得的信息，不会被纳入公共数据的范围。

　　在这26份地方立法性文件的定义中，有极个别地方还将公益性纳入定义标准，即应当是公共机构在履行公共职责过程中获得的与公共利益有关的数据。④但是这些对于公共利益的进一步规定比较罕见。从理论上说，在已经规定了数据来源主体的公共性以及相关活动的公职性之后，是否还有必要规定数据内容的公益性，是很值得商榷的。从目前各地的立法现状来看，至少从规定形式上看，公益性不是公共数据定义的必要构成要素。当然，在理论研究中，人们可以通过演绎的方式将公益性也纳入公共数据的核心属性中，但

――――――――――

　　① 这26个地方是：北京、四川、黑龙江、吉林、辽宁、上海、江苏、无锡、浙江、宁波、福建、福州、江西、厦门、山东、济南、青岛、武汉、广东、深圳、南宁、成都、贵州、安徽、广西、河北。

　　② 《成都市公共数据管理应用规定》第2条："本规定所称公共数据，是指政务部门在依法履职过程中产生和管理的，以一定形式记录、保存的文字、数据、图像、音频、视频等各类信息资源。"

　　③ 《成都市公共数据管理应用规定》第37条："供水、供电、燃气、通信、交通、邮政等公共企事业单位在提供公共服务过程中获得的公共数据的归集、共享、开放和安全管理，适用本规定。"

　　④ 例如，《四川省数据条例》第10条规定："本条例所称公共数据，是指……涉及公共利益的公共服务数据。"《江苏省公共数据管理办法》第2条："本办法所称公共数据，是指……对具有公共使用价值的信息的记录。"《厦门经济特区数据条例》第四条："……（三）公共数据，包括……涉及社会公共利益的各类数据。"

是从立法规定来看，对于商业、学术机构掌握的数据，即使与公共利益有关，目前基本上也没有被纳入公共数据的范围。

在这26份文件中，有一些文件对公共数据做出了进一步的区分，比较典型的是将公共数据区分为"政务数据"与"公共服务数据"，前者来自政府部门，后者来自公共事业组织。①

在我国的大数据汇集应用制度建设过程中，对政务数据汇集应用制度的建设处于比较先行的位置。据统计，截至2021年10月，我国已经有193个地方政府上线了政务数据开放平台。② 与之形成对照，公共事业单位的数据汇集应用则处于相对后发的位置，目前的公共数据汇集应用制度也是在政务数据相关制度推动下发展完善的。在这一推动过程中，有些地方产生了要区分这两种数据的立法考虑也是可以理解的。但是对这些区分了两类数据的立法文件的进一步分析显示，这些立法文件没有对两类数据的汇集应用活动做出实质性的区分，对这两类数据的区分仅仅停留在了定义上。

在这种政务数据带动公共数据汇集应用制度建设的情况下，研究显示，有些地方的立法文件对政务数据做出了扩大解释，即将公共事业单位的数据也纳入政务数据的定义范围内。③

基于这些立法文件对公共数据定义的情况，本文所称的公共数据，是行政机关与公共事业组织在履行职责过程中获得的数据。考虑到该定义在我国各地方的立法规定中已经表现出了相当强的共识性，未来的中央层面立法显然也将围绕该定义展开。这种可以预测的立法动向，可能是学术研究需要注意的。

此外，在这些地方立法性文件普遍将公共数据定位成政务数据的上位概

---

① 例如，《广西壮族自治区大数据发展条例》第3条规定："公共数据，包括政务数据和公共服务数据。政务数据，是指国家机关和法律、法规授权的具有管理公共事务职能的组织（以下简称政务部门），在履行法定职责过程中收集、产生的数据。公共服务数据，是指教育、卫生健康、供水、供电、供气、供热、生态环境、公共交通、通信、文化旅游、体育等公共企业事业单位（以下简称公共服务组织）在提供公共服务过程中收集、产生的涉及公共利益的数据。"

② 《2021年度中国地方政府数据开放报告》，2022年1月25日，载数据观，http://www.cbdio.com/BigData/2022-01/25/content_6167686.htm，最后访问时间：2022年11月30日。

③ 例如，《石家庄市政务数据资源共享管理规定》第2条规定："本规定所称政务部门，是指市级行政机关及法律法规授权具有行政职能的社会组织。本规定所称政务数据，是指政务部门在依法履行职责过程中制作或获取的……信息资源。"

念，而政务数据的汇集应用制度建设也在推动着其他公共数据此类工作发展的情况下，本文将一些没有专门出台公共数据汇集应用立法文件的地方对政务数据的立法性文件纳入分析范围。

还有一个值得注意的现象是，从公共数据的范围来看，绝大多数文件将公共数据描述为数据来源主体在履职过程中产生、收集的各类原始数据，但也有两份文件将"衍生数据"也纳入公共数据的范围。① 不过这两份文件对于衍生数据的定义，没有给出明确的规定。任何数据的价值都需要在其开发利用的过程中得以实现，在这一过程中，会产生大量的衍生数据，对于衍生数据的开发又会产生新的衍生数据。这些衍生数据是否位于这两份立法文件的规定范围内，是否应当适用"公共数据"而不是普通商业数据的规则，这些问题在实践中显然将具有一定的争议性。面对这种潜在的争议性，这种对衍生数据的规定是否适当，甚至是否有必要专门针对衍生数据做出规定，可能还需要在实践中进一步探讨。

（二）集约程度有待加强的公共数据共享汇集方式

数据的价值在于完整和数据量，越完整、越丰富的数据，越会蕴含着丰富的经济价值和社会价值。对于一个地方的公共数据而言，如果能够实现所有公共数据集中向一个公共数据汇集应用机构汇集，就会为该地方公共数据的后续开发利用打下坚实的数据资源基础，并降低数据汇集机制的重复建设成本。② 反之，如果一个地方的公共数据汇集利用机制杂乱无章，公共数据的掌握主体同时需要向不同的汇集机构提交数据，而且不同汇集机构的数据形式或结构要求又各不相同，这一方面会加重公共数据掌握主体的汇集工作负担，另一方面又有可能使得任何一个承担汇集任务的机构都无法获得最完整充分的公共数据资源，最终造成资源的浪费和公共数据汇集工作的低效局面。

---

① 《黑龙江省促进大数据发展应用条例》第2条："本条例所称公共数据，是指……以一定形式记录、保存的各类数据及其衍生数据。"《福建省大数据发展条例》第49条："公共数据，是指公共管理和服务机构在依法履职或者提供公共管理和服务过程中收集、产生的，以一定形式记录、保存的各类数据及其衍生数据。"

② 例如，《辽宁省大数据发展条例》第14条规定："省大数据主管部门应当建立全省统一的大数据资源平台。除国家另有规定外，政府有关部门的业务系统应当与大数据资源平台有效对接，并按照本部门公共数据资源目录向平台汇聚数据。"

研究显示，在本文研究的 59 个地方中存在着三种汇集方式：（1）集中汇集，即该地方所有的公共数据都向本地方唯一的公共数据汇集机构汇集；（2）按层汇集，即公共数据掌握主体向其所在地方的同级数据汇集机构汇集，然后再由该数据汇集机构向上汇集；（3）交叉汇集，即公共数据掌握主体对不同的数据汇集机构都具有提供数据的义务，并且往往是将其掌握的相同的数据向不同的数据汇集机构汇集。

分析显示，对公共数据采取集中汇集方式的地方目前有 22 个，占 37.3%。在这 22 个地方中，只有 4 个是省级单位，在目前已经出台公共数据汇集应用制度相关立法的 26 个省级单位中，只占到了 15.4%。相对于省级单位，设区的市规模较小、行政机关组织架构相对简单，更易于采用集中汇集的方式。而地域更加辽阔、体量更大的省级单位的公共数据的集中统一汇集，对于充分实现公共数据的价值会起到更大的作用。从这种低比例来看，目前我国地方政府在数据的整合汇集方面还有许大提高空间。

对于按层级汇集的方式，从各地的立法规定来看，通常是由公共数据的掌握主体将数据汇集到所在地地方政府建立的数据平台上。例如，设区的市的地方政府组成部门将数据汇集到所在市的公共数据汇集机构，然后再由该公共数据汇集机构统一向上汇集，并且主要是向省级公共数据汇集机构汇集。[①] 研究显示，在 59 个地方中，有 10 个地方采取了按层汇集的方式。虽然相对于集中汇集数据，按层汇集数据的方式多了一道下级数据汇集机构由下向上汇集的程序，但是对于公共数据掌握主体而言，它们只需要提供一次数据，工作负担与集中汇集是一样的。在未来的建设过程中，将两层数据平台整合起来的工作负担也不会太重。

在本文的研究范围内，有 27 个地方采取的是交叉汇集的方式，即公共数据的掌握主体有可能既要向上级业务主管部门汇集数据，也要向本级政府汇集数据，甚至还要向省级公共数据汇集机构汇集数据，存在着严重的重复劳动。例如，《河北省数字经济促进条例》同时规定了能源大数据中心、交通大数据中心、文化旅游大数据中心、监管数据中心。在建立如此众多的数据中

---

① 例如，《福建省大数据发展条例》第 12 条规定："省人民政府大数据主管部门应当通过省公共数据汇聚共享平台汇聚、存储、管理全省公共数据资源。设区的市人民政府大数据主管部门通过本级公共数据汇聚共享平台汇聚、存储、管理本地区公共数据资源，并接入省公共数据汇聚共享平台。"

心的时候，是否会存在大量的重复建设工作，并加重数据掌握主体的数据提供负担，是值得深入研究和分析的。

从以上分析来看，目前我国地方政府的公共数据汇集制度集约化程度还不高，尤其是适用集中汇集方式的地方还占少数，甚至不及采用交叉汇集方式的地方。这种汇集机制集约化程度不高情况的存在，也与目前我国公共数据汇集利用机制还处于建设过程中有关。在这个无法一蹴而就的建设过程中，一些已经掌握了相当公共数据的公共数据汇集机构也会形成自己的数据利益，不愿意轻易地放弃自己掌握的数据以及数据收集权。

这种部门利益，也反映了在个别地方的立法文件中，甚至会造成公共数据汇集集约化建设进程的倒退。例如，制定于 2016 年的《贵州省大数据发展应用促进条例》设想建立"汇集、存储、共享、开放全省公共数据"的统一平台，并要求公共机构的信息系统都向该平台汇集，具有比较鲜明的数据汇集应用集约化色彩。① 但是 2020 年实施的《贵州省政府数据开放条例》对政府数据进行了区分，对于"人口信息、法人单位信息、自然资源和空间地理信息、电子证照等基础数据"规定由省大数据主管部门会同相关行政机关汇集，对于一些跨部门数据的汇集和管理工作，则完全交给了"主要负责的省级行政机关会同相关行政机关"来完成，大数据主管部门都不再登场。②

或许是为了破除这种部门本位利益，有 11 个地方的文件明确规定公共数据归政府或者国家所有，希望通过对公共数据所有权的集中性规定，来否定各部门对其掌握的数据的占有权。此外，《平顶山市政务数据管理办法（试行）》第 4 条规定："各政务部门不得将本部门管理的政务数据视为本部门财产。"虽然这种立法规定的初衷是好的，但是需要看到的是，规定一种新的财产的国家或者政府所有权，不在地方性立法的权限范围内。即使这些出现在

---

① 《贵州省大数据发展应用促进条例》第 26 条："全省统一的大数据平台（以下简称'云上贵州'）汇集、存储、共享、开放全省公共数据及其他数据。除法律法规另有规定外，公共机构信息系统应当向'云上贵州'迁移，公共数据应当汇集、存储在'云上贵州'并与其他公共机构共享。鼓励其他信息系统向'云上贵州'迁移，其他数据汇集、存储在'云上贵州'并与他人共享、向社会开放。'云上贵州'管理及公共数据共享开放的具体办法，由省人民政府另行制定。"

② 《贵州省政府数据共享开放条例》第 10 条："人口信息、法人单位信息、自然资源和空间地理信息、电子证照等基础数据由省人民政府大数据主管部门会同相关行政机关归集、管理和维护，并通过政府数据共享平台在部门间进行无条件共享。"

地方立法文件中的公共数据归国家所有的规定不存在合法性问题，但按照《民法典》第 246 条的规定，这种国家所有权也应当由国务院来行使。

表 2　11 份规定公共数据政府或国家所有的地方立法文件

法律文件名	公共数据归属规定
广东省政务数据资源共享管理办法（试行）	第四条　政务数据资源所有权归政府所有
东莞市政务数据资源共享管理办法（试行）	第五条　政务数据资源所有权归政府所有
福建省政务数据管理办法	第三条　政务数据资源属于国家所有，纳入国有资产管理，并遵循统筹管理、充分利用、鼓励开发、安全可控的原则
广西政务数据资源调度管理办法	第四条　自治区党委、自治区人民政府依法拥有广西政务数据的所有权，并授予自治区大数据发展局行使广西政务数据所有权的职责。自治区大数据发展局统筹政务数据资源建设、管理和应用，统一调度政务数据。各地各部门各单位是政务数据的生产单位，拥有本地本部门本单位政务数据的管理权，有义务和责任做好政务数据治理工作，向自治区党委、自治区人民政府提供高质量的政务数据。各地各部门各单位有权申请使用政务数据
洛阳市政务数据资源共享管理暂行办法	第四条　政务数据资源属于政府所有。政务数据资源管理遵循统筹管理、集约建设、充分应用、安全可控的原则
南阳市政务数据共享管理暂行办法	第四条　政务数据属于政府所有，各政务部门不得将本部门管理的政务数据视为本部门资产。政务数据管理应遵循统筹管理、统一标准、互联互通、充分利用、安全可控的原则
石家庄市政务数据资源共享管理规定	第二章　权属与权益 第六条　政务数据资源所有权归国家，属于国有资产管理范畴。市政府授权市数据资源管理局行使数据资源统筹管理权，负责全市政务数据的统筹管理、授权开发、利用增值和监督指导等工作

续表

法律文件名	公共数据归属规定
西安市政务数据资源共享管理办法	第二章　权属与权益 第七条　政务数据资源所有权归国家，属于国有资产管理范畴。市政府授权市大数据产业发展管理机构行使数据资源统筹管理权，负责西安市政务数据的统筹管理、授权开发、利用增值和监督指导等工作
岳阳市政务信息资源管理暂行办法	第四条　第二款 政务信息资源所有权归国家，属于国有资产管理范畴。市政府授权市行政审批服务局行使政务信息资源统筹管理权
长沙市政务数据资源管理办法	第四条　数据资源权益所属 本市政务部门根据法定职责依法履职采集和生产的数据所有权归长沙市人民政府
株洲市政务数据资源共享开放管理办法（试行）	第四条　数据权属 数据共享单位依法依规履职产生和归集的数据所有权归株洲市人民政府所有

另一种破除这些部门本位或者数据壁垒的制度努力，就是对于数据共享范围的规定。在 59 个地方的文件中，有 43 个地方的文件存在着公共数据应当"以共享为原则，不共享为例外"的规定，占到总数的 72.9%。早在 2016 年，在国务院发布的《政务信息资源共享管理暂行办法》中，① 就提出了政务信息资源"以共享为原则，不共享为例外"的原则规定。该规定目前已经普遍被各地的公共数据汇集应用立法吸收，表现出了政策法制化的发展趋势，并再次验证了我国的公共数据资源的汇集应用制度建设政务数据先行的特点。此外，青岛②和南宁③两地还规定，公共数据"开放为原则"。如果说数据共

---

① 《国务院关于印发政务信息资源共享管理暂行办法的通知》，2016 年 9 月 5 日，载中国政府网，http://www.gov.cn/zhengce/content/2016-09/19/content_ 5109486.htm，最后访问时间：2022 年 12 月 22 日。
② 《青岛市公共数据开放管理办法》第 4 条："公共数据开放和应用工作应当遵循开放为常态、不开放为例外……的原则。"
③ 《南宁市公共数据开放管理办法》第 4 条："……凡不涉及国家秘密、工作秘密、商业秘密和个人隐私的公共数据，原则上都应向社会开放。"

享是在公共机构内的数据开放，那么数据开放则是在整个社会实现了数据共享，"开放为原则"的规定显然比"共享为原则"的规定更进一步。从这些地方的规定情况来看，对公共数据的"共享为原则"的规定，已经是一种共识性的制度规定原则。

但是在对该原则的普遍性规定之外，需要看到的是，即使是这43个地方的文件，也依然将公共数据区分为了"无条件共享""有条件共享"和"不予共享"三类。在这些分类规定中，对于判定"有条件共享"和"不予共享"的公共数据的标准，普遍出现了语焉不详的情况，或是概括地称根据法律、法规或国家政策判断，① 或是提出一些内涵模糊的技术性标准，如对数据安全和处理能力方面的要求，② 或是索性没有规定任何明确的区分标准。这些语焉不详甚至缺失的规定，极易使得作为法律原则的共享要求流于形式。至于在那些没有规定共享原则的地方，共享的门槛自然会进一步提高。因此，在"共享为原则"这一"看上去很美"的原则规定之外，未来的公共数据汇集应用立法，需要进一步加强对于判断"无条件共享" "有条件共享"和"不予共享"的公共数据类别具有可操作性的区分标准的规定。

其实破除这种利益本位影响建设统一的数据汇集机制的最好方法，是重视和保障数据提供主体的利益，尤其是使得这些数据提供主体在共享数据后，也能方便获得相应的数据，即实现数据有进有出的双向流动，尤其是数据回流。例如，在地方政府向上级政府提供了数据之后，它们也能便利地获得来自其他部门的数据。而且提供数据的主体一般可以通过回流获得更多的数据，这样就可以激发提供数据主体的积极性。但是研究显示，目前只有9个地方的文件明确规定了数据回流机制。绝大部分地方的立法文件还没有对数据提供方的数据利益，至少是获得数据的利益做出明确的规定。这种规定的不足，以及这种不足出现的原因，也是接下来的研究需要重点关注的问题。

---

① 《福州市政务数据资源管理暂行办法》第9条规定："凡列入暂不共享类的，应当有法律、行政法规或者国家有关政策作为依据。"

② 《南宁市公共数据开放管理办法》第19条规定："对数据安全和处理能力要求较高、时效性较强或者需要持续获取的数据，列入有条件开放类。"

表3　9份有关数据回流的地方立法文件

文件名	有关数据回流的规定
四川省数据条例	第十九条　政务部门和公共服务组织应当依据公共数据目录，将本单位公共数据汇聚至省、市（州）数据资源中心；依照法律、行政法规规定未能汇聚的数据，应当经本级数据管理机构确认，并以适当方式进行数据共享和开放。省公共数据资源中心汇聚的公共数据应当及时按照属地原则回流至市（州）公共数据资源中心。市（州）公共数据资源中心应当为县（市、区）、乡（镇）使用公共数据提供支撑
河北省数字经济促进条例	第二十一条　省公共数据共享平台汇聚的公共数据应当按照各地需求，根据属地原则及时回流至设区的市公共数据共享平台。已回流至设区的市公共数据共享平台的数据，设区的市公共数据共享平台不得重复收集
黑龙江省促进大数据发展应用条例	第十九条　全省一体化公共数据平台汇聚的公共数据按照属地原则及时回流至设区的市级公共数据平台
江西省公共数据管理办法	第十一条　省公共数据管理部门应当建立健全全省一体化公共数据资源体系，完善人口、法人、信用、电子证照、自然资源和空间地理基础数据库，以及地区和部门的公共数据资源专题库，并按照公共数据资源属地管理要求，通过协议等方式将公共数据及时返回设区的市公共数据管理部门，推动公共数据跨层级、跨地域、跨部门有序流通和共享
辽宁省大数据发展条例	第十四条　省大数据主管部门应当按照实际需要，及时向下级公共数据平台回流数据，赋能基层服务和治理
南阳市政务数据共享管理暂行办法	第二十九条　数据汇聚遵循"应汇尽汇、完整准确"的原则。数据生产部门自建政务信息系统应接入市共享平台，并按照本单位政务数据目录，在业务数据生产的同时实时向市共享平台汇聚数据；使用上级系统生成的政务数据，数据生产部门会同市数据主管部门向上级申请回流汇聚；未使用系统处理的政务数据应通过电子政务外网人工上传等方式汇聚。对因特殊原因无法实时汇聚的，应确保汇聚期限满足数据共享应用的需要，并报数据主管部门备案

续表

文件名	有关数据回流的规定
宁波市民政领域公共数据管理办法	第十八条　通过对接自建应用系统方式归集数据的，由各级民政部门公共数据管理处（科）室会同相关应用系统建设处（科）室、单位做好系统改造和后续运维工作。 通过上传电子文档方式归集数据的，由各级民政部门相关处（科）室、单位按照公共数据资源目录规定的更新频率定期将数据报送至公共数据管理处（科）室，各级民政部门公共数据管理处（科）室统一收集电子文档后上传至公共数据汇集平台。 通过上级数据回流落地至本级公共数据汇集平台的民政领域公共数据，视为已归集，可以不再重复归集
长沙市政务数据资源管理办法	第十七条　数据归集 各级政务部门应归集本部门各下属单位及机构的政务数据，协调上级主管部门留存或回流垂管业务系统的政务数据，对归集数据的准确性、完整性、可用性进行把关，形成本部门的数据共享交换库
浙江省公共数据条例	第九条　省、设区的市公共数据平台应当按照地方实际需要，及时向下级公共数据平台返回数据

（三）公共数据汇集应用机构的法律地位还不明确

公共数据汇集应用机构的法律性质，如是属于行政机关还是事业单位，将会决定该收集机构推动公共数据汇集利用的实际工作能力，在实践中具有重要意义。从各地立法性文件的具体规定来看，这些文件都提及了"大数据管理机构""数据主管部门"，但是对于这些部门的具体名称和法律性质的规定却各不相同。一半以上的地方没有明确提及该管理机构的名称，只是以"数据管理机构""数据工作主管部门"这样含糊的名称来定义。有24个地方则对该机构做出了明确的规定，并且主要表现为两种规定方式：

第一种是数据局模式，有10个地方采取了这种规定，如合肥市的数据资源局、柳州的大数据发展局。此外，福州市设置了"大数据发展管理委员会"，直接对福州市政府负责；杭州市由市政府办公厅直接负责政务数据资源共享工作，市政府电子政务办直接承办工作。第二种是"数据中心"或者

"大数据中心"，有 12 个地方的立法中做出了这样明确的规定。

不过需要注意的是，虽然其他地方的立法性文件中没有对数据汇集应用机构做出明确的规定，但是不代表在现实中不存在这样的机构。例如，《安徽省大数据发展条例》和《安徽省政务数据资源管理办法》都没有对公共数据的汇集应用机构做出明确的规定，但是网站记录显示，早在 2019 年，安徽省数据资源管理局就开始挂牌运营了。①

从名称上就可以看出，目前我国的公共数据汇集应用机构表现出两种身份，一种是行政机关，一种是公用事业单位，且在不同地区的制度安排中基本上还没有形成统一的定论。这种法律地位的分歧，也反映出公共数据的汇集应用工作的两面性，即它既会涉及公共职权的行使，又会涉及数据应用甚至运营方面的市场活动。在公共职权行使方面，在我们研究的这些地方立法性文件中，普遍规定了各种行政②甚至刑事责任，③ 这使得公共数据的汇集应用工作显示出一定的公权力色彩。但是另一方面，近年来我国大力推进公共数据的汇集应用工作，也有着充分利用公共数据资源、挖掘公共数据蕴含的经济价值的目的在内。例如，在我们考察的这些地方立法性文件中，普遍规定了对公共数据的开放应用工作，④ 其目的自然是实现对公共数据的利用增值，相应地会引发授权运营之类的具有市场性质的活动。在后一场合，数据汇集应用机构将更多地表现出一种私法主体的法律身份。

此时就会产生一个不可回避的问题：一个具有公共职能的机构，在其主要职责范围内从事具有市场经营性质的活动，这是否会引发角色错位甚至利益冲突？在《公务员法》中有明确禁止公务员从事营利性活动的规定，就是

---

① 参见安徽省数据资源管理局官网，http://sjzyj.ah.gov.cn/index.html，最后访问时间：2022年12月27日。

② 例如，《南京市政务数据管理暂行办法》第39条规定："政务部门及其工作人员有下列情形之一的，由政务数据行政主管部门责令限期整改，拒不整改或者情节严重的，对直接负责的主管人员和其他直接责任人员，依法给予行政处分。"

③ 例如，《辽宁省大数据发展条例》第48条规定："有关单位及其工作人员，在大数据发展应用工作中玩忽职守、滥用职权、徇私舞弊，妨碍大数据发展应用工作的，视情节轻重，由有权机关依纪依法给予处分；构成犯罪的，依法追究刑事责任。"

④ 例如，《岳阳市政务信息资源管理暂行办法》第6条规定："市行政审批服务局是政务信息资源的主管部门，负责全市政务信息资源的统筹管理规划、授权开发、利用增值、协调推进、监督指导和考核评价等工作。"

为了防止其产生角色错位与利益冲突的现象。① 也许是清楚地意识到这种双重身份，《海南省大数据管理局管理暂行办法》第2条规定该省大数据管理局是"不以营利为目的，不列入行政机构序列，不从事法定职责外事务，具有独立法人地位的法定机构"。但是一个以"局"命名的机构却不列入行政机构序列，这在我国地方政府的行政机构序列组织安排中还是具有一定创新性的，但是这种创新能否从本质上解决公共数据汇集利用机关面临的潜在的角色错位与利益冲突的问题，还需要拭目以待。

另外一个与公共数据汇集应用机构的法律地位有关的问题是关于数据汇集应用机构的主管机关。在行政机构序列中，数据汇集应用机构的主管机关地位越高，越接近行政决策的中枢，其话语权乃至行使职权时的权威自然就越高。在提及该问题的54个地方的立法文件中，有14个地方②的立法文件规定，数据管理机构直接向当地政府负责，其他地方的数据管理机构是对当地政府组成部门负责。这说明，我国公共数据管理机构的地位还有进一步加强的空间。许多地方政府还没有将公共数据的汇集应用问题，纳入核心决策考虑领域。

（四）公共数据的开放与运营规定相对薄弱

汇集公共数据的最终目的，是更好地应用这些数据。应用公共数据的前提，是公共数据能够对社会公众开放。研究显示，在59个地方的立法文件规定中，在33个地方的立法文件中规定了公共数据主管机构有向社会或者公众开放公共数据的义务，占到了总数的55.9%，表现出了地方各级立法者对公共数据开放的重视态度。③ 在此基础上，有5个地方的立法文件中有"开放为原则"的规定。

但是研究还显示，在这些重视态度之下，与前文提到的"有条件共享"

---

① 《公务员法》第59条："公务员应当遵纪守法，不得有下列行为：……（十六）违反有关规定从事或者参与营利性活动，在企业或者其他营利性组织中兼任职务；"第74条第2款："公务员不得在其配偶、子女及其配偶经营的企业、营利性组织的行业监管或者主管部门担任领导成员。"第107条第1款："公务员辞去公职或者退休的……不得到与原工作业务直接相关的企业或者其他营利性组织任职，不得从事与原工作业务直接相关的营利性活动。"

② 这14个地方是佛山、广西、贵州、海南、杭州、湖北、济南、柳州、南京、宁波、平顶山、沈阳、无锡、重庆。

③ 例如，《重庆市数据条例》第27条规定："公共数据……依法最大限度向社会开放。"

和"不予共享"的判断标准不明的情况非常类似，这些地方的立法性文件，同样区分了无条件开放、有条件开放和不开放的公共数据。对于那些有条件开放或不开放的公共数据的判断标准，这些立法性文件同样规定得非常含糊。多数文件也没有具体规定当公众申请开放相应的公共数据时，如果数据汇集机关拒绝开放，公众应当怎样寻求救济、向哪个具体的机关寻求救济，如是否可以提起行政复议或者行政诉讼。

前文已述，数据是数字经济的重要生产要素，公共数据又是我国最重要的一类数据。对公共数据的有效运营可以最大限度地挖掘公共数据之上蕴含的经济价值和社会价值。一些地方也意识到了公共数据运营的重要意义，其中有21个地方的立法文件中明确规定了公共数据运营的问题，但是在我们研究的59个地方中还处于少数（35.6%）。而且这些规定了公共数据运营问题的地方立法性文件又呈现出一定的分化现象，有的地方的立法文件只是简单地提及允许对公共数据的运营活动，[①] 有的地方的立法文件在鼓励运营公共数据之余，还对运营的方式和程序都做了比较详细的描述。[②] 这种不同的规定方式，也在一定程度上反映出目前我国不同地方政府在公共数据的应用问题上的不同态度。

三、对我国公共数据汇集应用制度进一步发展的建议

从各地的制度实践来看，以数据来源主体定义"公共数据"基本上已经是共识性的做法，所以在以后的制度建设过程中，从内容上定义公共数据，尤其是因为相关数据涉及公共利益便转化成公共数据的观点，可能已经不符合我国公共数据立法的制度发展趋势。因此，公共数据汇集应用制度的核心问题就是公共机构的数据汇集应用。

数据的价值在于完整和"大"量，但是从目前我国公共数据的汇集机制实际建设情况来看，各地公共数据汇集机制的建设集约化程度还需要提高，

---

① 例如，《北京市数字经济促进条例》第19条规定："本市设立金融、医疗、交通、空间等领域的公共数据专区，推动公共数据有条件开放和社会化应用。市人民政府可以开展公共数据专区授权运营。"

② 例如，《南京市政务数据管理暂行办法》第28条规定："本市推进政务数据市场化运营。通过数据公司化运作、政府购买服务等方式，在保证数据安全的前提下，引进社会资本参与，提升政务数据价值和应用效率。市政务数据行政主管部门应当加强对政务数据市场化运作工作的统筹指导。"

尤其是集中汇集的工作还需要加强。而且相对于"公共数据"的概念定义、"以共享为原则"等制度形式上相对明显的共识性规定，在公共数据汇集共享制度的实际设置上的共识性安排就很少见，表现出比较强烈的各地各自为政的做法，并且依然表现出一定的部门分割甚至部门本位思想，这难免会引发一些低效和不利于数据汇集的制度安排。在今后的制度建设与发展过程中，进一步加强公共数据汇集机制的统一化、标准化程度，应当是我国公共数据汇集应用制度建设接下来需要重点关注的问题。

不过在加强公共数据汇集机制集约化建设的过程中，人们也需要看到，公共数据的汇集不仅是一个数据传输的过程，也是一个附加在数据上的利益和职权因素传递的过程。如果不能充分考虑和回应公共数据掌握主体自身的正当利益诉求，公共数据充分有效汇集将面临许多迟迟不能破除的难点和堵点。在这一过程中，制度的进一步发展和完善需要通过数据回流、提升数据汇集机构的法律地位等方式，来更好地激励公共数据的掌握主体更加积极地共享数据。

公共数据的汇集更多地表现出一种履行职责的过程，公共数据的开放应用则完全可以采取市场交易的方式。这是两种在法律上具有一定鲜明反差的活动，这种反差也会影响我国公共数据汇集机关的法律定位，这一点也从一些地方的立法规定中有些尴尬的做法中有所体现。在接下来的制度完善过程中，可以考虑将这两种行为剥离开来由两个不同的机构推进相应的工作。对于行政机关和公共事业单位内部的公共数据汇集工作，由具有行政机关身份的汇集机构来完成；对于数据的开放应用工作，则可以由事业单位性质甚至营利性法人性质的机构来完成，这样可以更好地实现数据的汇集应用开发工作。

公共数据的汇集最终是为了更好地开放和应用。但是从各地的立法规定来看，对于公共数据的终点问题即公共数据的开放和应用，各地的规定反而是相对比较单薄的。规定的重心，还是在于政府部门和公共组织内部的数据的汇集共享，以及公共数据掌握主体的主动开放活动。在这种相对单薄的规定中，公共数据即使实现了充分的汇集，但能否实现有效的社会应用，能否真正在我国的数字经济中发挥出其宝贵的生产要素价值，也是不确定的。因此在接下来的制度调整完善过程中，对于公共数据的开放与运营制度，决策者可能需要投入更多的关注，将这部分制度设计得更加丰满。

最后，或许也是最需要关注的问题是，从这 59 个地方对公共数据的立法来看，目前我国各地方公共数据的汇集应用制度中，政府中心主义的倾向依然非常严重。① 即使一些地方的立法文件的标题以"数据应用"为醒目的关键词，但是仔细阅读这些立法性文件的内容后人们会发现，这些文件的立法规定基本上是以政府部门和公共组织为中心。尤其是关于数据开放与运营的部分，对于公众的公共数据开放与参与运营权利的规定同样非常单薄，这使得数据是否开放运营、如何开放运营的决定权，基本上掌握在政府部门和公共组织的手中，由其主导着这些工作，最终再次出现了政府重、社会轻这种头重脚轻的局面。政府通常缺乏挖掘公共数据资源经济和社会价值的充分技术和强烈动机，只有充分保障社会主体在获得与运营公共数据资源时的权利，才能为更有效地利用公共数据资源提供推动力。

四、余论

数字经济的发展和数据资源的开发应用，都是一些新现象和新问题，问题的解决无法做到一蹴而就。面对这些新现象和新问题，既有的理论和制度有时也的确出现了解释和调控无力的情况。例如，在数据的开发应用过程中，一些基础性的问题，像公共数据的权益归属、数据开放与授权运营在公共数据应用中发挥的不同作用，等等，还需要从理论和立法上得到明确。在基础理论问题还没有得到明确回答、既有的制度框架调控无力时，一些地方的先行尝试活动出现了偏离既有制度框架的情况，也是情有可原的。对这些偏离情况也不宜采取"一刀切"的方式完全否定，尤其对于那些还没有形成定论、达成共识的问题，应当继续给予地方各种尝试活动一定的空间。

此外，目前我国公共数据资源汇集应用制度的建设工作，表现出了比较强的自上而下的政策推动色彩，这是国家大力推进数字经济发展战略的结果。在这种强力的自上而下的政策推动下，一些地方表现出了政府中心主义色彩的制度设计，这是受到政府推动建设的制度在完善过程中不可避免的阶段性发展现象。但是一个成功而有活力的经济活动模式，离不开市场主体的积极

---

① 高翔：《超越政府中心主义：公共数据治理中的市民授权机制》，载《治理研究》2022 年第 2 期。

参与。这种积极态度的产生，又与此种经济活动模式能够充分回应市场主体的诉求、保护其利益有关。所以，随着我国公共数据资源汇集应用制度建设的推进，来自社会和市场主体的意见与呼声，也需要越来越多地被吸收进制度建设过程中。政府在制度建设与运行中的中心作用需要相应地不断弱化，从一个制度建设完善的积极推进者转变成制度运行的回应性维护者。普通公民和市场主体的权利应当获得更明确的承认和保护，这样才有可能真正激发普通公民和市场主体在共同推进公共数据开发应用时的积极性，实现自上而下的顶层设计与自下而上的探索创新之间的合力。

无论如何，我国不同地方的立法在这些存在一定争议问题上的探索，会对我国公共数据资源更有效地汇集和应用，积累许多宝贵的经验。希望本文的研究，也能够为这些积累和探索的过程，提供一些智力上的帮助。

"数据权利研究" 专题

数据权利的法理证成困境及应对

段礼乐*　孙勉智**

（深圳大学法学院，广东深圳　518061）

摘　要： 数据在数字经济时代的各领域中扮演着愈加重要的角色，具有不可估量的利益价值，因而将数据利益上升为数据权利加以保护的呼声越来越高。然而，一项利益要上升为权利，其间需要经过被保护合理性的道德证成，以及法律体系之可容纳性、基于社会成本考虑之实现可能性、上升权利保护之必要性等方面的实证证成，该过程存在着许多难以解决的困境。面对这些困境，数据利益保护的思路是应对之策。一方面，当既有的法律手段能为数据利益提供保护时，可以暂缓数据权利入法的步伐，转而注重既有法律对法益的保护；另一方面，数据利益的保护不应被传统权利保护的路径局限，可以尝试着眼于主体间的利益互动关系，去理解和证成数据权利。

关键词： 数据权利；新兴权利；权利证成；道德权利；法律权利

一、问题的提出

数据作为数字经济时代的基础媒介和重要资源，具有不可估量的利益价值。基于数据利益的重要性、权利保护模式的优越性以及域外数据权利保护的经验性，许多学者主张让"数据利益"迈向"数据权利"，即设定一种新

基金项目：国家社科基金青年项目"共享经济法律规制的司法路径研究"（19CFX065）。

* 段礼乐，深圳大学法学院副教授。

** 孙勉智，深圳大学法学院硕士研究生。

型法定权利对数据利益加以保护。① 近年来，学界对新兴权利的研究热度持续增高，研究成果丰硕。何为新兴权利？有学者曾对此做了描述性归类研究，新兴权利指权利在主体、客体、内容方面的伸缩或扩展、限制等变化情况。在范围上，其既包括已经在法律意义上制度化的权利形式，也包括已获得广泛认可但现今还没有得到法律化的社会性权利主张，还包括一些有悖于权利传统且缺乏实践可行性而在相当长的时期内只能以观念形态存在的权利主张。②

由此可见，新兴权利的定义较为宽泛，学界也并未对其概念本质达成基本共识，导致相关研究多为流于现象的描述，并集中于讨论"新"的标准，少有对权利本质进行鞭辟入里的分析，于是很难将注意力放在"新生利益如何转换为权利"这一根本问题上。③ 在这个权利话语彰显的时代，人们权利意识张扬的同时也要警惕权利泛化对权利观念本身可能带来的危险。④ 如果任何新兴利益都可以通过设定权利来保护，那么权利的严肃性可能会被削弱，进而不会再受到认真的对待。因此，区分"利益主张"与"权利设定"就显得十分必要。从利益主张到权利设定，其间需要经过一系列正当性的论证和客观价值的检验，倘若不满足权利证成的标准，也并非只有诉诸新兴权利这一种回应利益主张的方式。近年来，学界对新兴权利的证成标准进行了诸多研究，在此基础上，本文以法理的视角对同样作为新兴权利的数据权利进行分析，并对证成过程中遭遇的困境及应对路径展开探讨。

通常而言，某项新兴权利的主张之所以会出现，是因为社会对某项新兴利益存在保护或实现的普遍需求，这说明人们对新兴权利的诉求不可能凭空产生，它一定要有实质根据。⑤ 考察实质根据的本质就是道德权利的证成，即论证该项利益在道德上是否应当受到保护，这往往仍处于新兴权利主张的初

---

① 参见肖冬梅、文禹衡：《数据权谱系论纲》，载《湘潭大学学报》（哲学社会科学版）2015 年第 6 期；肖建华、柴芳墨：《论数据权利与交易规制》，载《中国高校社会科学》2019 年第 1 期；龚鹏程：《权利客体视角下的数据确权路径》，载《南京社会科学》2022 年第 10 期。

② 姚建宗：《新兴权利论纲》，载《法制与社会发展》2010 年第 2 期。

③ 刘小平：《新兴权利的证成及其基础——以"安宁死亡权"为个例的分析》，载《学习与探索》2015 年第 4 期。

④ 雷磊：《新兴（新型）权利的证成标准》，载《法学论坛》2019 年第 3 期。

⑤ 陈景辉：《权利可能新兴吗？——新兴权利的两个命题及其批判》，载《法制与社会发展》2021 年第 3 期。

步阶段，属于概念标准的层面。而新兴权利的证成过程，就是将经过道德权利证成后的实质根据确认为实在法上的法律权利，属于实证标准的层面。有学者曾敏锐地指出，新兴权利主张与实在法上的权利的重大差别：前者属于自然权利的范畴，而后者属于法定权利的范畴，在新兴权利主张的基础上还需要经过正当性、必要性和可行性的论证。① 因此，在证成新兴权利的过程中，不妨引入道德权利和法律权利这对概念来梳理问题，即新兴权利证成的逻辑步骤为新兴利益—道德权利（实质根据）—法律权利（新兴权利）。数据权利作为一项新兴权利，其证成也应当依循该逻辑步骤展开分析。

二、数据权利在概念标准上的证成分析和困境

（一）新兴权利证成的概念标准

权利的确认应当审慎对待，尤其是确认法律权利，因为它意味着能够在法律体系内得到国家强制力的保障。因此，一项新兴利益要想被确认为一项实在权利，首先需要符合概念上的标准，即充分论证该项利益被保护的合理性，这也是为该项利益探索其基于何种价值而成立的辩护理由。这一证成过程并不仅是简单地回答创设一项新权利的理由，还要对关于新权利的特定规范的效力进行证成，即证成该规范的效力强大到使义务人负有不侵害权利项下相关利益的义务。这便是道德权利的证成，是确证法律权利创设的基础。换言之，辩护一种利益主张能够成为实在法上的权利意味着这种权利应当足够重要，因而具有值得以规定义务的方式加以保护的合理性。②

证成某项利益需要诉诸权利保护的合理性，主要考察以下两个维度：一是利益的正当性，二是保护个人选择的重要性。③ 首先，权利是对某种利益的反映和提炼，权利的生成主要受利益的驱动和支配，因此，利益先于权利而存在，但并非所有的利益都可以成为权利，权利的生成不仅是利益驱动的过程和结果，也受到伦理观念、价值判断、经济效果及其他可能影响权利实现

① 谢晖：《论新型权利的基础理念》，载《法学论坛》2019 年第 3 期。

② 朱振：《认真对待理由——关于新兴权利之分类、证成与功能的分析》，载《求是学刊》2020年第 2 期。

③ 此处援引的是雷磊教授对新兴（新型）权利证成提出的三个重要标准理论，分别为合理性、合法性与现实性，此处讨论的概念标准层面就是合理性的范畴。参见雷磊：《新兴（新型）权利的证成标准》，载《法学论坛》2019 年第 3 期。

的所有要素的支配。更重要的是，成为权利的利益必须具有正当性，包括价值正当性、经济正当性、伦理正当性等。由此，必须对某种要上升为权利的利益进行正当性衡量，而正当性问题涉及价值判断，其中既包括普适性的部分，如生命权、财产权、自由权等道德权利被认为体现了人类普遍的正当利益，也包括特殊性的部分，如某些权利主张只能在特定群体中或特定背景下才能成立。① 总之，利益的正当性认定具有明显的"地方性"特征，从利益到权利的法律确认需要考虑总体的制度安排，以及与利益伴生的社会观念、经济约束和伦理判断等各种要素。

其次，一项有正当性的诉求并非必然带来一项权利主张。有学者认为，要想将一项利益上升为权利，不仅要为这种利益进行正当性辩护，还要从道德标准上提供以权利方式进行保障的重要性证成。道德权利具有两大主要功能：一是表达对个人选择进行保障的必要性，其中包括对个人独立性和对个人自治的保护两个方面；二是表达对个人选择进行保障的优先性，这种优先性主要体现在个人选择与公共利益发生冲突的情景中。② 拉兹关于旧衬衫的经典例子有助于理解对个人选择保护的含义：假如我有一件老旧的衬衣，尽管它并不能给我带来显著的好处，但我拥有它的所有权——一种可以让我与那些想要得到这件衬衣的人斗争的特殊力量。不仅如此，我还能够自由地对"是否继续持有"或者"是否毁损"等事项进行决策。③ 这反映出个人在某种意义上具有对权利客体的自由决定权，而这种自由决定权正是大多数权利实现正当化的关键因素。

（二）数据权利符合利益正当性

数据权利是指公民、法人或其他非法人组织对数据享有的权利，其客体的自然属性特殊，具有财产权、人格权和国家主权等多方面的性质。④ 一方面，数据承载着数据生产者的个人信息，特别是在互联网时代，数据是个人信息的高度浓缩和形态表征，传统社会的隐私多数以数据的形式存在。自然

---

① 例如，"凶宅补偿权""哀悼权"等权利可能只有在特殊的文化背景中才能成立。参见张建文：《新兴权利保护的合法利益说研究》，载《苏州大学学报》（哲学社会科学版）2018年第5期。
② 雷磊：《新兴（新型）权利的证成标准》，载《法学论坛》2019年第3期。
③ 付新华：《个人信息权的权利证成》，载《法制与社会发展》2021年第5期。
④ 李爱君：《数据权利属性与法律特征》，载《东方法学》2018年第3期。

人的隐私权是数据权利人格属性的重要代表，其建立在对人格的承认及尊重之上，体现人的自由与尊严，符合道德权利所要求的普适性价值。另一方面，数据具有较高的使用价值和交易价值，并常常被比作数字经济中的石油，是平台企业驱动创新的动力源泉。基于数据的互联网经济和基于算法的产业生态，强化了数据的利益属性，数据驱动成为互联网经济发展的重要动力。有价值的数据能够产生基于算法的预测力，这种预测力是经营者做出商业判断和行为决策的重要依据，可以让经营者及时掌握用户的动态和偏好，有助于经营者更好地匹配供需，以提升自身竞争力，并形成新的商业模式和经济生态，由此衍生出竞争保护、消费者保护等新的法律议题。除此之外，从宏观上看，受技术条件变化以及大数据所产生的规模优势等因素的影响，数据还具有公共安全和国家安全的属性，相比传统社会的隐私，数据所蕴含的公共利益的色彩更为明显。数据大规模的商业化使用、跨境流动等使商业安全、国家安全等议题得到凸显，进而影响企业合规、金融稳定、国际贸易、国家竞争力等，这些问题在我国的法律体系中有不同程度的体现，比如《个人信息保护法》及《数据安全法》的总则中也反复强调规范数据处理活动需要坚定维护国家主权、安全和发展利益。由此可见，数据权利不仅仅是一种私权，由于其权利主体的多样性、权利内容的广泛性、权利边界的不确定性、权利行使的复杂性、权利后果的不可预测性等，使其从私法领域向公法领域过渡，进而形成数据法学研究中明显的综合性和跨学科性。

因此，数据权利的形成有多重利益予以支撑，而这些利益具有道德、经济等多方面的正当性，从而支撑数据权利的存在和演化，如人格权、财产权等属性，这些道德权利的利益正当性亦可延伸至数据利益的范畴，为数据利益的正当性提供充分的论据。

（三）数据权利在保护个人选择重要性维度存在证成困境

数据权利背后所体现的利益表达了对个人选择的保护，其中包括对个人独立性的保护以及对个人自治的保护，这些保护在道德上是足够重要的，因而有必要通过实在法上的权利来落实保护效果。这种个人独立性，既指内在的独立性，即每个人的主观思想都是自由而独立的，不受他人的支配或干涉，也包括外在的独立性，即每个人在价值取向、经济诉求等方面，有自己的判断和追求，都是独立自主的个体。在道德上，人生而平等且自由，个人独立性是"人"作为道德主体的前提，而道德权利是道德主体基于独立的自由意志所创设的，因此其也必须表达出对个人独立性的尊重。数据中承载着的个人信息既有人格属性，又有财产属性。数据权利主体基于"人"的独立性而得到自主选择受到尊重和保护的权利，他们有权利保护数据背后的个人隐私，也有权利保护自己所享有的数据财产利益，因而享有根据自身意思来决定是否让他人获取、使用数据等的自由。此时，数据权利主体产生了在特定利益的范围内让义务人承担关系型义务的需求，故而有必要赋予权利人以道德权利。①

然而，当个人选择与公共利益发生冲突时，数据权利在个人选择的优先性层面存在证成困境。人是社会动物，尽管个人具有独立性，但是每一个人都无法脱离社会而生存。为了获得更大的共同利益，人们必须进行社会合作，原因在于，比起每个人单靠自身努力独自生存，社会合作往往能够使所有人都过上更加美好的生活。② 在功利主义哲学的视角下，"最大多数人的最大幸福"成为一大目标追求，公共利益也因而具备了道德意义，被视为共同的善。据此，公共利益也就成了全社会的共同追求。个人的独立性需要对个人的选择加以保障，但是个人既然是社会集体的成员，其自身的自由就要被视为"共同的善"的公共利益所制约，因此，个人选择和公共利益之间不可避免地产生矛盾。一方面，权利的法律承认使权利人获得了法定的对抗能力，其可以基于法律规范所赋予的强制力明确自己的权利边界，并保护自己的权利不被侵犯，这是权利的核心要义，如果在面对外界的权利入侵时，要求权利人做出妥协，则丧失了权利本身的要义。换言之，如果个人选择总是无条件地向公共利益妥协，那么权利的重要性将会受到挑战，长此以往，恐怕没有人

---

① 此处借鉴了雷磊教授的观点：并非所有的正当利益或者说对正当利益的所有保护都需要通过"权利"的机制来进行，它同样有可能通过对特定人施加义务（非关系义务）的方式来达成。只有意欲在特定利益的范围内让义务人承担关系性义务，才有必要赋予权利人以道德权利。例如，破坏环境违背了"保护环境"的道德义务，但这项道德义务与特定主体（作为个人的你或者我）的自主选择关系不大，因而"环境权"的概念难以得到证成。参见雷磊：《新兴（新型）权利的证成标准》，载《法学论坛》2019年第3期。

② 参见［美］约翰·罗尔斯：《正义论》，何怀宏、何包钢、廖申白译，中国社会科学出版社2009年版，第4页。

再会认真对待权利，甚至可能会出现滥用公共利益之名以漠视个人权利的现象。① 另一方面，如果天平偏向了个人选择这一边，人人都将自己的权利主张置于公共利益之上，社会合作就会变得困难，甚至有走向分崩离析的可能。

对于数据权利而言，数据权利人应当享有是否公开数据、决定数据流向等选择的自由，但在大数据时代，权利主体选择数据封闭并不是回应发展潮流的积极态度。新技术的发展以海量数据的互联和应用为核心，大数据是驱动创新的关键变量，数据共享是数字经济发展的灵魂所在。在这样的背景下，当个人选择（数据私权化）和公共利益（数据共享）发生内在冲突时，个人选择的优先性便难以得到保证。诚然，权利可以赋予个人选择相对优先性，即个人选择被推定拥有初步优先性，权利的存在为基于公共利益的干涉设置了论证门槛。② 倘若排除如自然灾害或重大公共事件等个人选择需要让步于公共利益的极端情况，那么其他场景下的论证门槛标准又应当如何设定？譬如，一个数据权利人碍于隐私而不愿公开数据，显然，即使缺少这个人的数据也不会影响经济社会的发展，然而，当数据封闭形成一定规模之后，就很难斩钉截铁地给出同样的结论。又如，用户使用产品或服务时所产生的数据，经由相关经营者收集、加工、处理等操作，变成了有商业价值和经济利益的资源，该企业也对这些数据享有决定是否开放的权利。基于商业竞争和经济利益的驱动，企业往往不愿将这部分数据开放给其他市场主体，倘若整个市场都是数据封闭的态势，长远来看，市场创新的驱动力可能会被削弱。但不论是个人还是企业，他们不愿意开放数据的行为无可厚非，因为数据权利人本就有选择的自由，如果个人选择必须一味地让步于公共利益，这项权利的重要性将大打折扣。那么，权利主体选择何时积极主张数据权利、何时选择让自己的数据权利让步于公共利益，这些都是将数据利益证成为数据权利过程中需要论证和解决的问题。

---

① 参见［美］罗纳德·德沃金：《认真对待权利》，信春鹰、吴玉章译，中国大百科全书出版社1998年版，第261-263页。

② 雷磊：《新兴（新型）权利的证成标准》，载《法学论坛》2019年第3期。

三、数据权利在实证标准上的证成分析和困境

（一）新兴权利证成的实证标准

加拿大哲学家萨姆纳曾指出，如果一个人想要在实证意义上拥有权利，"现有法律体系中的有效规则需要赋予他一个适当的自由、要求、权力和豁免的组合，而且整个体系是起作用的"。[①] 因此，对于由利益生成的新兴权利而言，除了需要满足权利的概念标准，其存在还以"现有法律体系中的有效规则加以规定"为前提。这就是证成一项新兴权利的实证标准之一：被既有的法律体系容纳。"一种特定的法益被确认为法定的权利后，只有与整个权利体系相协调，才可能发挥其应有的作用。"[②] 权利往往通过以下两种路径进入法律规则及体系中。一种是激进式路径，即立法机关通过立法，直接将权利明文规定于法律规则中。这通常是由政策推动和功能主义论证来实现的。另一种是渐进式路径，即在法律制度下，新兴权利会以一种自然的方式，平稳地、缓慢地融入法律体系之中，其中最为典型的就是"以司法续造为基础的渐进式入法路径"。这是指司法机关在审理具体案件时适用既有的法律规则解释新兴权利，该权利虽未见于法律明文，但已为现有权利的规则所覆盖。[③] 在后一种路径中，除进行道德证成之外，在实证层面还需要司法机关证明它是由现有法律规则所规定的基础权利推衍而来的，也就是论证二者之间的内在联系。

此外，证成新兴权利还有另一个重要的实证标准：基于社会成本和可操作性考虑的实现可能性。一项新兴利益，即使符合受保护的合理性和法律体系的可容纳性这两项标准，但在当下条件没有或几乎没有被实现的可能性，则不应立即承认其权利地位。一方面，霍姆斯曾指出："无论从逻辑上还是时间上，义务均先于权利。"[④] 权利不是在虚无状态下存在的，只要某项利益的权利地位被确认，它就会被赋予法律效力。例如，为其他人设定义务，而这些义务的创设和履行都需要成本，即义务的创设需要考虑其可行性。另一方

---

① ［加］萨姆纳：《权利的道德基础》，李茂森译，中国人民大学出版社 2011 年版，第 61 页。

② 李友根：《论经济法权利的生成——以知情权为例》，载《法制与社会发展》2008 年第 6 期。

③ 王庆廷：《新兴权利渐进入法的路径探析》，载《法商研究》2018 年第 1 期。

④ ［美］霍姆斯：《法律的生命在于经验——霍姆斯法学文集》，明辉译，清华大学出版社 2007 年版，第 26 页。

面，从法社会学的角度观察，权利还反映了人与人之间互动交往中的利益结构关系。① 权利的实现表面上依赖于人与人之间的社会合作，实则离不开国家对社会合作的维系和促进。法谚有云："无救济即无权利。"权利的外在表征和现实实现在很大程度上依赖于救济机制，以救济机制为保障的权利才是真正的权利，使权利的实现具有现实可能性。"只有当个人遭受的侵权能够通过政府获得公平而可预期的矫正，个人才能在法律而不仅在道德意义上享受权利。"② 现代社会，能为人的权利提供及时有效救济的主体主要是国家，它们需要为权利的行使积极创设条件，包括制定法律规范、建立国家机关、派发社会福利等物质和制度上的供给和保障，而这些供给和保障不仅需要耗费大量的公共财政，还需要具有一定的可操作性。因此，一项新兴权利最终能否被纳入法律体系，还需要评估国家能力，并综合考虑其现实可能性。所以，一项权利的生成，不是单纯的理论论证，再完美的论证逻辑，也需要回到权利将来所运行的经济社会环境中，接受现实的检验，明确权利生成的逻辑、权利运行的成本、权利逻辑的自洽、法律规范的匹配等一系列现实要素，从而使权利的设定不仅具有理论的正当性，还具有现实的可能性。

在立法中创设权利并非保护利益的唯一手段，诉诸新兴权利的必要性也是一个重要的考量维度。法律对权利的保护是特定的、类型化的，对法益的保护则是笼统的、没有具体形态的。具体而言，法律为权利行使提供明确且有力的保障，如提供确定清晰的请求权规范；而法律对法益主张的保护散见于多个可能的请求权基础规范中，虽然保护力度较低，但法律为法益保护提供了尽可能多的受保护的机会，确保最低限度的保护。③ 由此可知，一项新兴权利背后的利益如果能通过现有的法律规定得到综合保护（如法官借助自由裁量和利益平衡的手段，对近似的法律规则、法律原则和一般条款予以适用），即将目光从"权利保护"转向"法益保护"，那么该项新兴权利是否还有创设的必要？上述问题都是新兴权利在实证层面的证成中将会遇到的困境。

---

① 谢晖：《论新型权利生成的习惯基础》，载《法商研究》2015 年第 1 期。

② ［美］霍尔姆斯、桑斯坦：《权利的成本——为什么自由依赖于税》，毕竞悦译，北京大学出版社 2004 年版，第 26 页。

③ 瞿灵敏：《司法裁判视野中的祭奠权：性质、行使与法律保护》，载《求是学刊》2016 年第 3 期。

（二）数据权利在法律体系中可容纳性的证成困境

第一，数据权利与个人信息权利的界分不明导致数据权利在法律体系中的地位不明。对于是否可以脱离内容层面的信息来探讨数据权利，学界观点存在分歧。相较而言，"不可分说"的观点更具有合理性，原因有二：其一，数据通常被理解为信息的载体，没有实质信息的数据往往也就没有太多的意义和价值，法律上自然也无须对其加以规范调整，[①] 如常见的自然人数据权利所指的就是包含着自然人个人信息的数据权利；其二，世界上大多数国家对数据的保护采取的都是"不可分说"的立场，即认为个人数据与个人信息密不可分。由此看来，数据和个人信息即使并不等同，但也存在重叠，难以做到泾渭分明，这也将直接造成数据权利和个人信息权利两者之间的区分困难，并成为数据权利化的症结所在。[②]

第二，数据权利的行使可能会影响隐私权的保护，二者在法律体系中存在着行使冲突的窘境。大数据时代，个人的隐私保护遭遇巨大威胁。譬如，互联网中出现的"抓取技术"，能够在用户浏览网页时抓取用户的各类浏览数据，这些数据可能承载着用户的隐私，平台抓取数据处理成信息后进行交易，就可能带来隐私泄露的风险。此外，大数据背景下的"隐私"难以界定：当一位用户的个人数据融入庞大的数据库之中，经过"匿名化"处理成大数据后，该数据的"个人"属性会下降，他人的关注点通常在大数据所反映的结果，可能很少去留意作为大数据基本单位的具体个人信息。但对于用户个体而言，其并不想让自己产生的信息被他人获取和使用，那么此时的"隐私信息"还需要严格保护吗？此外，倘若数据的人格权属性能够通过隐私权路径进行保护，财产权属性能够通过类比无形财产权保护路径进行保护，即数据权利已与法律体系中的既有权利存在功能上的重合，那么还有创设数据权的必要吗？

第三，数据权利的概念尚未明晰，浮动的权利范围不利于数据权利在法律体系中构建相应的分支体系。数据权利这一概念的内涵极为丰富，它不仅包含严格意义上的权利，还包含因称呼便利而被强行冠以权利名称的受保护

① 参见程啸：《论大数据时代的个人数据权利》，载《中国社会科学》2018年第3期。
② 李立新、刘晨：《"数据权"的法律证成及行使边界——以赋权和限权为中心》，载《上海法学研究》集刊2020年第11卷。

对象，以及某些从来没有进入过立法者视线、将来也不一定会受到保护的利益诉求。① 随着人们对数据的认识逐渐加深，倘若出现了与现有权利更加难以调和的数据利益，这些数据利益是否能够被现有法律体系容纳？数据权利在法律体系中将如何自处？这也是数据权利在法律体系中可容纳性之证成的一大困境。

（三）数据权利被实现可能性的证成困境

权利的实现需要国家履行一定的义务。首先是消极义务，是指国家应当对公民的权利予以尊重，不得以任何方式随意侵犯公民权利。但是，现实中存在着这样的问题：国家公权力能否在特殊情形下入侵数据权利？数据权利中的人格属性和财产属性何时需要让步于国家主权？美国、英国等国政府为了方便反恐和打击其他犯罪，一再呼吁苹果公司向它们开放数据。但是，基于对隐私保护的考量，用户对这一行为表示强烈不满。谷歌 CEO 皮查伊也声援用户："我们制造了安全的产品，以保护用户的信息安全，我们会基于有效的法令向执法部门提供数据。但这与要求公司提供用户设备和数据的后门完全不同，强迫公司提供后门会危及用户隐私。"② 这些问题引人深思：数据权利涉及多方主体的利益，在数据权利行使的过程中，各主体的权利边界如何界定？私人权利主体在何种情况下需要将自身权利让渡于公共利益和国家利益？这些都是数据权利研究中的实证难题。

其次，数据权利的实现还需要国家履行一定的积极义务，即花费大量的成本去制定法律规范、为权利的行使和保护提供各种各样的保障等。数据权利涉及多方主体的利益，因而必然面临各利益主体之间的权利诉求矛盾，并形成了权利行使之困。不同的主体在数据方面扮演着多重角色，既可能是数据的所有者、生产者，也可能是数据的加工者、传播者等，不同的角色必然代表不同的利益，进而产生权利冲突。因此，法律制度在确权的过程中，需要兼顾不同的利益诉求，平衡不同主体之间的权利关系。然而，在对多元主体的数据权利进行研究时，人们往往容易陷入视角错位和标准不统一的囹圄

---

① 孙山：《从新兴权利到新兴法益——新兴权利研究的理论原点变换》，载《学习与探索》2019年第6期。

② 《库克发公开信反对为美国政府留系统后门 谷歌 CEO 声援》，载一财网，https：//www.yicai.com/news/4751003.html，最后访问时间：2023年8月9日。

之中，即一味地强调部分主体的权利并做出倾斜性保护，继而对当下的立法工作造成误导。① 纵观世界范围内，现有的数据立法也没能妥善解决平衡多元主体利益的问题，目前，针对该问题主要有两种模式：一是欧盟的数据权利保护的"人权分析框架模式"（GDPR 模式），该种保护模式强调个人数据权利，制度建构以此为支点展开，想要制定国际统一标准规制模式，这种模式基于数据立法是私法的定位提出；二是美国数据权利保护的"消费者权利分析框架模式"（CCPA 模式），其采用了"原则+例外"的模式，以消费者隐私权保护为核心，这种模式基于数据立法是社会法的定位提出。从本质上，这两种模式都更加偏向对作为弱势方的用户的保护，经营者的利益则容易被忽视，进而形成了"以用户为中心的单边保护框架"，导致立法结构失衡。② 实际上，只局限于保护单方的利益并不利于整个数据领域的长远发展，影响数据的商业化利用和数据产业的成长，进而抑制数据对经济增长的核心引擎能力，背离数据产业发展方向和数据立法的应有立场。数据立法应当综合个人利益和公共利益的需求，平衡用户和经营者双方的利益，发挥综合调控的作用，而不能陷入非此即彼、此消彼长的单向立法模式，在多重利益约束中探索数据立法的平衡之道。

在积极义务的司法层面，数据权利如果通过以司法续造为基础的渐进式入法路径予以实现，就要先后经历"个案裁判的特殊化救济""司法解释的规范化续造"及"法律规定的普遍化建构"三个步骤。③ 在"个案裁判的特殊化救济"步骤中，因为没有现成的法律可以直接援引，需要法官行使其自由裁量权，充分利用既有权利资源，以既有权利的名义来保护数据权利的内容。这就对法官的专业素养和知识能力提出了较高的要求，不但要求法官能够对既有的法律规范和知识有充分而精准的理解，还需要法官能够相对正确地预判该种保护路径对法律体系的冲击以及对相关主体利益和数据产业发展的影响，法官需要严格遵循法律权利边界，将数据权利的保护限定于既有法律权利体系内。同时，这种保护模式应当促进数据产业发展，或者至少不应为数

① 闫立东：《以"权利束"视角探究数据权利》，载《东方法学》2019 年第 2 期。
② 任颖：《数据立法转向：从数据权利入法到数据法益保护》，载《政治与法律》2020 年第 6 期。
③ 参见王庆廷：《新兴权利渐进入法的路径探析》，载《法商研究》2018 年第 1 期。

据产业发展制造法律壁垒或障碍。如果法官之间的知识水平、裁判能力、预判能力参差不齐，再加上个案的情节存在差异，对于同一类型的数据权利主张可能会得出相去甚远的裁判意见，而将碎片化的判决整合成有机的数据权利保护案例体系，则需要花费较大的成本。在后两个步骤中，法官需要采取法律解释的方法将数据权利涵摄归入既有法律权利的外延之下，此时对法官的司法能动性有更高的要求。因为，大多数时候，既有法律权利的一般性与数据权利的特殊性之间的包含关系并非一目了然，法官需要对其推衍适用进行较高难度的分析和证成。此时的法律实践成本、权利生成成本和制度验证成本将更加高昂，未必是确权的最佳路径。

（四）数据利益诉诸新兴权利的必要性存疑

除上述证成困境之外，数据利益在道德权利迈向法律权利的道路上还面临着必要性的存疑。具体而言，倘若这项实质根据本身可以通过其他权利来实现，那么由该项根据引申出的权利诉求便不存在了。因为权利人可以通过主张相关权利以维护自身利益，倘若再主张另一项新兴权利以行使原有权利，未免显得多此一举。对于数据权利而言，虽然法律没有对数据权利进行直接的明文规定，但因其具有人格权、财产权的属性，法官可以适用人格权、财产权等既有权利的法律规定，以此对数据利益加以保护，如人格权侵权责任、合同违约责任等规定都是很好的保护手段。在司法实践中，"孙伟国诉中国联通上海市分公司隐私权纠纷案"就是法官适用隐私权规定保护当时的新兴权利——个人信息权的例子。[①] 在该案中，被告擅自将原告的个人资料提供给案外人进行商业推销活动，在审理过程中，法院将私人信息视为隐私权益的主要内容，故而可将个人信息纳入隐私权范围内进行保护。与此相对应，虽然数据权利的内涵比个人信息权利更加复杂，但可以通过多项与数据权利有所交叉的既有法律权利组成"权利集群"对数据利益进行保护。此外，有学者也曾指出，目前法学界对数据在私法上确权的做法遇到了私法理论局限的制约和数据应用实践的挑战。具体而言，在目前的法律与技术条件下，倘若已经形成了能够有效约束数据使用和流通交易的数据控制规则，那么，进一步

---

① 参见孙伟国诉中国联通上海市分公司隐私权纠纷案，上海市浦东新区人民法院（2009）浦民一民初字第 9737 号民事判决书。

确认私权的做法不仅多此一举，还可能会对数据共享趋势产生不利影响。① 在该情形下，数据权利证成的必要性需要打上问号。

此外，有学者还从"权利动态性"的角度否认了创设新兴权利的必要性，对于新出现的情形，"即使表面上不存在直接适用的权利，而只存在间接相关的权利，但基于权利的动态性，将它扩展至新情形的做法并不困难，而毋需于此之外再主张一项新兴权利的存在"。② 进一步而言，"权利动态性"可以从以下两层含义来理解：第一，权利往往通过赋予相关义务来实现，因此在面对新情形时，可以对既有权利"动态地创设新义务"的方式加以应对。第二，如果只能用"创设新兴权利"的方式来回应新情形，那么该情况要么属于"权利的具体化"，要么属于"权利的派生"，而"权利的具体化"是既有权利在行使和发展过程中的必经之路，而"权利的派生"也需要以既有权利为基础来获得正当性的依据。③ 换言之，无论采取上述哪种方式来回应新情形，都无法绕开既有权利，因而单独主张这类"新兴权利"将缺乏充分和必要的理由。

四、数据权利法理证成困境的应对进路

（一）目标从"数据权利入法"转向"数据法益保护"

数据权利的法理证成中仍存在着许多现今难以克服的困境，但如何应对日益增长的数据风险与危机是一个迫在眉睫的问题。因此，倘若当下既有的法律手段能为数据利益提供保护，不妨暂缓"数据权利入法"的步伐，转而注重对"数据法益"的保护。与数据权利不同，法律对数据法益的保护是没有具体形态的，其侧重的是保护密度，为数据利益提供尽可能多的保护机会。相较于创设法定的数据权利，数据法益保护更有利于平衡个人、企业、国家等各方利益。具体而言，数据携带着形形色色的信息，这些信息背后指向的

---

① 梅夏英：《在分享和控制之间：数据保护的私法局限和公共秩序构建》，载《中外法学》2019年第4期。
② 陈景辉：《权利可能新兴吗？——新兴权利的两个命题及其批判》，载《法制与社会发展》2021年第3期。
③ 陈景辉：《权利可能新兴吗？——新兴权利的两个命题及其批判》，载《法制与社会发展》2021年第3期。

是各种类型的利益主体，这些利益主体所追求的也是各自不同的利益内容。对此，数据立法应当将兼顾多元主体利益作为规制目标，并从平衡数据公益与数据私益的角度出发，缓解数据私权化和数据共享性的矛盾，从而推动网络社区和信息社会的蓬勃发展。①

"数据法益保护"有两个关键点：一是充分运用保护传统权利的法律手段（如财产权、人格权）来保护新出现的数据法益，因而可以设置衔接数据领域的"传统权利"与"新兴数据法益"的准用性规则。数据法益涉及不同的部门法，比如《民法典》《个人信息保护法》《消费者权益保护法》《反垄断法》《反不正当竞争法》等。在具体的权利事项中，可以根据利益的具体内容选择具体适用的法律。比如，《消费者权益保护法》具有明确的权利内容，在特定情形下，其适用的领域和范围是相对明确的，在数据保护方面有其制度的独特性，甚至具有优先适用性，以强化对消费者的保护力度。而对于越来越多的利用数据进行垄断或者不正当竞争的行为，可以直接适用《反垄断法》《反不正当竞争法》等法律予以规制。当然，数据法益是新型风险背景下的新生事物，与传统法益之间必然存在较大的差异，因此不能生搬硬套对传统法益的保护方式，避免附属保护的弊端。因此，通过准用性规则的设置，将新兴的数据法益保护与传统的法律制度衔接起来，由此，数据法益不仅能够较好地融入既有法律体系，还能避免与既有立法相重复或相冲突，兼顾数据领域多样化的利益，提升立法的兼容性，并提高通过法律进行数据治理的效能，避免制度设计成为空中楼阁。

二是数据法益的法律保护要兼顾和平衡个人、社会、国家等各方利益，②可以通过设定数据保护的宗旨和原则性条款加以明确。③ 数据私益是能够进行切分并归属于特定主体的数据利益内容，数据公益则是直接关系到不特定主体数据利益实现的公共领域，如果任何一方数据主体不参与协作，都有可能

① 任颖：《数据立法转向：从数据权利入法到数据法益保护》，载《政治与法律》2020 年第 6 期。

② See Federico Ferretti, "Data Protections and the Legitimate Interest of Data Controllers: Much ado about nothing or the winter or rights," *Common Market Law Review*, Vol. 51, No. 3（June 2014），pp. 843-868.

③ See Ilke Gursel, "Protection of Personal Data in International Law and the General Aspects of the Turkish Data Protection Law," *Dokuz Eylul Universitesi Hukuk Fakultesi Dergisi*, Vol. 18, No. 1（January 2016），pp. 33-112.

导致数据公共利益受损，进而也将损害数据私人利益。① 因此，需要兼顾不同主体的数据私益，推动个人、企业、国家数据行为合作才能够真正保障数据公益的实现。由此看来，数据正义原则应当成为数据法益保护的原则之一，在数据生产、收集、传播、使用等各个环节，都应当坚持该原则，并体现在数据立法的过程和数据治理的制度体系中。数据立法应当具有前瞻性，不应该片面地重数据私益而轻数据公益，或者是对用户利益进行单边性保护而轻视经营者的利益，这就为数据权利面临的利益主体诉求不一致的困境提供了应对依据。需要指出的是，兼顾数据公益和数据私益的法律原则较为笼统，无法为相关法律规则的制定和适用提供确定的指引，实践中，立法机关和司法机关依然会面临诸多操作难题，这些难题对立法机关的立法水平和司法机关的法律适用能力提出了较高的要求。

（二）着眼于主体间的利益关系来构建数据权利

如今，数据权利的构建仍深受形式主义路径依赖的深刻影响，人们依然习惯于用传统的所有权逻辑去认识和解析数据的价值定位和相关的制度安排。② 然而，数据的价值以大规模聚合为前提，其具有可复制性，且复制的操作不会减损数据所携带的信息和价值，这导致数据无法像普通的物一样具备稀缺性和可控性的特性。③ 数据所衍生的问题是所有法学学科面临的共同问题，很难再被传统的法律框架限定，传统的法律理论在解释力方面存在弱点，理论体系需要更新。传统的法律体系也难以应对新出现的数据问题，同样需要实现法律体系和法律规则的更新。

数据权利应当跳脱出财产权属的惯性思维。在开放利用的价值逻辑基础上，应当着眼于主体间的利益互动关系来理解和构建数据权利。④ 美国法学家霍菲尔德曾将笼统的权利区分出了四种意义，即自由/无义务（privilege）、主张（claim）、权力（power）及豁免/无责任（immunity），而某种具体的权利

---

① 任颖：《数据立法转向：从数据权利入法到数据法益保护》，载《政治与法律》2020 年第 6 期。

② 戴昕：《数据界权的关系进路》，载《中外法学》2021 年第 6 期。

③ See Charles I. Jones and Christopher Tonetti, "Nonrivalry and the Economics of Data," *American Economic Review*, Vol. 110, No. 9 (September 2020), pp. 2819-2858.

④ 戴昕：《数据界权的关系进路》，载《中外法学》2021 年第 6 期。

一般是上述多个权利要素的组合。① 有学者在霍菲尔德的法律权利分析框架中得到启示，提出通过关系界权理解和建构数据法规则的观点。具体而言，霍菲尔德的框架以四对关系为核心内容："主张"（claim）对应"义务"（duty），指一方有权请求另一方作为或不作为，而另一方对应的义务是根据对方的请求作为或不作为；"自由/无义务"（privilege）对应"无权利"（no-right），指一方有自由选择作为或不作为，而另一方无请求权对应要求对方不作为或作为；"权力"（power）对应"责任"（liability），指一方享有可行使的权力，单方面改变另一方所处的法律关系，而另一方则需承受对方行使权力带来的法律关系改变的后果；"豁免/无责任"（immunity）对应"无权力"（disability），指一方可主张自身所处的法律关系不因另一方单方行为改变，而另一方此时的法律责任负担称为"无能力"，这八个概念在两方主体间的法律关系中相互定义。② 该框架中的这四对关系并不直接对应既有的法律规范，而是通过分析法律关系并提取其实质内容，并由此反向搭建出更加灵活和丰富的法律规则。霍菲尔德框架下的权利更加精细，权利人与其他主体之间形成了错综复杂而又相互影响的利益关系，这种权利解析理论可以为构建数据权利提供一个新颖的视角，有助于下沉到更加具体的关系层面去理解数据权利。就数据而言，从数据生产环节开始，到数据的加工、传播、利用等，不同的主体有不同的行为模式和利益诉求，形成不同的权利形态，关系的组合和重组，使权利关系极其复杂多变，强化了数据法律的复杂性。我们对数据的认知还处于一个探究摸索的阶段，随着信息的增加，认知也会不断地发生变化，因此不能指望可以短时间内完成建构数据权利的目标。当前的法律制定和法律实施要为数据权益提供权宜的安排，理论研究和制度建构也要保持必要的开放性，以回应未来数据产业的发展，以及由此形成的数据权利的变动性和数据治理的包容性。

五、结语

当一项新兴权利被提出时，需要以不同的方式去追问权利之基础。权利

---

① 王涌：《私权的分析与建构：民法的分析法学基础》，北京大学出版社 2020 年版，第 77 页。

② 此处援引的是戴昕教授对霍菲尔德框架的总结。参见戴昕：《数据界权的关系进路》，载《中外法学》2021 年第 6 期。

的提出往往是因为出现了需要保护的利益，这些新兴利益要上升为新兴权利并得到法律明文的保护，中间需要经过道德权利标准及实证标准等一系列涉及价值、意义和政策考虑的复杂证成。新兴权利是在道德上值得追求，在法律上具有规范基础且在现实中可能被实现的权利。① 权利的确立和实现不仅仅是一种纯粹的逻辑推演，还需要接受现实生活的检验，通过具体的权利关系、经济交往明确权利实现的现实可能性。因此，对权利的分析应当是多元的，不仅仅基于价值判断，还需要关注权利背后蕴含的经济逻辑和社会基础。特别是对于新兴权利而言，更需要关注权利所赖以生存和成长的经济社会的未来发展，使权利具有足够的包容性和成长性。数据权利的论证就应当基于该种论证理路。在数字经济时代，数据的价值日益凸显，因而出现了许多创设数据权利对数据利益加以保护的呼声。在对数据权利进行法理证成的过程中，虽然数据权利体现了利益的正当性，但在保护个人选择重要性的概念标准上存在一定的证成困境；在实证标准层面，数据权利在法律体系的可容纳性、基于成本和操作难度考虑的实现可能性及创设的必要性等维度也遇到了难题。诚然，数据权利的法理证成仍存在着许多困境，但日益增长的数据风险与危机也需要应对。如果当下既有的法律手段能够为数据利益提供保护，那么可以暂缓数据权利入法的步伐，将关注点从"数据权利保护"转向"数据法益保护"。数据利益的保护要兼顾多元主体的利益，且不应被财产权等传统权利的思路局限，可以尝试着眼于主体间的具体利益互动关系，以一个细致的动态视角去理解和证成数据权利。需要指出的是，数据只是承载信息的形式，需要基于其承载的信息内容而得到不同程度的保护。因此，数据需要针对不同业态、不同领域进行类型化讨论，如果有些类型的数据利益符合权利的证成逻辑，那么可以设定新权利加以保护，而无法实现权利证成的数据仍然以利益的形式保护即可。

---

① 雷磊：《新兴（新型）权利的证成标准》，载《法学论坛》2019 年第 3 期。

数据权利何以可能

——基于康德权利学说的解读

高建成*

（南京大学法学院，江苏南京　210093）

摘　要：在认识到数据之价值后，政策实践与学术研究提出了多种以数据为客体的权利构造主张，亦有观点质疑数据权利化之做法。结合康德的权利学说进行法哲学视角的审视，权利应人之需要而创设，是调整人与人之间利益冲突的工具，并最终服务于人的意志自由与自我实现。而数据作为区别于人的一种外在对象，必然能够成为权利之客体而为人所用，这种必然根源于人的纯粹理性与实践理性。尽管受历史局限性之影响，康德未能提供适配于数字经济时代的数据权利构造方案，但其权利学说也能够为数据权利的有效性、数据权利的基本内容与权利客体的限制方面做出指引。至于数据权利的具体构建，仍需结合司法实践经验与经济现实作进一步的理论提炼与规则设计。

关键词：数据；数据权利；康德权利学说；权利客体；法哲学

一、问题的提出

在数字经济背景下，数据已成为第五大生产要素，被誉为驱动产业发展的"石油"资源。与此同时，其也作为保护对象进入了法律的视野。《民法典》第127条规定："法律对数据、网络虚拟财产的保护有规定的，依照其规

基金项目：2022年光明实验室开发课题"数字资产的权利归属和交易制度研究"（GML-KF-22-06）；2023年江苏省研究生科研创新计划项目"数据抓取纠纷的法律回应研究"（KYCX23_0016）。

* 高建成，南京大学法学院博士研究生。

定。"在数据保护的多重路径中，为数据创设某种权利的呼声尤为强烈，并在多种政策文件中得到体现。例如，2020 年 3 月《中共中央 国务院关于构建更加完善的要素市场化配置体制机制的意见》提出，要研究根据数据性质完善产权性质。2022 年 12 月《中共中央 国务院关于构建数据基础制度更好发挥数据要素作用的意见》指明，要探索数据产权结构性分置制度，"根据数据来源和数据生成特征，分别界定数据生产、流通、使用过程中各参与方享有的合法权利，建立数据资源持有权、数据加工使用权、数据产品经营权等分置的产权运行机制"。政策文件指引了实践的探索方向，2023 年 3 月，深圳发布《深圳市数据交易管理暂行办法》《深圳市数据商和数据流通交易第三方服务机构管理暂行办法》，对可交易的数据类型、交易主体、确权评估等内容展开数据产权分置的率先探索。从政策实践情况看，数据权利的构建是趋势所向。

　　与前述政策规定类似，有研究从功能主义与实用主义视角提出数据权利化的可能方案：主张构建接近物权设计的新型数据经营权与数据资产权；[①] 具有控制、开发、许可、转让权能的数据用益权；[②] 针对公开且无独创性的大数据而建构的数据公开传播权；[③] 以主体视角命名的数据持有者权[④]与数据生产者权利[⑤]。然而，亦有观点驳斥就数据构建权利的做法，认为数据基于其特性而难以构成民事客体，在逻辑上也无法证成其财产性。[⑥] 从效果上看，在数据问题上引入权利保护模式可能会限制他人模仿自由与二次利用空间，[⑦] 甚至会造成"数据垄断"，因此有学者主张选择行为规制模式而非权利保护模式对数据及各方利益问题进行调试。[⑧] 但总体而言，已有研究对数据权利的法理层面的探讨尚不充足，尤其对数据能否或应否成为权利的客体这一问题存在分歧。

　　对此问题，结合康德的权利学说进行思考或能提供独到见解。首先，在

---

① 参见龙卫球：《数据新型财产权构建及其体系研究》，载《政法论坛》2017 年第 4 期。

② 参见申卫星：《论数据用益权》，载《中国社会科学》2020 年第 11 期。

③ 参见崔国斌：《大数据有限排他权的基础理论》，载《法学研究》2019 年第 5 期。

④ 参见高富平、冉高苒：《数据生产理论下爬虫技术的法律规制路径》，载《江淮论坛》2022 年第 5 期。

⑤ 参见姚佳：《企业数据的利用准则》，载《清华法学》2019 年第 3 期。

⑥ 参见梅夏英：《数据的法律属性及其民法定位》，载《中国社会科学》2016 年第 9 期。

⑦ 参见任浏玉：《公开商业数据爬取行为的规制路径》，载《知识产权》2022 年第 7 期。

⑧ 参见周樨平：《大数据时代企业数据权益保护论》，载《法学》2022 年第 5 期；刘建臣：《企业数据赋权保护的反思与求解》，载《南大法学》2021 年第 6 期。

众多权利相关的法理学或法哲学研究中，康德的权利理论具有典型性。其更关注个人的意志自由的保障与实现，强调权利人作为主体的支配力，[①] 为近现代财产法、侵权法、合同法等法律领域的产生与发展奠定哲学基础，并产生深远影响。[②] 其次，哲学学科视角关注世界的本原、人的本质以及人与世界关系等一般问题，具有高的站位以及宏伟的视野，有利于整体把握事物的本质，避免对细节的拘泥。对于法学学科而言，这类探讨属于法理学或法哲学所探究的纯粹理论范畴，也是部门应用法学的必然追问。其旨在回答，什么是在实际或假设之中应然发生的，以此指引各部门应用法学的逻辑统一与具体实践中的法律研判。[③] 最后，康德的权利学说与数据权利问题密切相关。其旨在探讨，在规范意义上人作为主体如何将一外在物进行合法占有，进而为人所用。其中涉及的对权利尤其是所有权的论证，就与数据权利化议题直接相关，或能提供一定启示。因此，本文将以康德有关权利学说为视角，考察权利的内涵以及围绕一外在物构建权利的条件，以此从法哲学层面回应一个问题：是否可能以数据为客体构建一种权利？

二、康德的权利基本观

以数据权利化问题为导向重读康德，无必要对其所有学说进行全盘梳理，关注其权利部分的论述以求解决思路更具有可行性与针对性。康德的权利学说是其哲学思想的一个分支，具体处理人与他人就一外在物上发生冲突后应如何进行协调的问题。当下市场实践所面临的难题就在于，各主体如何就数据这一外在物展开互动与博弈。因此，康德的权利学说所讨论的范畴与话题实际上也与当今现实紧密相关，有必要对学说中的具体内容进行阐释。

（一）权利的功能及其创设必要性

数据权利归属于权利话题。该话题下首要的关切在于权利的定义。康德对此未予以直接明确，而是从侧面进行描述：权利的概念揭示的是人的行为

---

① 参见韩旭至：《数据确权的困境及破解之道》，载《东方法学》2020 年第 1 期。

② See Jeremy Waldron, "Kant's Legal Positivism", *Harvard Law Review*, Vol. 109, No. 7 (May 1996), p. 1535.

③ 参见王夏昊：《形式体系与功能分区：法理学的知识存在方式及其发展》，载《东岳论丛》2023 年第 2 期。

自由与他人行为自由的关系，这种关系具有外在性与实践性。①

在康德眼中，权利的存在对公民社会具有重要意义，以此区别于自然社会状态。权利有其工具价值，直接体现为其秩序功能，即权利能够协调社会内人与人之间的关系，以此达到和谐。在这种和谐状态下，一方面，人人凭借权利而得以各行自由。康德指出，构建权利科学的最终目的就在于"建立普遍的和持久的和平"。在这样的和平状态下，人与人彼此相邻相处时，能依据法律维持和保证"我的和你的"的界分；人与人能共同结合成文明的社会组织，并从先验的理性中寻求社会治理规则。② 康德认为，在该目的之下存在着一条普遍法则，使得人的行为与他人的意志自由同时并存，这便是权利的普遍法则。

另一方面，人在享有权利的同时，也意味着他人为权利主体承受一种义务或责任，而权利主体也愿意为他人承受同样负担。由此，权利的存在也意味着一种普遍强制性的相互约束。康德认为，权利的概念是从道德命令发展而来的，是一种施予他人责任的依据。③ 基于权利的普遍法则，人必须依据正确的准则做出行为，否则难以与他人意志进行协调。如果他人妨碍该人的行为，就构成一种侵犯。④ 人们的自由若要实现，其前提就在于人与人之间相互强制。⑤ 人享有权利就意味着他人负有不妨碍的义务，也意味着自身负有不去妨碍他人权利的义务。简言之，权利的普遍法则就在于人人各行其自由，但不能妨碍他人自由。该法则从正面的人的行为自由范围以及反面的禁止性条件进行明确。

结合历史背景进行理解，康德构建的权利的根本目的与意义就在于，保障人的自由和人格发展。康德所处的时代，经历着启蒙运动与法国大革命，他意识到，仅凭对意志自由的强调无法保障人在现实中享有真正自由，因而必须赋予人以作为权利的自由，启发人的权利意识，促使人在经验世界中实

---

① ［德］康德：《法的形而上学原理》，沈叔平译，商务印书馆1991年版，第41-42页。
② 参见［德］康德：《法的形而上学原理》，沈叔平译，商务印书馆1991年版，第199-200页。
③ 参见［德］康德：《法的形而上学原理》，沈叔平译，商务印书馆1991年版，第36页。
④ 参见［德］康德：《法的形而上学原理》，沈叔平译，商务印书馆1991年版，第42-43页。
⑤ 参见［德］康德：《法的形而上学原理》，沈叔平译，商务印书馆1991年版，第45页。

现和平共存。① 于是，康德试以其权利学说在经验世界中推进普遍权利与普遍法治的实现，赋予人们权利以免受侵犯，同时也促使人们遵守权利的道德法则与法律的强制边界，以此进入真正的公民社会。② 康德也补充到，国家必须维护人的自由及其派生权利，这是其任务。③ 由是观，康德的权利学说是以人为主体和本位的，其眼中的权利是一种用以服务人的主体性和需求的工具。

(二) 权利的生成条件

如果人要对一项外在物取得权利，需要满足什么条件？康德对权利的论证是从自然权利开始并不断演进至法律权利，整体依循"人对外在物的选择与需要—自然社会中的经验占有—文明社会中的法律占有"思路展开，阐释了人与外在物的联系与互动过程。而从其论证来看，若要在这种联系与互动中产生权利，需要满足以下条件：

第一，该主体在主观上要认识外在对象，并基于其需要对外在对象进行选择。可以成为人的意志选择的外在对象只有三类：具有形体的外在物或空间上的对象、他人履行特定行为的自由意志、他人在与我的关系中所处的状态（如家人、家仆或其他人在我的强力与占有下而服从我的命令与管束），分别对应本体、因果、相互关系三大范畴。④ 换言之，人基于其自由意志，可以选择占有某物以便使用，也可由他人凭借他的自身意志自愿地为其做出特定行为。

第二，主体要具备占有或者获得的能力，即有能力将外在对象进行占有。这是一种对能力的要求与限制。以土地为例，康德认为，一个人不可能对其永远无法涉足的土地主张权利。在其先验假设中，土地本身是人类共同所有的，没有任何人能够对所有的土地进行占有或主张权利。⑤ 如果一主体主张全部土地归其所有，那么他人的自由将被挤占而无法保障基本的生存，因此其行为就违反了权利的普遍法则而被认定为不正义。

---

① 参见陈义平：《权利与法治：康德法哲学的二维视界》，载《安徽大学学报》（哲学社会科学版）2004 年第 5 期。

② 参见陈义平：《康德法哲学的权利伦理视域与法治理想》，载《现代法学》2005 年第 3 期。

③ 参见姜森：《从自由到权利：康德政治哲学的内在逻辑》，载《求是学刊》2013 年第 1 期。

④ 参见 [德] 康德：《法的形而上学原理》，沈叔平译，商务印书馆 1991 年版，第 61—62 页。

⑤ 参见 [德] 康德：《法的形而上学原理》，沈叔平译，商务印书馆 1991 年版，第 70 页。

第三，要满足实践因素，即主体要占为己用并对外表示。① 在康德看来，先占和劳动不足以证成权利，因为占有和劳动可能是偶然的。② 但是，经验的占有本身就隐含着取得私有权利的可能性，是潜在的法律占有。③ 当然，这里所说的获得权利的资格，仅指向自然权利层面，因为此时没有人能够在法律权利层面对其占有予以评判。但这种自然权利或者权利的资格与依据，可被认为是获得法律权利的基础或者前置条件。因为允许法则的存在，一种某物归属于某人就具备了可能性，即在人的意志的自由行使范围内的一切对象都有可能成为"我的或你的"。④ 在康德权利学说中，允许法则作为一个实践理性的先验性假设而存在。概言之，作为实践因素的占有事实，是权利生成的必要不充分条件。

第四，物要么是无主物，要么经过他人允诺。对物提出的此类条件，旨在确保人的意志自由能够实现且不受侵犯。在康德看来，一种外在对象要成为权利的客体，存在两种依据，即原始获得与契约获得。一个外在物在不被他人占为己有的时候被某个主体基于行动而取得，这种最初的取得方式就是原始获得。其包括三大实践因素：其一，物在被取得前不属于任何人；其二，占有者需要有正式的表示，并以自由意志的行为阻止他人使用；其三，占为己用的观念为公共意志所接受。第三个因素才能真正使得经验占有获得有效性，即变成法律占有，⑤ 因为原始占有只是单方的意志作用，在未得到他人意志承认之前，无法产生排他效力。至于契约获得，其是一种通过双方联合意志将某物从一主体转让给另一主体的取得方式，即一方放弃按照公共权利获得的物而另一方具备主动的意志行动表示接受。⑥ 无论是接受物的转让，抑或是放弃物及其权利，均是他人基于自身自由意志所做出的选择，因此可以保证意志自由未受侵犯。

第五，对物的占有必须经过公共意志的承认，需要普遍法则进行立法，

① 参见［德］康德：《法的形而上学原理》，沈叔平译，商务印书馆1991年版，第76-77页。
② 参见［德］康德：《法的形而上学原理》，沈叔平译，商务印书馆1991年版，第89页。
③ 参见［德］康德：《法的形而上学原理》，沈叔平译，商务印书馆1991年版，第67页。
④ 参见［德］康德：《法的形而上学原理》，沈叔平译，商务印书馆1991年版，第59-60页。
⑤ 参见［德］康德：《法的形而上学原理》，沈叔平译，商务印书馆1991年版，第76-77页。
⑥ 参见［德］康德：《法的形而上学原理》，沈叔平译，商务印书馆1991年版，第93页。

这是核心关键。① 康德指出，人们可以通过自身的理性与智力，去理解"某物是某人的"这一概念，而不依赖于时间和空间条件，以此才能使经验占有转化为理性占有。在理性占有之概念具备有效性的基础上，再通过普遍法则进行立法，促使其他人承担责任，由此理性占有将成为法律占有。在满足法律占有的条件下，才能将责任强加于他人，同时占有者也要遵守不去侵犯他人占有的、属于他人的物的义务。普遍法则使得人与人之间存在相互的责任，保障人与人各自的自由。这也意味着，人们愿意共同从自然社会进入文明社会，由文明社会中的权威与公共意志为人们的自由提供保障。②

三、人的理性使数据权利成为可能

康德的权利学说强调人的主体意志以及公共意志的相互关系，揭示了从自然社会到文明社会，人的意志自由如何使得某项外在物真正地成为"我的"，并以权利的形式予以保障。在其眼中，外在物与作为主体的人相区别，而人的理性，使得人能够认识外在物，使人能够凭借自身的意志行动去选择与占有，也使人能够创设规则，进而满足人的主体性及特定需求。正是人的理性之存在，为数据权利的诞生奠定了基础。

（一）纯粹理性使人对数据有所认知

康德指出，人的理性包括纯粹理性与实践理性两种。纯粹理性处于主导地位，由人类的先天判断、经验与知识共同组成，以此作为人认知外在物的基础，使人能够理解时间、空间、质、量、关系、形相等范畴。③ 正是因为这种认知能力的存在，人才能够知悉外在物的存在，也知悉外在物之于人的价值，进而将其作为意志的作用对象实施占有行为，如占领土地、采集蔬果、狩猎动物等。在实施占有的基础上，权利也依托人们区分"你的"和"我的"的占有状态的永久需求而产生，④ 以此调整人与人之间的关系。

---

① 参见张恒山：《由个人意志自由到公共意志自由——康德的权利学说》，载《环球法律评论》2013 年第 3 期。

② 参见 ［德］康德：《法的形而上学原理》，沈叔平译，商务印书馆 1991 年版，第 72-73 页。

③ 参见张恒山：《由个人意志自由到公共意志自由——康德的权利学说》，载《环球法律评论》2013 年第 3 期。

④ 参见龚群：《康德的自然权利说》，载《伦理学研究》2020 年第 5 期。

数据作为一种信息内容的载体，本身并非一种新奇事物，早已存在于过往历史之中。但是，为何赋权数据的呼声直至近年才涌现？这与特定的时代背景有关。一方面，当下科技的发展使得计算机、智能设备及其相关的硬件设施得以普及，数据借助这类硬件设施与技术能够更直观地为人所认识。另一方面，数字经济依托算力、算法与算料得以蓬勃发展，市场中的企业依托数据加工与分析技术得以充分挖掘数据的经济价值。因而其中经济价值的凸显诱使各企业争相竞逐。在意识到数据的存在及其价值本身之前，人们未曾料及为数据赋权之可能。

将现实与康德权利学说作比照，海量未获确权的数据可以类比为自然状态中的无主物，两者在许多方面具有相似性：它们均无法承担责任，缺乏自由，是意志活动的对象。① 基于纯粹理性，人作为主体对数据形成了认知，包括对数据本身存在形式的认知，以及对数据所能满足人需求的特定价值与功能的认知。企图通过占有数据并开展后续的开发与利用以获取经济利益，体现的是主体基于纯粹理性而产生的发展需求。这也符合康德权利学说所体现的人本化趋势，作为一种研究人的需要以及如何实现自身需要的学问本身就旨在解决人的问题。② 但是，仅凭建立在理性认知上的占有并不一定具备有效性，这涉及他人的价值评判。结合康德的观点，由于缺乏公共意志与立法的承认，经营者、用户对数据所实施的占有仅是单方意志的作用，这种暂时的、经验上的占有尚未上升为法律占有。③ 加之数据本身与传统的有形物不同，在缺乏立法的情况下，各主体更不清楚在数据问题上应当如何行为。换言之，各主体对数据具备保护和开发利用的需要，却无法得到满足。因此，数据权利化主张的出现有其现实原因与迫切性。

（二）纯粹理性为数据权利的规则构建奠定基础

康德指出纯粹理性的另一功能在于使人能够规定原则与法规。④ 纯粹理性的存在衍生出了有关人实践理性的普遍自由法则，该法则被作为一种先验的

---

① 参见 ［德］康德：《法的形而上学原理》，沈叔平译，商务印书馆1991年版，第27页。
② 参见枫叶、黎升：《康德在何种意义上是一位现代哲学家》，载《社会科学战线》2004年第2期。
③ 参见 ［德］康德：《法的形而上学原理》，沈叔平译，商务印书馆1991年版，第84页。
④ 参见 ［德］康德：《法的形而上学原理》，沈叔平译，商务印书馆1991年版，第12-13页。

公设而确定下来,① 用以调整人的自由与他人的自由之间存在的冲突。也正是因为人基于纯粹理性规定了相关法则,使得权利的诞生成为可能,进而调整人们基于一外在物而引发的各种关系。

首先,纯粹理性作为一种规定法规的能力,促使权利从无到有成为现实。权利并非客观地、天然地存在于现实之中,其产生和发展也历经了从无到有的过程。在康德看来,自然社会中人们基于生存或生产需要而对外在物的占有,虽然常为自然权利之概念所描述,但这种权利并不构成严格意义上的法律权利。而随着时间与社会的发展,权利作为一种工具被创设,用以区分"你的"和"我的"的占有状态,从而解决社会内人与人之间的利益冲突。当时亟待解决的占有区分难题,主要发生在如土地、农作物等有形物上,而与信息、知识、技术等抽象物无关,因而康德指出用"物权"的概念进行区分。与此同时,其利用"对人权"的概念来解决人与人后续交易活动所产生的纠纷。由此,权利及其法则便被规定,从而奠定了人对物、人对人之行为的秩序。

其次,纯粹理性的存在,为权利体系的发展奠定了基础。虽然康德对财产权利的论述主要与有形物及所有权相关,却也为知识产权奠定了根本的哲学理论基础。② 在康德的权利体系下,权利并不局限于对物的支配,而在于协调人与人之间的自由行为的关系。其权利的客体具有丰富的内涵,包括物的本体、他人履行特定行为的意志等。这正是康德权利学说的张力所在,能够解释当今财产权体系为何指涉有形的客观物与无形的抽象物这两类客体。正因为康德强调的并非对特定事物的实际控制,使得知识产权的内容也可以被康德认为的权利体系涵盖。人的理性,赋予人自身一种超越时间和空间的理解能力,使得人能够意识到某事物属于该主体,未经其同意不得侵犯。③ 即便知识产权的客体是抽象物,难以实现经验占有,却能为人的纯粹理性所理解。由此,财产权的发展才成为可能,从强调物性、有形性逐步走向去物化、抽

---

① 参见张恒山:《由个人意志自由到公共意志自由——康德的权利学说》,载《环球法律评论》2013 年第 3 期。

② 参见刘鑫:《"道义"与"功利"之间:专利制度伦理证成的路径选择与框架设计》,载《华中科技大学学报》(社会科学版)2021 年第 6 期。

③ 参见朱谢群:《知识产权的法理基础》,载《知识产权》2004 年第 5 期。

象化，其客体范畴也不断向外扩展。可以认为，人的纯粹理性不断延伸与发展，能够围绕现实创设新型权利，进而完善了既有的权利体系。

同样作为抽象物成为权利客体的对象，还有人格。康德对人作为主体的意志自由的强调已为人所知，其也被认为是最早对人格论做出体系阐释。[①] 若认为数据权利还可能具备人格权的面向，那么人格权的确立同样可用以类比证明数据权利化的必然性。个人对隐私的保护需要，表现为一种精神利益。这种利益需求无客观的形体，与知识、信息和想法等同属于抽象物范畴，是人具有自由的重要体现。而康德所阐述的对人权也为人格权的体系奠定了基础。康德的对人权是指，凭借作为主体一方的意志，以要求他人做出特定行为。这种对人权要求主体不能专断行为，而是要与他人的自由和谐共处，[②] 可见其核心宗旨在于尊重人的意志自由。这种模式与人格权的保护和实现途径是相似的，均以权利人的意志为主导，进而对他人的行为施予要求。

从表述形式来看，前述的物权、知识产权、人格权可以解构为"某种有形物或者抽象物+权利"，[③] 本质上就是针对某种客体对人提出行为准则方面的要求。而纯粹理性便是做出这一系列规定的根基所在，以此满足特定人的利益。因此，从权利创设到权利发展的趋势来看，权利的客体范畴当然可能涵盖数据。基于社会的发展与现实的需要，人将发挥其理性以创设一种数据权利。无论是参照前述何种权利规则模式，都具有实现的可能，进而解决人们由于争夺数据资源而产生的纠纷与矛盾。

（三）实践理性使数据权利能够发挥作用

当面对数据客体时，为了满足人的需求、调解人与人之间的冲突，人的理性必然也会促成数据权利的诞生，围绕数据的处理活动规定一系列的行为准则。无论作为权利客体的数据指向的是其作为载体的物理属性，还是抽象物，人们凭借纯粹理性总能理解什么情形下不得对他人的行为与自由进行侵犯，也能根据实践理性决定自己的行为，使得数据权利的规则发挥作用。

实践理性作为人的理性的另一面向，是指人能够基于自身意志对行为做

---

① 参见卿越：《对知识产权法的哲学反思——以人权为视角》，载《云南大学学报》（法学版）2012年第2期。

② 参见［德］康德：《法的形而上学原理》，沈叔平译，商务印书馆1991年版，第92页。

③ 参见张恒山：《论具体权利概念的结构》，载《中国法学》2021年第6期。

出选择与决定。① 实践理性的存在使权利相关的规则真正地实现普遍约束，保障人的意志自由。康德也知悉，权利的本质是一种人造概念，这种概念能够引发一系列观念现象与意志现象。② 当权利的词义转化为人的认知与观念时，能够以动机的形式影响人的决策与行为，体现人的实践理性。这也是人之所以会守法的机理所在。③

若言人是自由的，又为何要接受来自权利的强制与约束？在康德看来，人之所以是自由的，首先是因为其意志是自由的。而意志自由体现为，人可以基于意志做出符合纯粹理性所设定的绝对命令的行为选择，从而摒弃那些仅由感官刺激或冲动所决定的行为选择。④ 康德认为，后者是一种基于兽性的、非理性的选择，由此所体现的意志活动也并非真正自由。⑤ 其次，人的行为也是自由的。接受来自权利的约束，意味着遵守来自纯粹理性及道德法则所规定的义务。基于这些义务，人被禁止违背纯粹理性的命令，由此能够与他人的自由与行为和谐共存。⑥ 也正是在这种相互约束的秩序之中，人的自由意志才能得到保障，人的意志活动才能体现作为人的理性。至于数据问题亦是如此，如果各主体放任欲望，依据"丛林法则"进行数据资源的争夺，则其行为也难以体现人作为人的理性。只有依循数据权利的相关规则进行数据处理活动，在享有权利互惠性的同时承受一种相互的约束，主体的理性方能彰显，市场的有序竞争才能实现，以此与自然社会相区别。

四、数据权利的基本观

从康德所处的社会现实来看，当时未出现当今数字经济下各种电子化、数字化的外在物，康德对权利的认识多建立在不可复制的有形物之上，如土

---

① ［德］康德：《法的形而上学原理》，沈叔平译，商务印书馆 1991 年版，第 12-13 页。
② 参见张恒山：《由个人意志自由到公共意志自由——康德的权利学说》，载《环球法律评论》2013 年第 3 期。
③ 参见应飞虎、李宣：《行为经济学促进守法的机理与路径》，载《深圳大学学报》（人文社会科学版）2021 年第 6 期。
④ 参见［德］康德：《法的形而上学原理》，沈叔平译，商务印书馆 1991 年版，第 12-13 页。
⑤ 参见张恒山：《由个人意志自由到公共意志自由——康德的权利学说》，载《环球法律评论》2013 年第 3 期。
⑥ 参见张恒山：《由个人意志自由到公共意志自由——康德的权利学说》，载《环球法律评论》2013 年第 3 期。

地与苹果。因此，康德的权利学说无法周全地考虑许多当今的经济现实及其细节，难以直接为数据权利提供周全的构造方案，这是历史的局限性导致的必然。不过，康德的权利学说着眼于人的意志对所有外在物的作用，也强调了权利对保障人的自由之重要性，本身具备超越历史的意义。并且，康德对权利的阐释也为数据权利奠定了结构基础，主要包括数据权利的有效性、基本内容与客体限制三个方面内容。

（一）数据权利之有效性依赖于公共意志的承认

数据权利的成立与有效性建立在公共意志的承认之上，否则无法实现排他效果，也无法要求其他人承担责任。在自然状态中，一个人对财产的占有具有单方性，当其对外宣布某物属于他而所有其他人都要避免使用该物时，这种普遍的避免使用义务并不会产生。原因在于，单方面的意志并不足以使他人承担其本不会承担的义务，若要成立设定普遍义务的物权，则需要依赖集体意志，这种集体意志只能承载于国家的立法意志中。[1] 为此，康德假设，该物为人和所有其他人共同占有——原始的或派生的。只有假设共同集体占有的状态，才能让其他人在集体意志的约束中承担不使用该物的责任，进而使得"我"能够排除其他人的私人使用。[2] 按此理解，物权的核心在于公共意志的责任约束，如果没有公共、集体意志的承认，个人将没有资格要求占有一物。因此，物权作为一项权利并非一种有关支配的事实状态的描述，而是意志现象与观念现象，其不可侵犯性不源于占有或劳动的事实行为。[3] 换言之，康德认为，劳动不能成为财产权的决定性因素。[4] 这与洛克的劳动财产理论存在冲突，而康德与洛克的共识体现为，他们均不认同卢梭的先占取得观点。[5] 无论是劳动抑或是先占，都只是作为一种事实而存在。人不可能伫立于同一块土地而不去从事其他劳作，一旦离开则可能丧失对土地的实质控制。

---

① See Jeremy Waldron, "Kant's Legal Positivism," *Harvard Law Review*, Vol. 109, No. 7 (May 1996), p. 1557.

② 参见［德］康德：《法的形而上学原理》，沈叔平译，商务印书馆1991年版，第80页。

③ 参见张恒山：《由个人意志自由到公共意志自由——康德的权利学说》，载《环球法律评论》2013年第3期。

④ 参见李杨：《知识产权法定主义及其适用——兼与梁慧星、易继明教授商榷》，载《法学研究》2006年第2期。

⑤ See Jeremy Waldron, "Kant's Legal Positivism," *Harvard Law Review*, Vol. 109, No. 7 (May 1996), pp. 1551-1952.

此时，他人无法知悉土地是否已经被占用，均有可能在该土地上展开劳动并再次主张先占。① 当两人同时基于付出劳动或先占理由对同一块土地主张权利时，若无公共意志或集体意志进行判定，则难以确定权属而可能最终诉诸暴力。康德对权利有效性之描述，能够帮助推进数据权益配置理论基础问题的进一步思考，也至少展现了劳动财产理论的有限解释力。

依循其论述再将视线转至当下现实，市场主体对数据的控制又何尝不是一种经验的、暂时的占有。这种占有并不一定具备充分的正当性基础。对于经营者某些公开的数据而言，其较低的获取门槛使得几乎所有主体都能够实施复制行为，以此展开加工活动。此时，在先经营者未必能够基于劳动或者占有而获得正当性支撑。同理，其他主体未必能够依循同样理由主张权利。此时数据这一客体至少牵涉双方主体的利益，甚至涉及对公共资源的利用可能，因此在未得到立法确认之前，不应以绝对权的模式进行排他性保护。即便处理数据的主体可能付出了成本，在实践因素上具有获得权利的优势，但这种成本不足以证成对数据的合法占有。由于缺乏公共意志与立法的确认，这种占有缺乏合法性基础。而司法机关也不宜简单地基于占有或劳动等事实，概括性地将数据之上的利益归由一方主体独占。

如果社会中人们存在这样一种对数据确权的普遍需求，并愿意主动走入这一互惠且相互强制之状态，则具有普遍立法之可能，进而数据权利才可能发挥作用。由其有效性所引发的进一步追问是，对于数据客体，人们将在何种程度上接受普遍强制的约束，以及愿意在什么范围内接受约束。可以明确的是，人们不可能默许对数据进行无差别的赋权，因为这样会极大压缩其自身的行为自由与预期，影响公共利益的实现，这也是公共意志要考量的范畴。以一项具体的实在物为客体构建物权，人可以凭借这个客体获得排他性的效力，即要求他人不得侵犯，并通过规范性条件影响他人的行为。但如果权利的客体为一项可复制、可传播的抽象物时，如思想、知识等，那么由权利所产生的排他性将会随着复制或传播的时间、空间的蔓延而不断膨胀。以一书之权利作为典例可阐释物权与知识产权的效力差别。人购置一本书后将获得此书的物权，此时基于该物权将发生多种效果：他人若要借阅则需要征求物

---

① See Jeremy Waldron, "Kant's Legal Positivism," *Harvard Law Review*, Vol. 109, No. 7（May 1996）, p. 1549.

主的同意、他人不能撕毁此书否则要承担法律责任等。但此时，物主并不具备书的著作权，且需要受制于著作权人的权利，而著作权人则能够凭其独创性表达这一抽象客体去要求任何人不得实施法律所禁止的复制、传播等行为。如果认可数据的价值在于其内容，以内容这一抽象物进行权利构造同样可能赋予权利人一种隐含风险的控制能力，若有不当则可能极大地限制公众的行为自由，以及公众对数据的获取与利用。

（二）数据权利的内容为行为规范

权利的功能在于明确规范性要件，使得符合要件的意志自由能够得到尊重与保障。[①] 由此也会引发其他人对权利主体所应当承担的责任，包括消极责任与积极责任两个层面。康德指出，权利的形式可以表现为物权、对人权或是物权性的对人权。[②] 在康德的法哲学话语体系下，权利包含了他人所承担责任与义务之描述，因为权利之概念发展自施予他人责任的命令依据。但仍然可以将义务从权利的概念中剥离作独立论述，康德在对义务体系作分类时同样认识到了权利与义务的相对性。[③] 依此，数据权利的相关行为规范可以从权利性规范与义务性规范两方面展开阐释。而确定行为规范内容的基本准则在于权利的普遍法则，即人人各行自由而不得妨碍他人自由。

就权利性规范而言，依循该分类，数据权利可能包含物权和对人权两种面向。物权面向之下，其一，权利主体能够对数据进行占有、使用、收益、处分。实践中主体自身的数据处理活动与数据交易活动，能够依循此种权利而获得合法性基础。其二，要求他人消极地不去动用作为权利标的的数据，这是消极权利规范，与此相关的还有获得救济的权利。至于数据权利的对人权这一面向下，即权利主体在面对他人有关获取数据的请求时，可以由他人积极地做出允诺，使得他人以其意志自由承担随后的义务及责任。其强调的是数据相关合同主体的真实自愿及其后果之约束，对数字经济下广大消费者或用户有重要意义。同时，对人权面向的权利内容能够为行业内数据流通的

① See Peter Benson, "External Freedom According to Kant," *Columbia Law Review*, Vol. 87, No. 3 (April 1987), p. 579.

② 物权性的对人权，即占有一个人，好像他是一个物，虽然不是把他作为物来使用。参见 [德] 康德：《法的形而上学原理》，沈叔平译，商务印书馆1991年版，第78页。

③ 参见 [德] 康德：《法的形而上学原理》，沈叔平译，商务印书馆1991年版，第36页。

秩序提供解释，阐明平台企业合法处理用户数据的基础。

就义务性规范而言，根据权利的普遍法则，如果行使自由的本身将会构成对他人自由的妨碍，那便是错误的。依此展开推论，其一，当他人依法享有数据权益时，应当予以尊重，未经许可不得进行数据的复制与获取。该点强调的是不去侵犯他人数据权益的消极义务，容易从权利法则与康德对物权的阐释中推出。其二，若要对他人的数据权益予以尊重，需要判明数据的权属。为此，权利人应当为自身数据权益提供可识别的边界，便利他人辨明权属等情况。其三，享有数据权益的前提在于，应当给他人的自由留存足够的空间。换言之，数据权利的建立不得以牺牲公众自由与公共利益为代价。因而，义务规范也可体现为禁止权利滥用原则，以及遵守其他由法律明确的对权利的具体限制，如合理使用、强制许可等规则。数据权利的享有者自身必然承受着义务规范的约束，由权利带来的自由也是有限的，由此才能与他人的自由相协调。

由此可见，数据权利的内容在于调整人与人的行为，即明确权利主体被允许、认可或禁止实施什么行为，[①] 而非局限于人对数据的支配。从其内容的基本描述来看，对数据究竟以权利保护模式还是行为规制模式进行调整的两大立场实际上并非完全对立。主张行为规制模式的观点认为，通过明确列举禁止性行为规范，能够间接实现权益保护之效果，[②] 凭此足以调整数据之上的问题，而为数据构造权利不具有必要性。[③] 行为规制模式与权利保护模式在思维模式上固然不同，但两者在目的和效果上具有相似性。权利保护模式需要立法者以正面确权之方式界定主体的相关权益，[④] 而权益的实现势必需要他人承担特定的注意义务，遵守特定的行为规范要求。因此，两种模式最终导向对人的行为的调整，由此衍生出具体行为规范。而确立数据权利的过程中，立法者需要对具体行为进行评价、归纳，最终明确相关主体的行为边界。以时间维度观之，行为规制模式在短期内具有低成本与效率性之优势，可以作

---

① 张恒山：《论具体权利概念的结构》，载《中国法学》2021年第6期。

② 参见宋亚辉：《个人信息的私法保护模式研究——〈民法总则〉第111条的解释论》，载《比较法研究》2019年第2期。

③ 参见刘建臣：《企业数据赋权保护的反思与求解》，载《南大法学》2021年第6期。

④ 参见宋亚辉：《个人信息的私法保护模式研究——〈民法总则〉第111条的解释论》，载《比较法研究》2019年第2期。

为"缓兵之计"，但从长远来看，特定行为规范的确立与发展，以及司法实践的积累终将导向数据权利的诞生。故在数据领域上为权利保护模式所作的实践探索与理论探索，并非无必要或浪费资源。

（三）数据权利应具有条件及范围限制

为避免妨碍他人的自由，作为数据权利的客体应受条件与范围限制。现有质疑指出，以数据为客体构造权利将导致独占垄断等不利后果。[①] 数据设权却也存在扩大权利人的自由、压缩公共领域的信息资源的风险。康德的权利学说对此亦有考虑，其在强调人的意志自由与权利的同时，亦有前提与限制，最典型的论述便体现于普遍法则之中，"任何人的有意识的行为，根据一条普遍的自由法则，确实能够和其他人的有意识的行为相协调"，任何人若妨碍该行为，便构成侵犯。[②] 这表明，权利所要求的限制与行使权利所能实现的自由，在本质上是相互统一的，由此也能促进社会福利最大化。[③]

进言之，康德的权利学说有多处指向了权利的具体限制，为数据权利问题提供参照。第一，当各主体对数据进行获取与利用时，需要确保数据为无主物，或者经由他人许诺，以此能保证符合自由法则，保障人的意志自由。因此，在数据处理活动中，协议与同意就成为行权正当性的重要来源。第二，作为权利客体的数据，在范围方面有其限制，应与主体的控制能力相匹配。正如人不能仅凭其想象，便对其永远无法涉足的土地主张占有。在此种情形下，不存在任何实践因素使得主体与外在物发生联系，故不具备经验占有之可能，更莫论构成法律占有或取得权利。康德也指出，个人也无法对地球表面上所有的土地主张权利，因为凭借个人的力量根本无法实现。与此同时，允许或承认这种主张也将排挤他人的占有可能，使他人之生存需求与自由无法得到保障。[④] 对比数据问题，控制者在实然层面的控制范围决定了权利的最大范围，其以服务器的承载量以及各种防护措施所能产生的有效控制力度为限。当然，除去应留存于公共领域的数据之后，该主体所能享有权利的数据

① 参见吴汉东：《数据财产赋权的立法选择》，载《法律科学》（西北政法大学学报）2023年第4期。

② ［德］康德：《法的形而上学原理》，沈叔平译，商务印书馆1991年版，第42—43页。

③ 参见胡滨斌：《知识产权权利限制的若干理论问题》，载《南京农业大学学报》（社会科学版）2008年第2期。

④ 参见［德］康德：《法的形而上学原理》，沈叔平译，商务印书馆1991年版，第70页。

范围自然也会更小。第三，对数据的内容也应当有所要求。对于可复制的物进行赋权具有不当限制他人自由之风险而有违权利的普遍法则。在构建数据权利的过程中不应着眼于载体本身进行立法，正如已有立法为保护独创性表达而构建的权利是"知识"产权，而非"书本"产权或"硬盘"产权。针对可复制物的权利构建，在客体内容上施予一定门槛，是符合康德权利法则的。

对数据客体的限制要求具有现实意义，因为在已有的数据权利之主张或讨论中，较少会强调客体内容及范围的特定性。而如果忽视这一限制要求，将会导致一方主体的数据权利的张力过大，不合理地覆盖许多本应留于公共领域的数据，由此限制他人的行为自由空间，甚至造成信息垄断。

五、结论

与经济学的实证研究不同，康德的法哲学以抽象思辨的形而上学方式对权利进行探讨，帮助理解权利的本质及其他一般性问题。[①] 其对权利的解说旨在协调人与人自由之间的关系，对于解决当今现实所面临的难题仍有启示意义。

既然在现实中，人们对数据这一外在对象有所认识、有所需求，那么以数据为客体进行权利规则构造便是可能的。这是因为，人具备纯粹理性与实践理性，能够根据需求创造法规与原则，并凭借自身意志选择遵从有关规则。正如康德所言，"无论是什么东西，只要我根据外在自由法则把该物置于我的强力之下，并把它作为我自由意志活动的对象，我有能力依照实践理性的公设去使用它，而且，我依照可能联合起来的共同意志的观念，决意把一物变成我的，那么，此物就是我的"。[②] 从侧面观察，权利从无到有、从有到发展的演进历程，特别是权利客体范畴的不断拓展，也预示数据权利化的必然。从康德的权利学说来看，权利便是服务于人的主体性、满足人之需求的概念工具。

至于如何构造数据权利，康德提供了基本的方向指引：其一，需要进一步探究公众在何种程度上愿意接受普遍约束，以此作为赋权的前提要件，这也是对数据构成法律占有的基础；其二，数据权利的基本内容在于规定，权

---

① 参见吴汉东：《法哲学家对知识产权法的哲学解读》，载《法商研究》2003年第5期。

② ［德］康德：《法的形而上学原理》，沈叔平译，商务印书馆1991年版，第76页。

利主体被允许、认可或禁止实施什么行为，需从权利规范与义务规范两方面展开规则设计；其三，作为权利客体的数据必须满足限制要求，包括范围与内容的特定性等。在把握基本方向的基础上，仍需结合实践作进一步探索。需注意，数据客体的特殊性以及数据之上各个主体的利益需求必须纳入权利构造的考量范畴。尤其是数据客体本身，其具有双层含义指向，即作为载体的物理学含义，以及作为内容的信息学含义。当权利构造指向不同的客体含义时，将会导致不同的规范结果：如果将数据作为载体客体，则可能以物权体系作为基础样本，进而围绕对特定有形物的控制设计行为规范；若认为数据的价值在其内容或信息含义，那么数据权利的建构重点将落在对抽象物的控制问题上，进而走向类似知识产权法以授权许可为核心的行为规范体系。此外，围绕数据赋权后的利益冲突问题，已有的制度规则也可以提供有益的解决思路，如知识产权的期限要求、强制许可制度、专利用尽规则、合理使用制度等均可以调和公私利益之间的冲突。当然，这一系列具体制度的构建有待进一步论证。期望数据权利及相关行为规范的最终确立，能够指引人们围绕数据客体各行其自由，同时促进数字经济的有序发展。

数据转移权适用过程中的困境分析与制度因应

董新义*　梅贻哲**

（中央财经大学法学院，北京　100081）

摘　要： 数据被誉为新时代的"石油"，如何最大限度地利用数据赋能经济发展是数字经济面临的首要问题。我国在《个人信息保护法》中引入"数据转移权"并对其进行了原则性规定，体现了立法者为了适应数字经济发展而对法律进行的动态调试。但是在数据转移权的实践中还存在加剧垄断、企业知识产权侵权、数据安全风险增加、技术标准不明确等法律困境。审视GDPR、CCPA等法案的实践进路，结合我国实践，应通过限缩义务主体来提高中小企业竞争力、重视知识产权保护、加强数据控制者的安全保障义务、借鉴DTP机制构建"可互操性"标准等方面做出法制因应。期待在未来可以构建统一的数据市场，协调不同主体之间的冲突，平衡数据转移权利与现有权利的关系。

关键词： 数据转移权；GDPR；数据锁定；数据安全；数字经济

一、问题的提出

20世纪90年代以来，数字化技术飞速发展，如今人类95%以上的信息都

---

* 董新义，中央财经大学法学院副教授。

** 梅贻哲，中央财经大学法学院硕士研究生。

以数字格式存储、传输和使用。① 数字经济社会是继农业、工业两大经济社会模式后又一全新的经济社会模式。② 数字经济迸发出极强的经济创造力，具备十分广阔的发展前景，促进我国经济增长模式实现了质的飞跃。数据是构成数字经济的基本物质要素，③ 数据资源所独有的无限增长、复制及共享的禀赋打破了农业经济时代与工业经济时代中生产要素有限供给对经济增长形成的制约，让经济的可持续增长成为可能，因此数据被称为数字经济发展新的关键生产要素。④ 2022 年，我国数字经济规模达到 50.2 万亿元，占 GDP 的比重达到 41.5%。⑤

数据具有无形性、流动性、反复利用性，数据的价值在于流通与共享，⑥ 单个数据的价值是极其有限的。⑦ 然而，数据的流动面临诸多现实难题：数据主体在面临高度组织化的数据控制者时往往处于弱势地位，对其个人数据难以享有完整的控制权，也无法参与到数据价值转换的红利分享之中；⑧ 数据的集合蕴含巨大的经济价值，企业投入一定的算力分析用户数据可以推算出不同群体的消费喜好及心理预估价位，从而能够精准地投放个性化广告，促进交易成功。因此，大型数据企业在收集足够多的数据以后往往会因数据集合蕴含巨大价值而拒绝与同行业竞争者分享，逐渐形成寡头垄断的局面，产生"数据锁定"效应。

---

① 中国信息通信研究院：《中国数字经济发展白皮书（2022 年）》，2022 年 7 月 8 日，http://www.caict.ac.cn/kxyj/qwfb/bps/202207/P020220729609949023295.pdf，最后访问时间：2023 年 2 月 12 日。

② 王天夫：《数字时代的社会变迁与社会研究》，载《中国社会科学》2021 年第 12 期。

③ 彭诚信：《数字法学的前提性命题与核心范式》，载《中国法学》2023 年第 1 期。

④ 中国信息通信研究院：《中国数字经济发展白皮书（2022 年）》，2022 年 7 月 8 日，http://www.caict.ac.cn/kxyj/qwfb/bps/202207/P020220729609949023295.pdf，最后访问时间：2023 年 2 月 12 日。

⑤ 中国信息通信研究院：《中国数字经济发展白皮书（2023 年）》，2023 年 4 月 27 日，http://221.179.172.81/images/20230428/59511682646544744.pdf，最后访问时间：2023 年 8 月 4 日。

⑥ 数据流通共享与发展数据经济的重要意义，参见王利明：《数据共享与个人信息保护》，载《现代法学》2019 年第 1 期；梅夏英：《在分享与控制之间：数据保护的私法局限和公共秩序》，载《中外法学》2019 年第 4 期；梅夏英：《数据的法律属性及其民法定位》，载《中国社会科学》2016 年第 9 期。

⑦ 高富平：《数据流通理论——数据资源权利配置的基础》，载《中外法学》2019 年第 6 期。

⑧ 金耀：《数据转移权的法律构造与本土构建》，载《法律科学》（西北政法大学学报）2021 年第 4 期。

近年来，数据垄断的现象在国内外频发，① 极大地影响了数字经济的良性循环与发展。在数字经济背景下，参与数据生产的法律关系主体繁多，但是数据主体与数据控制者是一对基本的且将常态化存在的关联主体，个人数据的利用方式以及保护模式大多围绕这一对常态化主体而开展，② 数据转移权（right to data portability）③ 也是通过重构两者之间的关系、调整数据主体与数据控制者之间的相对力量来促进个人数据利益的保护。数据转移权的设立能够有效增强数据主体对其个人数据的控制，④ 形成一种抵抗数据控制者不正当收集以及非法应用的防御性权利，使数据主体能自决所享有的数据利益，以此保护个人数据的安全和隐私，⑤ 打破现有的不对称的权利结构，重构数据主体与数据控制者的"二元平衡"局面。

在数据转移权的法律背景下，数据控制者面临数据主体时不得不做出让步或是提供更优质的服务以防止数据主体对数据的转移或是吸引数据主体从其他数据控制者处转移其数据，在数据控制者的竞争中让数据的生产者能够切实享受到作为数据经济生产过程的一环而应当享有的红利。同时数据转移权的设立也能促进数据在不同数据企业之间的流动，有利于数据企业的良性竞争。⑥ 从经济学角度出发，数据转移权的确降低了数据主体的"转换成本"（包括数据主体在当前数据控制者身上投入的沉没成本与移转数据所需付出的

---

① 2016 年，微软对领英的收购案受到欧盟委员会的反垄断审查；2017 年，谷歌因其利用数据限制市场竞争的行为，被欧盟委员会处以天价罚款；2019 年，脸书对用户数据的不当收集和使用被德国联邦卡特尔局认定为滥用市场支配地位行为；2020 年，美国联邦贸易委员会对脸书收购 Instagram 的行为提起反垄断诉讼。

② 彭诚信：《数字法学的前提性命题与核心范式》，载《中国法学》2023 年第 1 期。

③ 在我国学界和实务界，多数文献将其翻译为"信息（数据）携带权"或"信息（数据）可携带权"，尽管"portability"直译为"携带"不存在重大问题，但该种翻译方式不太符合中文表达习惯。鉴于我国新制定的《个人信息保护法》第 45 条第 3 款"个人请求……转移……，个人信息处理者应当提供转移的途径"中，已经明确使用了"转移"的表述，未来我国学界和实务界宜使用"信息（数据）转移权"的表述，以符合法律规定。同时提醒读者注意的是，本文正文和注释中所论述的"信息（数据）携带权"或"信息（数据）可携带权"均与本文所称的"信息（数据）转移权"是同义语。

④ The General Data Protection Regulation, Recital 68.

⑤ 程啸：《论大数据时代的个人数据权利》，载《中国社会科学》2018 年第 3 期。

⑥ ARTICLE 29 DATA PROTECTION WORKING PARTY, *Guidelines on the Right to Data Portability*, 2017, p. 4.

额外成本），① 极大缓解了"数据锁定""数据孤岛"等问题，让选择权重新回到数据主体手中，强化其对数字环境的信任。② 这也符合欧盟《通用数据保护条例》（General Data Protection Regulation，GDPR）设立的初衷。③

但不论是国外有关数据转移权标准的讨论，④ 还是我国《个人信息保护法》，对于数据转移权的规定都存在一定的问题，具体可以体现在以下几个方面：首先，各国对数据转移权的客体范围没有进行明确的定义，这将为数据转移权的实施增加极大的不确定性。由于数据转移权在本质上是对数据控制者的义务性规定，故而不确定的客体范围会增加数据控制者的风险预期，不利于数据转移权的具体落实。其次，数据转移权的主体范围也不够合理，数据转移权指向的实际上是数据控制者和数据接收者的义务，因而权利的问题就是义务的问题。从我国《个人信息保护法》第 45 条的文本出发进行研究，可以发现在权利维度上，我国数据转移权的保护仅适用于自然人，企业如何进行"数据转移"还存在理论上的空白，从义务角度上并未明确不同体量的数据控制者的义务分类，从发达国家的实践来看，如果对所有的数据控制者采用统一标准，那么将极大地遏制初创企业的发展，加剧数据行业的垄断。最后，各国数据转移权在实践中面临的最大困境便是没有固定统一的技术标准，这也就意味着数据主体行使权利时并不能指定数据携带的模式，只能被动地根据数据控制者现有的技术水准获得其数据，在此种情形下，数据控制者的话语权仍旧较大，难以破解目前存在的"数据孤岛"局面。例如，北京互联网法院审结的张某诉 A 网络科技有限公司个人信息保护纠纷一案，⑤ 法院

---

① 卓力雄：《数据转移权：基本概念，问题与中国应对》，载《行政法学研究》2019 年第 6 期。

② Helena Ursic，"Unfolding the New-Born Right to Data Portability：Four Gateways to Data Subject Control," *A Journal of Law，Technology & Society*，Vol. 15，No. 1（May 2018），pp. 64–66.

③ 从立法原意观察，欧盟委员会在 2012 年关于《一般数据保护条例》的最初议案中明确指出，数据转移权是重建网络环境下交易信任的重要工具，而重建信任的重要策略就是增强个人对数据的控制。

④ 欧盟数据保护委员会（EDPB）、数据保护专员公署（EDPS）、信息政策与领导中心（CIPL）等机构发布的指南；美国联邦贸易委员会（FTC）主导的数据行业交流与框架探讨；新加坡个人信息保护委员会与相关行业一起试验、寻找合适的运行机制；澳大利亚生产力委员会与澳大利亚竞争和消费者委员会（ACCC）主导的以可携权为切入点的竞争与创新政策探索。

⑤ 袁喆、张亚光：《我的浏览记录同时是别人的个人信息？我可以查阅复制吗？》，2023 年 4 月 24 日，载北京法院网，https://bjgy. bjcourt. gov. cn/article/detail/2023/04/id/7260269. shtml，最后访问时间：2023 年 6 月 14 日。

认为目前对于数据转移权的行使标准没有明确规定，故而在实践中应要求根据个人信息的种类、储存方式、复制成本等多方面因素综合考虑实现形式。这一判决为目前数据转移权实践操作领域的空白进行了有效补充，但是立法机关等部门仍要认识到目前我国数据转移权的实现路径与相关标准较为零散的现状，争取在实践中摸索出更完美的法律构造与制度因应。① 此外，"互操作性"标准不够明确，可能使得数据控制者采用多元化方式传输个人数据，这种操作模式也在一定程度上加剧了个人信息泄露的风险。综上所述，本文将从数据转移权的适用范围与方式出发，梳理数据转移权在数据垄断与数据权益保护之间的缺陷与不足，重点分析目前各项技术标准与实践标准不统一的问题，从有利于数字经济发展及个人数据安全的角度提出相应的解决方案，最后立足世界数字经济发展实践尝试探索本土化法律构造的进路，以期真正让数据转移权在我国落地实施，成为一项行之有效的法律制度。

二、数据转移权的"前世今生"及其法律架构

（一）数据转移权的基本概念与发展历程

1. 数据转移权的基本概念

2016 年 4 月，欧盟正式通过的《一般数据保护条例》第 20 条首次提出"数据转移权"这一概念："数据主体有权以结构化、通用化和机器可用（structured, commonly used and machine-readable）的格式接收数据主体提供给数据控制者的有关自身的个人数据，并有权利将其从原数据控制者处传输到另一数据控制者处，原数据控制者不得设置阻碍。"

值得一提的是，有关"无障碍"（without hindrance）以及"技术可行"（technically feasible）的标准，GDPR 并未给出明确的定论，仅仅是对二者的标准做出了原则性规定：欧盟第 29 条数据保护工作组（WP29）就"无障碍"这一规定进行限缩性解释，仅要求数据控制者在数据主体提出移转个人数据时不得设置经济、技术等的妨碍与门槛，具体操作上则是鼓励数据企业采用

---

① 我国《个人信息保护法》第 45 条第 3 款对可携权做出规定时，在规定可携权的内容，即"个人信息处理者应当提供转移的途径"这一义务时，专门设定了"符合国家网信部门规定的条件"这一前置要件，体现了对可携权实施条件开放性、动态性特点的认知。

"可互操"的传输模式，并未要求数据控制者开发 EIM,① 如此一来，便不能很好地实现设立"无障碍"标准以降低市场准入门槛、促进市场良性竞争的目的;② 关于"技术可行"，GDPR 更是予以大量留白，让数据控制者享有很大的选择余地。由于没有统一兼容的系统，很有可能出现其中不同数据控制者技术水平不一的问题，质言之，其中一项技术对于某数据控制者是可行的，但是对于其他数据控制者是不可行的。这也就导致了"技术可行"规定近乎形同虚设，因为数据控制者很有可能以技术问题为理由拒绝数据主体提出的合理的数据转移的请求。事实上，技术标准是一个动态的概念，随着时代的发展与进步，在过去难以实现的技术标准也许会在今天成为人人可以实现的标准，而且如果立法者在初期便制定一个严苛的标准，很有可能导致中小企业无力负担企业合规成本，从而退出市场竞争，这种行为无疑是不利于激发市场竞争活力的。从这一角度出发也就不难理解为何 GDPR 对"技术可行"这一标准做开放性规定，但是为了让 GDPR 所规定的数据转移权能够落到实处，还是应当由官方出面，加强数据控制者在实践中的合作，在动态中摸索制定并调整"技术可行"这一规定的行业规范和具体标准。③

2. 数据转移权的发展历程

任何法案的出台都不是一蹴而就的，GDPR 的出台也经历了多个历史发展阶段。

数据的转移实践首先开始于民间领域：2007 年，美国开始着手筹备的"数据可携性项目"（the data portability project）被广泛认为是数据转移权的一次有益实践，对后续出台相关法律文件起到了重要的推动作用，这一项目的主要目的是推进不同应用程序之间的互操作性（interoperable）。该项目中规定的数据转移权的范围相对后来的法律规定而言比较基础和宽泛，仅指数据主体可以获得个人数据并有权将其转移至另一竞争性平台进行数据化存储。④

---

① Peter Swire and Yianni Lagos, "Why the Right to Data Portability Likely Reduces Consumer Welfare: Antitrust and Privacy Critique," *Maryland Law Review*, Vol. 72, No. 2（May 2013）, pp. 335-380.

② 汤霞：《数据转移权的适用困局、纾解之道及本土建构》，载《行政法学研究》2023 年第 1 期。

③ ARTICLE 29 DATA PROTECTION WORKING PARTY, *Guidelines on the Right to Data Portability*, 2017, pp. 1-20.

④ Data Portability Project, http://data portability. org,（2023-2-12）.

次年，美国 Google（谷歌）和 Facebook（中译为脸书、脸谱网）等公司加入该项目，为该项目注入了新动能。

数据转移权在官方领域也早有萌芽，只不过并未落实到立法中，也并未形成一种明确的权利：1995 年，欧盟颁布《数据保护指令》（Data Protection Directive），在其中首次提出了数据访问权，这一权利在现在的各类有关数据转换权的研究中往往被认为是其产生的基础；① 2002 年欧盟颁布《通用服务指令》（Universal Service Directive），其中第 30 条规定了"号码可转移性（number portability）"。② 手机号码的移转实践被认为是数据转移权在法律规范中最早的实践，③ 在我国也有类似的"携号转网"实践，可见源于《通用服务指令》的电话号码移转实践是在世界范围内都有重大借鉴意义的实践先驱。2010 年欧盟委员会就现有个人数据保护理论框架如何修订进行了一次讨论，这次讨论第一次将数据转移权作为一个明确的概念提出。④ 除方便用户传输个人数据以外，数据转移权还被期待发挥防止不正当竞争以及保护个人数据安全的作用。⑤ 2012 年，欧盟开始起草《统一数据保护条例（建议案）》（以下简称《建议案》），首次以法案的形式提出了数据转移权的概念，其中数据转移权被分为两部分："数据可获取权"与"数据可转移权"。两者的权利客体存在一定程度的冲突，因此极大地削弱了权利的正当性，被许多学者批判。⑥ 同年，欧盟委员会负责竞争政策的副主席华金·阿尔穆尼（Joaquin Almunia）在一次公开讲话中指出：在良性竞争环境下，消费者可以自由地在

① Directive 95/46/EC of the European Parliament and of the Council of 24 October 1995 on the protection of individuals with regard to the processing of personal data and on the free movement of such data.

② Directive 2002/22/EC of the European Parliament and of the Council of 7 March 2002 on universal service and users' rights relating to electronic communications networks and services (Universal Service Directive).

③ 金耀：《数据转移权的法律构造与本土构建》，载《法律科学》（西北政法大学学报）2021 年第 4 期。

④ Barbara Van Der Auwermeule, "How to Attribute the Right to Data Portability in Europe: A Comparative Analysis of Legislations," *Computer Law & Security Review*, Vol. 33, No. 1 (February 2017), pp. 1-16.

⑤ Zanfir Gab Riela, "The Right to Data Portability in the Context of the EU Data Protection Reform", *International Data Privacy Law*, Vol. 2, No. 3 (August 2013), pp. 149-162.

⑥ Peter Swire and Yianni Lagos, "Why the Right to Data Portability Likely Reduces Consumer Welfare: Antitrust and Privacy Critique," *Maryland Law Review*, Vol. 72, No. 2 (May 2013), p. 1.

不同数据控制者之间移转其数据。① 这一观点也为后来数据转移权应用于竞争法领域提供了一种新思路。在《建议案》出台后的 4 年时间里，欧盟内部经过反复讨论与推敲，最终于 2016 年《一般数据保护条例》正式定稿并颁布，于 2018 年开始生效实施，至此，数据转移权作为一项法定的数据权利被正式确立。

（二）数据转移权的法律架构

WP29 于 2017 年出台了《数据可携带权指南》（以下简称《指南》），对 GDPR 中规定的数据转移权进行进一步的梳理与解释，以期帮助数据控制者明晰相关概念，为数据转移权的有效实施做了铺垫。本部分将从欧盟 GDPR 文本与《指南》的相关内容出发，重点阐述数据转移权的适用范围以及表现形式，通过对这一概念的拆解，探求其在现行法律模式下应如何融入并发挥应有之义。

1. 数据转移权的适用范围

数据转移权可以简单概括为数据主体有权从数据控制者处获取、转移其个人数据。② 关于"个人数据"的内涵与范围应当如何理解，也可以诉诸 WP29 出台的《指南》进行探究。

（1）与主体直接相关的数据

能够适用数据转移权的个人数据主要是指个人主动提供给数据控制者的数据，且数据处理方式必须是基于数据主体同意或合同约定而进行的自动化处理方式。③ 其中，有关术语"提供"应当作何解释，引起了学界的广泛讨论，也是数据转移权适用范围存在争议的一个重要原因。WP29 将"提供"解释为数据主体在知情情况下提供的个人数据或者是其因使用某种服务与设

---

① Commissioner Joaquín Almunia, *Speech - Competition and personal data protection*, https://ec. europa. eu/commission/presscorner/detail/en/SPEECH_ 12_ 860（2023-2-12）.

② Inge Graef, Maetin Husovec and Jasper Van Den Boom, "Spill-over in Data Governance: The Relationship between the GDPR's Right to Data Portability and EU Sector-specific Data Access Regimes," *Journal of European Consumer and Market Law*, Vol. 9, No. 1（April 2020）, pp. 3-15.

③ 汤霞：《数据转移权的适用困局、纾解之道及本土建构》，载《行政法学研究》2023 年第 1 期。

备而产生的"观测数据"。① 观测数据是指数据主体在活动过程中被观测到的所有数据，包括用户的交易历史或网站访问记录、交通和位置数据，以及其他原始数据（如可穿戴设备跟踪的健康数据）。② 国内外学者普遍将数据按照主题相关性分为三个层级，即个人数据、观测数据、衍生数据。从WP29的解释来看，数据转移权语境下的个人数据并不包括衍生数据，衍生数据是指企业通过观测、收集数据主体的数据，并通过某种算法输出结果，形成一种企业独有的数据库资源合集。③ 虽然并非所有的企业数据库都能因符合"独创性"规定而落入著作权的保护范围，但是数据转移权作为一种通用机制，只要有侵犯知识产权的风险，便应当引起立法者足够的重视。故而WP29明确提出：数据转移权并不是一种以侵犯知识产权来实现其价值的权利。④ 因此，即使衍生数据是三种数据中最具商业价值、最能体现数据转移权设立初衷并直接与数据控制者的竞争优势相关的数据，也不能被包括在数据转移权可移转的范围内，否则将产生新兴法律制度与现有法律制度之间的冲突。这一立法技术也有利于保障数据主体与数据控制者之间的利益平衡，促进数据产业的平稳发展。

（2）涉及第三方的数据

在数据转移申请过程中，平台应告知数据主体（申请转移的用户）哪些是包含第三方主体内容的数据，因为在万物互联的技术背景下，个人数据不可避免地与第三方主体的个人信息有所交叉，如通讯录数据、聊天记录、与第三方主体的合照等。数据主体行使数据转移权的过程中，所涉及的第三方主体往往因不知情而无法行使其数据权利。在此情况下如果数据主体想要行使数据转移权对其个人数据进行转移，就应当满足第 29 条对第三方数据处理的要求：不得利用第三方数据获利。也即是数据接收主体在获得移植后的第三方主体数据以后不得对其进行分析计算，更不能将其投入数据模型输出计

---

① ARTICLE 29 DATA PROTECTION WORKING PARTY, *Guidelines on the Right to Data Portability*, 2017, pp. 1–20.

② 朱真真：《数据转移权与知识产权的冲突与协调》，载《科技与法律》（中英文）2022 年第 5 期。

③ 企业的数据集包括通过烦琐的收集或清理而获得的数据集，如用户评论和偏好的集合。

④ ARTICLE 29 DATA PROTECTION WORKING PARTY, *Guidelines on the Right to Data Portability*, 2017, pp. 1–20.

算结果来丰富企业数据库内容，更不能用其他数据主体所移植的与第三人有关的数据来完善第三方主体的背景信息。在数据转移权的相关规定尚不完备而企业技术又过于发达的情况下，即便第三方通过某种渠道知晓其个人数据在未经其同意的情况下被移转给其他数据控制者，其行使删除权以维护自身合法数据权益时仍旧会受到限制。①

（3）例外规定

除了与数据主体直接相关的数据以及涉及第三方主体的数据，WP29 还对数据转移权可适用的数据做出了例外规定：不得对已经行使"被遗忘权"的数据行使数据转移权；数据转移权的行使不得与公众利益相冲突；数据转移权的行使不得对第三方主体的利益造成损害。②

值得一提的是，《2018 年加州消费者隐私法》（CCPA）并未对数据转移权的适用发布任何指南，也并未明确规定数据转移权所适用的数据类型，企业在实践中难以辨别可移植数据的边界，但是其中规定的用户对于企业收集其个人信息的知情权是宽于欧盟 GDPR 相关规定的。③ 这一创新或许可以被我国借鉴，从而进一步推动数据转移权在我国数字经济背景下的适用与完善。

2. 数据转移权的表现形式

欧盟 GDPR 规定的数据转移权的表现形式主要分为一次性导出（one-off exports）和应用程序编程（API）接口导出两种形式，其中一次性导出是指不需要数据发送方和数据接收方的直接链接，由用户在数据发送方处下载想要转移的数据以后再上传至数据接收方的存储器之上。此种方式可以有效降低成本，但是实践中各个数据存储平台所使用的数据格式并未统一，所以一次性导出的数据转移模式需要的时间较长、效率过低，如果数据主体均采用一次性导出的方式行使数据转移权，那么无疑是不适应当前数字经济迅速发展需要的。

应用程序编程（API）接口导出是指在用户授权的前提下，由数据发送方与数据接收方进行直接链接，持续、实时共享用户数据，提高了数据传输的

---

① 王锡锌：《个人信息可携权与数据治理的分配正义》，载《环球法律评论》2021 年第 6 期。

② ARTICLE 29 DATA PROTECTION WORKING PARTY, *Guidelines on the Right to Data Portability*, 2017, pp. 1–20.

③ 《2018 年加州消费者隐私法》第 1798.100 条（a）款规定：消费者有权要求收集消费者个人信息的企业向该消费者披露其收集的个人信息的类别和具体部分。

效率。这也是 WP29 所提倡的能够打破数据锁定、提高数据市场竞争活力的数据传输方式。这种导出模式的重点在于"互操作性"是否可行，如果能够满足 WP29 所提出的"互操作性"，那么将实现系统间个人数据的便捷传输。[①] 此外，API 接口导出模式还有利于数据传输的安全与稳定，因为其可以通过安全密钥等方式来验证数据主体与数据接收方的身份，减少了个人数据在反复传输的过程中被破解泄密的风险。

两种数据转移权的表现形式并非严格的"二分法"，[②] 数据主体与数据接收者应当在技术可行的前提下，根据数据控制者之间的信任程度等现实情况灵活选用数据传输方式。

三、数据转移权面临的现实隐忧

诚然，任何权利的诞生都不是一蹴而就的，数据转移权在实践中也出现了设计偏差，使之与立法者的初衷相背离。数据转移权产生伊始是为了在数据处理过程中保障个人信息自决权，而数据的处理又有一定的公共属性，使其不仅仅是"个人"的信息自决权。由于数据的公共性和内容交互性，数据处理过程中不可避免地要涉及诸如第三人隐私、企业知识产权等问题。[③] 尽管 WP29 已经付诸相当的努力以完善其法律架构，但是仍旧存在较多问题：从竞争法的角度来看，小型企业的数据合规压力较大，可能会抑制初创企业的发展，削弱其市场竞争力，抑制企业创新，进一步加剧"数据锁定"效应；从知识产权法的角度来看，企业集成的数据库资源因其具有一定的商业秘密性乃至独创性，所以难以落入数据转移权的客体范围；从数据安全的角度来看，数据转移权需要不同数据控制者通过接口传输等方式移转个人信息，如果没有足够安全的传输环境与技术保障，那么将对个人信息的安全造成毁灭性打击；从实际操作中来看，WP29 对于"互操作性""可行性"等技术标准的规定过于模糊，可能会成为数据控制者拒绝履行义务的托词。

---

① Helena Ursic, "Unfolding the New-Born Right to Data Portability: Four Gateways to Data Subject Control," *SCRIPTed: A Journal of Law, Technology and Society*, Vol. 15, No. 1（May 2018）, pp. 48-53.

② 汤霞：《数据转移权的适用困局、纾解之道及本土建构》，载《行政法学研究》2023 年第 1 期。

③ 王锡锌：《个人信息可携权与数据治理的分配正义》，载《环球法律评论》2021 年第 6 期。

（一）数据转移权可能抑制创新，加剧"锁定效应"

大型数字平台滥用其市场地位垄断数据的情况时有发生，如谷歌滥用市场支配地位案中，谷歌公司作为大型数字平台，在与第三方签订协议时会设置各类限制条款，通过限制网站的广告投放及广告转移以达到其排他竞争的目的。[①] 在我国，也有腾讯诉抖音多闪不正当竞争案、腾讯企业诉群控软件反不正当竞争案等数据企业利用垄断地位进行不正当竞争的先例。[②]

数据转移权的设立目的便是通过法律规定使得数据通过一次性导入以及 API 接口等方式加速流动，降低数据流动门槛，减少数据转换成本，进而提高数据向中小企业流动的可能性。创设者的期待是通过数据转移权打破数据锁定，帮助中小企业更好地进入市场，获得具有垄断地位的大企业所收集的数据，打破"数据锁定效应"，[③] 进而让新进企业获得与先行者同等的竞争地位，营造良性的市场竞争生态，为行业的正向竞争注入活力。但是现实可能会与立法者的愿景背道而驰：由于大型数据控制者具有技术、资金乃至信誉等先发优势（以网约车软件为例，司机的数量与乘客的数量存在互相吸引的作用，两者是正相关关系。而大型企业就是拥有更多"司机"与"乘客"的平台，自然而然会凭借此优势吸引更多的新用户入驻平台）[④]，在"网络效应"与"低转换成本"的影响下，[⑤] 大型数据控制者的优势会大幅扩张，形成"赢者通吃"的局面：数据主体更乐意将其数据存储在大型企业中，且大型企业会通过某些优惠政策和免费服务进一步吸引中小企业的用户；或者通过其掌握的数据流来分析用户喜好，进而精准地提供更加满足用户需求的产

---

① Mohamed Ahmed Soliman, *Google fined £ 1. 29 Billion for Abusive Online Advertising Practices*, https：//www. openaccessgovernment. org/abusive-online-advertising/61217/ （2023-3-14）.

② 参见腾讯诉抖音多闪行为不正当竞争案，天津市滨海新区人民法院 （2019） 津 0116 民初 2091 号民事裁定书；参见腾讯诉浙江搜道网络技术有限公司、杭州聚客通科技有限公司 "微信群控" 不正当竞争纠纷案，杭州互联网法院 （2019） 浙 8601 民初 1987 号民事判决书。

③ Urs Gasser and John Palfrey, *Breaking Down Digital Barriers: When and How ICT Interoperability Drives Innovation*, http：// cyber. law. harvard. edu/interop/ pdfs/inter-op-breaking-barriers. pdf （2023-2-14）.

④ 李伯轩：《数据转移权的反垄断效用：机理、反思与策略》，载《社会科学》2021 年第 12 期。

⑤ 万兴：《大数据时代的网络效应及其价值》，载《现代经济探讨》2018 年第 12 期。

品，增加用户黏性，① 从而使数据"倒流"，产生数据虹吸效应。在这种情形下，数据转移权的创设反而为大型企业虹吸中小企业所积累的用户数据提供了便利，最终形成数据企业之间的"马太效应"，强化大型数据控制者的垄断地位，这种规模经济垄断效应极有可能导致垄断者实施掠夺性定价或者垂直整合等抑制创新的行为。

此外，数据转移权对数据控制者提出的要求有加大企业责任之虞。例如，《个人数据转移权指南》明确指出数据控制者在移转数据主体所要求移转的个人数据时应当考虑到数据重用的场景，要以有益于数据移转者目的实现的方式来进行数据的移转。这种违背市场经济理性的要求无疑加重了数据处理企业的负担，可能对数据企业的研发动力以及创新热情产生负面影响。

（二）数据转移权与知识产权的冲突及其后果

如前所述，欧盟 GDPR 中所规定的个人可以"携带"的数据主要是个人数据与观测数据，目前不包括企业通过各种算法对个人数据与观测数据进行分析而得出的衍生数据。这一立法操作模式可能是出于保护企业知识产权的考虑：企业通过算法推测出的数据在形成数据库以后可能会因其符合《著作权法》的"独创性"规定而作为汇编作品被知识产权法保护，抑或是因其具有实用性、商业价值和保密性而被作为一种商业秘密保护。②

作为知识产权客体的数据具有"排他性"（也有学者认为，数据转移权本身不具有排他性，因此并不涉及产权问题③）。在未经知识产权所有人许可的情况下，任何其他主体的使用行为可能构成侵权，但是数据转移权又为数据的重用提供了法治土壤，如此一来，便产生了新兴权利与传统知识产权权利的冲突。通常情况下，数据控制者将收集到的数据通过算法进行加工处理，赋予其财产价值，当满足一定条件时可能符合商业秘密的保护标准④或者数据

---

① 曾晶：《互联网产品的竞争特性及相关市场的界定》，载《湘潭大学学报》（哲学社会科学版）2015 年第 3 期。

② 朱真真：《数据转移权与知识产权的冲突与协调》，载《科技与法律》（中英文）2022 年第 5 期。

③ Gianclaudio Malgieri，"'Ownership' of Customer（Big）Data in the European Union：Quasi-Property as Comparative Solution？，" *Journal of Internet Law*，Vol. 20，No. 5（November 2017），pp. 2-17.

④ 商业秘密保护有价值的商业信息，防止非法获取、访问、侵占商业秘密，如顾客列表、购物习惯和偏好、定价策略等。

库权利的保护标准,① 乃至落入《著作权法》的保护范围。即使现有各项规定均不认可将企业衍生数据纳入数据转移权的客体范围，但是如何对企业衍生数据进行区分、企业衍生数据的界定标准如何，这些问题目前均未有统一的官方解释。数据控制者"提供数据"这一概念的边界本身就是模糊的：以何种方式"提供"、提供何种"数据"，亟待立法者的解释与澄清，所以在数据转移权客体标准不明确以及相关领域界定标准不清晰的背景下，企业通过对个人数据进行分析计算所输出的分析结果很有可能被数据主体通过行使数据转移权转移，这样一来就有可能导致企业之间"搭便车"现象频发，产生个人信息权利与知识产权权利的冲突。甚至可能有部分企业通过反向工程从移转的数据中推算出其他企业的核心算法等商业机密，损害原数据控制者的商业利益，进而打击企业创新的积极性，削弱创新激励措施,② 不利于数字经济市场主体的创新与发展。

（三）侵犯隐私的风险加剧

近年来，我国个人隐私泄露的社会事件时有发生，仅 2022 年一年就有"学习通 1.7 亿条学生信息被泄露""香格里拉酒店遭黑客入侵导致 29 万港人个人信息遭遇侵权风险""西北工业大学遭美国国家安全局攻击致使中国用户隐私数据面临风险"等多个重大信息安全事件，我国公民的个人隐私安全面临极大的风险。最高人民检察院于 2022 年底发布了多个惩治个人信息侵权的指导案例，侵权信息包括公民征信信息、生物识别信息、行踪轨迹信息、健康生理信息等多个领域,③ 这体现了国家机器对于社会需求的回应以及对公民个人信息保护的重视。然而数据转移权的创设可能进一步加剧个人信息被侵犯的风险：当前数据往往以互相链接的形式出现在网络空间，这样就会在数据主体行使数据转移权时侵犯未知第三人的个人隐私；另外在数据转移权规

---

① 数据库是对数据进行收集、处理和大量投资的结果，该权利旨在防止数据库的内容未经授权被提取和重新利用。

② Inge Graef, Martin Husovec and Nadezhda Purtova, "Data Portability and Data Control: Lessons for an E-merging Concept in EU Law", *German Law Journal*, Vol. 19, No. 6 (March 2018), pp. 1359-1398.

③ 最高人民检察院网上发布厅：《最高检发布 5 件依法惩治侵犯公民个人信息犯罪典型案例推动形成个人信息保护多元共治新格局》，2022 年 12 月 7 日，载中华人民共和国最高人民检察院网站，https://www.spp.gov.cn/spp/xwfbh/wsfbt/202212/t20221207_594915.shtml#1，最后访问时间：2023 年 6 月 1 日。

定的"通用化、结构化、机器可读"的数据存储模式下，数据存储者会开放更多的数据传输接口以满足数据转移权的要求，一旦被非法分子破解安全验证系统或者通过伪造他人身份"欺骗"验证系统，便可通过现有接口一次性转移数据主体的所有个人数据，使个人数据面临大范围泄露的危机。

1. 数据转移权可能侵犯第三人隐私

在数字时代，个人数据往往以"多重链接"的形式存储于各大服务器中，每个数据主体的数据不单单是其自身的数据，还包括了其社会关系中其他主体的数据（如多人合照或者两者之间的聊天记录、点赞情况等）。① 这种"多重链接"的数据表现形式加剧了侵犯他人数据的风险：数据控制者难以判断包含第三方主体的数据是否符合数据"可移转"的标准，进而导致数据控制者很难确定是否应当对数据生产主体就"涉他数据"的迁移所做出的请求进行回应。在个人数据移转时，往往不可避免地会移转部分"涉他数据"，此时"涉他"数据主体将很难再行使包括删除权在内的多项数据权利，② 很有可能在主体不知情的情况下限制其权利行使的边界。这种情况无疑是不符合基本的"任何人行使权利时不得干涉他人权利的行使"的法律逻辑的。对此，欧盟GDPR规定"数据转移权的行使不得影响被遗忘权（数据删除权）的行使，也不能影响其他人关于自由权利的行使"，但是在具体的实践操作过程中仍存在标准模糊、措施不到位等问题。

2. 个人数据迁移具有流动性风险

数据转移权在促进个人数据流动的同时也带来了一定的信息安全风险。由于目前并无明确统一的有关数据传输接口的法律规定或行业标准，为了实现"可互操性"这一合规标准，数据控制者更倾向于开放多接口以便利用户数据的传输，但是多接口传输也有着显而易见的弊端：为恶意侵犯个人数据的不法分子提供了更多窃取数据或注入"木马"的机会。此外，由于没有统一的验证标准，当前数据主体行使数据转移权时身份验证程序并不严格，这就增加了假冒数据主体通过虚构身份等方式非法移转个人数据的风险，由于

---

① Barbara Van Der Auwermeule, "How to Attribute the Right to Data Portability in Europe: A Comparative Analysis of Legislations," *Computer Law & Security Review*, Vol. 33, No. 1 (February 2017), pp. 1-16.

② Wenlong Li, "A Tale of Two Rights: Exploring the Potential Conflict between Right to Data Portability and Right to be Forgotten under the General Data Protection Regulation," *International Data Privacy Law*, Vol. 8, No. 4 (November 2018), pp. 310-314.

数据转移权使得数据主体可以一次性移转其存储于数据平台的所有数据，因此，一旦假冒主体验证身份成功，便可瞬间转移数据主体的所有权，极大地损害当事人的权益，破坏数字环境信任。① 即使数据的价值实现体现在流动之中，但是个人数据的频繁移转也有可能减损其价值：数据接收者可能通过模糊用户同意等手段违规大规模抓取个人数据，使得用户数据脱离原有价值评价体系，从而导致数据无法实现新的创造性价值，甚至无法实现其在原平台的对等价值，这对数据转移权的底层逻辑无疑是有害的。②

（四）"互操作性"等定性标准不明确

"互操作性"是欧盟 GDPR 中对数据转移权规定的重要标准，也是数据转移权得以实现的一项底层逻辑，但是在现有的法律规定中并未提及"互操作性"的标准以及具体的技术方案，仅对其进行了原则性的规定，因此在实践中可能诱发种种问题。在数据转移的实践中，初创企业的技术条件与先入企业相比处于劣势地位，不具备编写"导入—导出"算法的技术能力，故而承担着较大的合规责任，这些法律合规责任会倒逼中小企业加大企业合规成本的投入，而这些成本最终会转嫁给消费者。WP29 发布的《指南》将数据转移权的技术可行标准交给数据控制者自由裁量，且未对数据兼容性做出要求。这一规定也体现了欧盟立法者对于此标准的摇摆态度：担心过重的标准会加重企业负担，但是不进行规定又难以使数据转移权的创设目的真正落实。实践中，不同数据控制者使用的数据存储格式与输出算法存在兼容性的冲突，这种冲突从数据主体的角度来看便是数据内容的丢失。如果数据控制者不采用统一的行业标准与技术模式对数据格式进行输出与处理，那么数据主体便难以取得其个人数据，即使取得其数据，也因为格式不兼容、缺乏互操性而存在数据乱码或者数据丢失等问题，阻碍了数据的重用与数据价值的实现。

四、数据转移权现实困境的制度因应

数据转移权的创设具有其时代之必然性：数据控制者的体量和规模不断扩大，法律必须进行调试以适应这种新业态。数据转移权从复制和转移两个

---

① Stefan Weiss, "Privacy Threat Model for Data Portability in Social Networks Applications," *International Journal of Information Management*, Vol. 29, No. 4（August 2009），p. 250.
② 胡凌：《功能视角下个人信息的公共性及其实现》，载《法制与社会发展》2021 年第 5 期。

维度打破数据控制者与数据主体之间不平等的地位，提高了数据主体在各类数据应用场景中的话语权，保障数据主体权益。此外，数据的价值在于传输与利用，数据转移权的创设也在法律层面为数据重用的实现提供了基础，其规定的"互操作性"及"无障碍转移"提高了数据流动的可能性与便捷性，能够实现数据资源的盘活利用，最终适应数字经济时代发展的总趋势。

数据转移权也回应了现实案例：在字节跳动诉腾讯不正当竞争纠纷案中，字节跳动公司认为腾讯公司禁止微信与QQ的用户通过生成链接等方式分享不同平台的视频是违法行为；"微博爬虫案"中的主要争议焦点也是微博用户是否可以授权其他网络服务主体获取用户在微博平台生成的数据。上述两个案例的关键就在于潜藏于每个用户背后的关系链及其相关市场，因此用户是否享有数据转移权对案件的判决至关重要。如果赋予用户数据转移权，那么案件争议便不复存在：抖音用户分享链接的行为以及微博用户授权其他网络服务平台收集其微博数据的行为均是行使其数据转移权的表现，相关的数据控制者必须对用户移转数据的行为予以配合。由此可见，数据转移权的确立也在各类纠纷中起到了定纷止争的作用，具有积极的现实意义。

但是数据转移权作为一种新兴权利还有许多不成熟之处，可能在施行过程中存在妨害竞争、加剧垄断、与现有权利冲突、加剧个人信息风险等问题。因此需要对现有的数据转移权制度加以调试，创设更为合理的法律制度以解决实践难题。在《个人信息保护法》第45条原则性规定的框架下，由各级立法机关以及以网信部门为首的各级行政机关联合研究、细化相关标准，合理分配数据控制者、数据接收者和数据主体之间的权利义务，并发挥社会力量，由数据控制者联合制定有效的行业标准，实现"国家—社会"二元主体的合力。如此一来才能真正把数据转移权落到实处，实现立法者的创设目的，让新型数字平台把握数字经济时代的机遇，促进数字经济市场的繁荣与发展。

（一）限缩义务主体范围，保障中小企业权益

如前所述，数据控制者之间已经形成了资金、技术差距悬殊的不平衡竞争结构，虽然数据转移权的设立初衷是帮助中小企业获得垄断平台的数据，增强其市场竞争力，但是其需承担的合规义务极有可能形成无形的准入门槛，使数据转移权形同虚设，甚至进一步加剧垄断，形成恶性的市场竞争生态。所以在规定合规义务主体时应当给予中小企业一定的政策支持或者宽松标准，

通过税收优惠与企业补贴等优惠政策，对符合要求的初创企业予以精准帮扶，减少初创企业的投资成本；对于没有足够资金、技术的中小企业，设置宽松的企业合规标准减轻其合规压力，让数字市场中的中小企业能够有更多的精力投入技术的研发之中。通过这些优惠政策与合规标准"开绿灯"的行为刺激中小企业的创新积极性，提高中小企业的市场竞争力。

从欧盟 GDPR 的理论来看，其合规义务主体包括所有提供数据存储服务的运营商，不论其规模如何。但是从欧盟的数据保护监管机构的实践来看，其并未在审查企业合规义务时对中小企业实施绝对严格的审核标准，而是采用了宽松的审核标准。这一实践在事实上限缩了承担数据合规义务的主体，给中小企业留足了成长空间，让多元化市场主体的良性竞争结构的形成具备了可能性。我国在实践操作中也应当采用类似的差异化标准，如此方可保障初创企业得到良好的发展，直至参与到"寡头"企业的市场竞争之中。将数据转移权设立之初打破"数据锁定效应"的愿景落到实处。

（二）重视知识产权保护，明确知识产权限制

企业在抓取、复制、分析数据主体的数据后往往会形成具有商业价值的数据库集合（也即上文所提到的衍生数据），由于不同企业之间算法存在差异，部分企业的数据库可能会满足著作权法中的"独创性"要求，进而受其保护；不满足"独创性"要求的数据库也凝聚着企业的算法技术，由企业投入一定的算力成本所构建，至少应当落入商业秘密保护的范畴。在实践中，我国应当平衡数据转移权与数据控制者知识产权之间的关系，在衍生数据的移转中，原数据控制者应当对其享有有限产权，在数据主体要求数据移转时由原控制者对其进行分割，保留凝结企业智力成果的部分。这种操作也符合WP29 所规定的："不得在数据转移权的行使过程中侵犯数据控制者的知识产权与商业秘密。"[①] 印度与新加坡等国家也对数据转移权行使过程中的商业秘密与知识产权保护制定了相应的策略。[②] 可见目前各国对于数据转移权与知识

---

① ARTICLE 29 DATA PROTECTION WORKING PARTY, *Guidelines on the Right to Data Portability*, 2017, pp. 1–20.

② PDPC, *Response to Feedback on the Public Consultation on Proposed Data Portability and Data Innovation Provisions*, p. 7, https：//www. pdpc. gov. sg/-/media/Files/PDPC/PDF - Files/Legislation - and - Guidelines/Response - to - Feedback - for - 3rd - Public - Consultation - on - Data - Portability - Innovation - 200120. pdf （2023-4-16）.

产权的冲突有了相对统一的解决原则，但是如何具体落实以及界定衍生数据的标准还需要各国在实践中不断探索。

我国在数据转移权的实践中亦当借鉴国外的保护模式，对衍生数据的利用要持足够审慎的态度，不能因为其具有非凡的价值便不加考虑地将其纳入数据转移权的客体范围。换言之，我国应当限制数据转移权的适用场景。当前我国个人信息保护法中仅对数据转移权做了原则性规定，这也就意味着企业在未来如何援引知识产权保护的相关规定对抗数据主体的数据转移权，进而保护其享有知识产权的企业衍生数据的适用路径是未知的。知识产权与数据转移权发生冲突时要尊重企业的智力成果与技术成果，在两者之间应当通过限制数据转移权的适用场景或者对企业衍生数据进行"分割"等手段，以期形成两种权利的平衡。如果不对涉及企业知识产权的数据设置特别的规制措施与分类标准，便会形成企业之间"广搭便车"、不思创新的局面，这无疑是不利于我国在数字经济背景下抓住时代机遇，实现科创兴国目标的。

（三）加强移转过程中身份验证程序以及数据分级保护力度

数据转移权的实现应当设置严格的验证标准与保护措施，如此方可保障个人数据在各个平台之间安全无虞地转移。首先，应当要求数据控制者编写足够安全的数据主体身份验证程序，以此来保证转移数据者确是本人；其次，应当对数据采用分类保护技术标准并在传输中使用足够先进的加密技术以确保数据安全；最后，应当对涉及第三方主体的数据采用"分割"的处理方式或是直接拒绝数据主体提出的移转申请，保护第三人的信息权利。

1. 实施身份验证程序

在数据主体请求移转数据时，数据控制者应当采用必要的手段验证数据主体的真实性，不得在申请主体身份不明时批准其移转请求，欧盟 GDPR 对身份验证程序有一套相对成熟的流程，[①] WP29 在此基础上提出了更为全面的验证方式，如采用二次验证、在数据具有泄露风险时应立即冻结其数据。[②]

---

① GDPR 第 11 条第 2 款规定，在数据控制者无法识别数据主体的情况下，数据主体应当主动提供可供识别的额外信息辅助数据控制者识别其身份。第 12 条第 6 款规定，如果数据控制者有合理证据怀疑数据主体身份，便可强制数据主体提供可供识别的附属信息以辅助识别工作。

② ARTICLE 29 DATA PROTECTION WORKING PARTY, *Guidelines on the Right to Data Portability*, 2017, pp. 1-20.

我国在订立数据移转相关标准时也应当借鉴欧盟的先进经验，要求数据控制者实施身份验证，要求数据主体提供足以识别身份信息的证明，最大限度地保障数据主体数据移转时的安全，并在涉及敏感信息移转等高危信息领域设置"双重验证"（two-factor authentication）方式，如采用账户密码+一次性验证码的方式抑或是共享密钥等验证方式的组合。如果在验证过程中数据控制者有合理证据怀疑数据主体身份时也可强制数据主体提供更多可供识别的身份信息，以确保数据移转主体的真实性和唯一性。发现存在数据泄露风险应当立即冻结数据并通过用户注册时留下的电子邮件等联系方式及时通知其数据存在泄露风险，以保障用户数据安全。但是在实施身份验证程序时要重视价值与效率之间的权衡，不能一味追求安全性而浪费大量人力、物力进行验证，质言之，不应该通过牺牲效率的方式来确保数据安全。我国在借鉴域外标准的同时也应结合本国实践情况，对不同数据进行敏感度区分，实现安全性与效率性的平衡。

2. 采用分类保护制度

承前所述，在数据主体提出数据移转请求时应立刻启动身份验证程序，对于安全风险与保密程度不同的数据应当设定分类保护的标准，以此提高数据验证与传输的效率。我国个人信息保护法便就个人信息进行分类，分为敏感信息与非敏感信息，并对其采用不同的保护标准与验证策略。由此可见，信息分类制度在我国早有实践土壤，数据转移权制度也可借鉴这种分类的观念，对不同等级的数据设置不同的保护标准，以实现数据移转的效率。

此外，还应当根据数据控制者所掌握的数据总量以及所占市场份额确定其应承担的安全保障义务，对于具有绝对话语权的数据存储平台，应当对其设立更严格、更高层级的安全保障义务标准，如果在数据传输过程中由于数据控制者未尽相应的验证义务与保障义务导致了数据安全风险系数的增加，那么其应当承担相应的侵权责任并采取一定的补救措施。监管部门也应当发挥作用，根据企业的数据体量与市场份额采取不同层级的监管措施。例如，CCPA 便根据公司的营业收入、接收数据等指标制定相应的监管策略，并结合公司的成熟度与参与度由监管机构适当加强对大体量公司的监管力度。① 如前

---

① Sasha Hondagneu-Messner, "Data Portability: A Guide and a Roadmap," *Rutgers Computer & Technology Law Journal* , Vol. 47, No. 2（September 2021）, p. 269.

所述，我国已有数据分类的实践经验，但是对于不同体量数据平台的监管力度目前还未体现出差异化标准。数据转移权的创设是为了保障数据主体的权利，同时促进数字经济市场的繁荣与发展，但是就我国目前的实践来看，数字平台垄断与固化现象并没有得到有效改善。究其原因便是我国数据转移权并不能对垄断的大型数据平台起到很好的规制作用，因此，我们更应该借鉴CCPA制度的经验，给大型数据平台与数据控制者设置更高的义务标准与监管力度，这种操作模式也潜在地减轻了中小数据企业的合规压力，能够在保护个人信息的同时实现促进中小企业发展、繁荣数字经济市场的目的。

（四）借鉴域外经验，明晰"互操作性"等标准

我国个人信息保护法已经设立了数据转移权的原则性规定，但是目前阻碍数据转移权实现的最大障碍便是适用范围标准、"互操作性"技术标准等不明确。欧美国家的数据转移权实践已经发展到相对成熟的地步，我国立法者在制定相关细化标准、执法者在裁判相关案例时不妨将视角转向域外，参考欧美国家的实践进路来完善我国数据转移权的实现方式。具体而言有以下经验可堪借鉴：

首先，我国要明确数据转移权的适用范围，增强数据转移权的可操作性。数据转移权范围的厘清也体现了数据主体、数据控制者的义务分配：过于宽泛的客体范围可能会导致数据控制者转移成本激增；实施过于严苛的客体范围标准又难以实现数据主体的移转利益。故而我国应当在原则性规定的基础上细化相关适用标准。第一，应当借鉴WP29中关于个人数据、观测数据、衍生数据的分级分类意识，通过原则概括与具体列举的方式界定数据转移权的客体范围，并适用不同的数据携带标准；第二，要有计划地将自然人之外的数据主体纳入数据转移权的主体范围。目前我国个人信息保护法中仅规定了自然人对于信息的查阅、复制权利，并未对法人、非法人组织的适用进行明确规定。事实上，赋予企业有限的数据转移权具有许多极具价值的社会效益与经济效益，这种有限赋权行为可以极大缓解目前企业知识产权与数据转移权之间的冲突，因为在此情境下企业分割衍生数据的行为将更加符合法律规制的逻辑；对于企业在不同平台积累的商誉、用户评价等具有极高商业价值的数据（如不同网购平台、外卖平台的此类数据，用户往往会参考商家的过往评价来决定是否选择与此商家进行交易），也应当赋予企业移转的权利，

这样将有利于打破数据垄断者通过拒绝交易、提高许可条件与价格等方式对新企业设置准入壁垒的企图。[①]

其次，我国应当借鉴域外经验，明晰"互操作性"的界定标准。目前世界各国均处于摸索"互操作性"标准的过程之中，其中最具借鉴意义的便是数据传输项目（Data Transfer Project，DTP）。DTP 是 Facebook、谷歌、微软以及推特（Twitter）于 2018 年联合推出的一项数据源代码倡议，[②] 目的是建立一个新的数据转移权平台来减轻数据主体与数据控制者的负担，在项目创设之初的设想中，每一个数据主体均可迅速便捷地在不同数据控制者中传输其数据。DTP 项目由多方共同承担安全责任，[③] 最大限度地保障了用户数据安全。该项目具有稳定的核心基础设施，并不会因为采用不同数据存储格式的数据控制者的参与而受到影响。[④] 其旨在便利数据传输，营造正循环的竞争环境。

统一格式问题是 WP29 遗留下的悬而未决的问题，而 DTP 为这一问题的解决构建了一个具有可行性的技术框架，其技术原理与运行机制为"互操作性"的实现提供了可能。在项目运行中由平台提供的可以由任意数据控制者使用的标准格式，将有利于建立"互操作性"的行业标准。[⑤] 值得注意的是，DTP 也可能由于其高昂的技术成本等因素构成初创企业参与市场竞争的全新障碍，故而需要监管机构对其保持足够的关注。在这种情况下，根据不同企业的规模与财力有限地实施"差异化"的标准更能促进数据市场的良性竞争：对于初创企业给予宽松标准以减轻其合规压力，平稳度过"新进缓冲期"；对于具备成熟规模的企业给予标准化的监管，要求其承担更多探索统一化标准的义务。这样既能体现法律的强制性与引导功能，又不失法律希冀实现"实

---

① 汤霞：《数据转移权的适用困局、纾解之道及本土建构》，载《行政法学研究》2023 年第 1 期。

② 新浪科技：《FB、谷歌、微软和 Twitter 联合推出数据传输项目》，2018 年 7 月 23 日，载新浪网，http：tech. sina. com. cn？i？2018-07-23？doc-ihftenhy7707264. shtml，最后访问时间：2023 年 2 月 14 日。

③ 具体有用户、数据发送方与接收方、托管实体和 DTP 系统等主体。

④ Data Transfer Project, *Data Transfer Project Overview and Fundamentals*，pp. 8 - 14，https：// datatransferproject. dev/dtp-overview. pdf（2023-2-14）.

⑤ Data Transfer Project, *Data Transfer Project Overview and Fundamentals*，p. 19，https：// datatransferproject. dev/dtp-overview. pdf（2023-2-14）.

质正义"的人文关怀。

五、结语

数据转移权在创设之初便肩负起促进数字经济繁荣的使命，但是在其落地过程中又存在着多种多样的问题，致使其难以实现立法者的初衷。从理性层面来看，数据转移权有利于打破数据垄断，重构数据生产者与数据控制者双方的关系，形成平衡的、更具活力的市场结构。但是频繁转移带来的数据安全风险、新制度对于现有权利的冲突、技术标准跟不上立法步伐等问题也是客观存在的。因此在我国已经引入数据转移权的时代背景下，更应强化大型数字平台的责任，避免其擅用垄断地位破坏现有竞争法下平衡的竞争生态环境，在法律构造上限缩义务主体范围、在权利冲突时强化知识产权保护、面对数据风险时采用分类保护与身份验证方式并借鉴 DTP 先进经验来解决实践中存在的技术标准不统一等难题。通过法律架构与制度保障让数据转移权在数字经济时代能够发挥其应有之义，促进我国数字市场的良性循环与数据企业的共同繁荣。

专　论

数字检察背景下法律监督模型的
实践应用、风险及其应对

吴佩乘* 金 頔**

（浙江大学光华法学院，浙江杭州 310008；
浙江大学数字法治研究院，浙江杭州 310008）

摘 要：当前，数字检察战略在检察司法实践中的实施已经取得初步进展，突出表现在对以大数据为基础的法律监督模型的构建与运用中。法律监督模型实现了"个案—类案—社会治理"的监督办案模式，为检察机关开展法律监督工作注入新动能。数字技术的使用降低了法律监督成本，显著提升了监督实效，同时也存在数据安全问题、法律依据不足、人才和技术局限等系列风险。检察机关在进一步推动技术和业务融合的过程中也应当保持清醒的认知，警惕数字技术伴生的潜在风险并做好应对方案。

关键词：数字检察；法律监督；实践应用；风险应对

一、数字检察背景下法律监督活动的现状

（一）我国数字检察的含义、应用及其发展

2022 年是我国数字检察元年，检察工作步入数字化时代。全国各级检察院在数字化技术与检察业务相结合的实践中创造累累硕果，数字检察战略渐

基金项目：本文系国家社会科学基金重大项目"数据中国背景下公共数据技术标准的法治体系研究"（21&ZD200）和国家重点研发计划"法检司协同分布式大数据融合关键技术研究"（2022YFC3302900）阶段性成果之一。

* 吴佩乘，浙江大学光华法学院研究员，博士生导师。

** 金頔，浙江大学数字法治研究院研究人员。

显雏形，数字化正深刻改变着新时代检察工作。2023 年初的全国检察长会议再次强调，各级检察机关要把数字检察工作作为前瞻性、基础性的工作来抓，以数字革命赋能法律监督，着力提升新时代法律监督质效。① 目前，我国数字检察工作在全国各地广泛开展，大数据、云计算、区块链、物联网以及人工智能等数字技术被运用于检察机关的各项业务中。

表 1　数字技术在检察工作中的应用

数字技术		特点	检察工作的应用
检察 +	大数据	对数量巨大、来源分散、格式多样的数据进行采集、存储和关联分析，从中发现新知识、创造新价值、提升新能力②	法律监督模型、数字检察系统
	云计算	由一群松散耦合的计算机组成的一个超级虚拟计算机，常用来执行一些大型任务③	储存电子档案数据、智能分析案件、云可视化溯源案件等
	区块链	把加密数据（区块）按照时间顺序进行叠加（链）生成的永久、不可逆向修改的记录④	证明电子数据等证据取得、流转与共享的真实性等实体问题，也运用于传统和新型司法办案环节和文书流转等程序问题
	物联网	以感知技术和网络通信技术为主要手段，实现人、机、物的泛在连接，提供信息感知、信息传输、信息处理等服务的基础设施⑤	在司法领域中的物证采集、存证、裁判等方面提供有力的技术支持

① 《一次"检察工作现代化"的总动员——全国检察长会议侧记》，2023 年 1 月 9 日，载中华人民共和国最高人民检察院网站，https://www.spp.gov.cn/zdgz/202301/t20230109_598135.shtml，最后访问时间：2023 年 8 月 14 日。

② 《促进大数据发展行动纲要》，2015 年 9 月 5 日，载中国政府网，http://www.gov.cn/zhengce/content/2015-09/05/content_10137.htm，最后访问时间：2023 年 2 月 25 日。

③ 《图解：数问云计算 展望新发展》，2015 年 2 月 11 日，载中国政府网，http://www.gov.cn/xinwen/2015-02/11/content_2818015.htm，最后访问时间：2023 年 2 月 25 日。

④ 尹婷婷、曾宪玉：《基于区块链技术的数字教育资源共享建模及分析》，载《数字图书馆论坛》2019 年第 7 期。

⑤ 《关于印发〈物联网新型基础设施建设三年行动计划（2021—2023 年）〉的通知》，载中国政府网，http://www.gov.cn/zhengce/zhengceku/2021-09/29/content_5640204.htm，最后访问时间：2023 年 2 月 25 日。

续表

	数字技术	特点	检察工作的应用
检察+	人工智能	基于在物理载体上的算法，对人类智能、心智和思维的全方位模拟，最终目的是实现"类人性"①	案件分析、辅助裁判、信息处理等方面
	元宇宙	由云计算、物联网、VR（虚拟现实）、AR（增强现实）、区块链、人工智能等前沿数字技术共同支持下的数字化空间	围绕线下的检察业务全流程进行数字化改造②

关于数字检察的定义，白秀峰等认为数字检察是检察机关以数字治理和能动检察为指导理念，将数字化的思维、方法和技术与检察工作的方式方法相融合，通过对大数据进行计法、算法、推理分析，及时准确地发现监督线索，有效实施法律监督的检察工作新模式、新内容、新实践。③ 高景峰总结数字检察致力于依法能动归集、碰撞、挖掘数据，搭建法律监督数字模型及配套系统，优化机器学习机制与智慧监督方式，主动发现并及时破解执法司法权力运行和社会治理中的深层次问题，确保法律的正确施行。④ 在数字空间体系中，数据是信息的表达，而数字则是电子数据的传输和处理方式。本文认为，数字检察指的是将检察业务中的信息运用信息通信技术（ICT）处理使得其数据化、数字化，帮助人们从大量的数据流中提取出有价值的数据，并对其进行多维度分类，从而提高决策科学性和监督工作效率。

谈及数字检察的实践应用领域，叶伟忠提出数字检察"三平台说"：数据

---

① 王敬、魏屹东：《人工智能具有理解力吗——从哲学解释学的视角看》，载《大连理工大学学报》（社会科学版）2023年第3期。

② 厦门市湖里区检察院建设虚拟指导站"元宇宙空间"用于开展涉及未成年人隐私内容的教育，有利于保护未成年人的隐私。《"巾帼护未 未爱结元"湖里区检察院实现"元宇宙"〈督促监护令〉宣告送达》，2022年10月13日，载福建省人民政府网站，http：//www.fj.gov.cn/xwdt/mszx/202210/t20221013_6015974.htm，最后访问时间：2023年2月25日。

③ 白秀峰、许奎：《数字检察法律监督新范式探索》，载《人民检察》2022年第21期。

④ 高景峰：《法律监督数字化智能化的改革图景》，载《中国刑事法杂志》2022年第5期。

平台与建模平台、技术平台和办案平台、监督平台和治理平台。① 白秀峰等在横向上将数字检察法律监督范式划分为"数字平台+线索转化管理平台+检察监督办案平台+社会治理平台"，并且认为四者在纵向上是接续递进的关系。② 高景峰则把数字检察工作划分为程序辅助、审判裁量辅助、协作辅助、诉源治理辅助、管理辅助五项。③ 虽然不同学者在分类结果上存在一定差异，但基本上遵循"收集数据、发现线索、调查监督、社会治理"的检察工作流程，也说明数字检察战略旨在将数字技术融入检察工作的全部流程。

展望数字检察的发展，金鸿浩提出数字检察创新应坚持"改进型创新为主，基础创新为辅"的策略，根据一线办案需求确定研究重点和应用场景，尽量缩短人工智能、大数据等相对成熟的数字技术在检察业务中的应用孵化周期，从而达到促使检察工作质效变革。④ 此外，在数字检察战略的指引下，胡铭提出要树立积极主义法律监督观，这是以检察权的国家法律监督权性质为基础，以数字检务实践为源泉的一种新型法律监督理论。⑤

法律是一门追求公平正义的学问，在运用数字化手段赋能检察工作时，有学者指出需要特别注意"唯技术论"的陷阱。例如，刘喆认为应当把业务需求和规则视为数字检察的"道"，数学逻辑和模型算法则是"器"，根据道与器的关系，数字检察一定是在业务引领下，利用信息化和大数据等技术手段，实现数据的碰撞和挖掘，用大数据赋能检察工作高质量发展。⑥ 褚尔康和彭瑞峰则强调，数字检察的最终落脚点要围绕人与技术的本质关系，思考并把握技术的本质，保证法律的技术运行在人本主义的解读与调整范围内，最

---

① 《大数据与能动检察 | 以数字检察推进检察工作高质量发展》，2022 年 7 月 8 日，载中华人民共和国最高人民检察院网站，https://www.spp.gov.cn/llyj/202207/t20220708_ 562562. shtml，最后访问时间：2023 年 8 月 14 日。

② 白秀峰、许奎：《数字检察法律监督新范式探索》，载《人民检察》2022 年第 21 期。

③ 高景峰：《法律监督数字化智能化的改革图景》，载《中国刑事法杂志》2022 年第 5 期。

④ 《以新动能推进检察事业新发展》，2022 年 10 月 8 日，载中华人民共和国最高人民检察院网站，https://www.spp.gov.cn/spp/llyj/202210/t20221008_ 579914. shtml，最后访问时间：2023 年 8 月 14 日。

⑤ 胡铭：《论数字时代的积极主义法律监督观》，载《中国法学》2023 年第 1 期。

⑥ 刘喆：《转变观念用好数字检察的"道"与"器"》，载《检察日报》2022 年 12 月 19 日，第 3 版。

终实现数字法律监督层面政治效果、社会效果与法律效果的有机统一。①

（二）检察机关法律监督工作的现状

法律监督是我国检察机关的核心职能，根据《宪法》第 134 条的规定，人民检察院是我国的法律监督机关。作为国家的法律监督机关，检察机关承担惩治和预防犯罪、对诉讼活动进行监督等职责，是保护国家利益和社会公共利益的一支重要力量。② 因此，法律监督既是我国检察制度最基本的内涵，也是我国检察制度持续发展的基本方向。③

自 2016 年起，国家监察体制改革将检察机关的职务犯罪侦查职能和机构转隶监察委员会，这给长期以来以刑事公诉权为核心的检察机关造成了较大冲击，但同时也为检察机关改革发展提供了新的契机。④ 2018 年修订的《人民检察院组织法》在第 2 条再次重申人民检察院是国家的法律监督机关，坚持了检察机关是国家法律监督机关的宪法定位，并对检察机关的具体职能范围做出规范。检察机关法律监督的范围由原来的刑事案件的法律监督延展至民事、行政、公益诉讼当中，形成了检察机关"四大检察"的功能格局，服务于法律监督职能。

在检察实践中，由于制度、手段和结果的弱化导致"不愿监督、不敢监督、不善监督"的问题长期存在。⑤ 传统法律监督中检察人员的主观能动性不足，各条线业务分割，系统性、规模性不强。数字时代下，犯罪形式呈现网络化、隐蔽化、智能化的特点，传统的法律监督手段更无法满足对隐藏在先进技术背后的违法犯罪活动的监督工作。全国数字检察会议召开以来，全国各省、自治区、直辖市纷纷开展数据赋能法律监督的各项工作，取得了阶段性成果。⑥

---

① 《数字检察：技术范式体系与业务体系深度融合》，2022 年 10 月 22 日，载中华人民共和国最高人民检察院网站，https://www.spp.gov.cn/spp/llyj/202210/t20221022_590253.shtml，最后访问时间：2023 年 8 月 14 日。

② 参见《习近平致信祝贺第二十二届国际检察官联合会年会暨会员代表大会召开》，载《检察日报》2017 年 9 月 12 日，第 1 版。

③ 樊崇义：《检察机关深化法律监督发展的四个面向》，载《中国法律评论》2017 年第 5 期。

④ 胡铭：《论数字时代的积极主义法律监督观》，载《中国法学》2023 年第 1 期。

⑤ 贾宇：《法律监督案件化的路径选择与制度设计》，载《人民检察》2019 年第 1 期。

⑥ 《回眸五年奋斗路丨数字检察：提升法律监督质效的引擎》，2023 年 2 月 26 日，载中华人民共和国最高人民检察院网站，https://www.spp.gov.cn/zdgz/202302/t20230226_604063.shtml，最后访问时间：2023 年 8 月 14 日。

　　数字检察战略的提出标志着我国检察工作数字化、规模化的重要飞跃。在此基础上形成的数字检察法律监督模型在司法实践中有效助力了检察机关法律监督的核心职能。同时，在数字检察法律监督模型的应用中也存在一系列风险和挑战，亟须检察机关从制度设计和实施完善层面有效应对。下文将对数字检察法律监督模型的实践应用及其风险进行论述，并对应相关风险提出应对建议。

二、数字检察背景下法律监督模型的实践应用

　　数字检察的主要任务是更好地服务于检察机关法律监督的宪制职能。根据《人民检察院组织法》第 20 条关于人民检察院职权的规定，检察机关主要在三类法律活动中开展法律监督：（1）对诉讼活动实行法律监督；（2）对判决、裁定等生效法律文书的执行工作实行法律监督；（3）对监狱、看守所的执法活动实行法律监督。依靠大数据和数字化手段建立的法律监督模型虽然尚处于起步阶段，但是各地的积极响应和探索已能够初步展现法律监督模型在以上三方面的实践运用情况。

　　（一）对诉讼活动的监督

　　对诉讼活动的监督分为诉中监督和诉后监督。诉中监督重在程序违法监督，包括对审判人员违法行为的对人监督和对诉讼程序违反法律规定的对事监督；诉后监督重在对裁判错误结果进行监督，偏重于实体性监督。现有法律监督模型大多是基于生效法律文书展开的诉后监督。最为典型的是虚假诉讼监督模型，多地建立模型并取得了较好成效。表 2 根据现有公开资料列举了几类虚假诉讼监督模型情况。

表 2　虚假诉讼监督模型情况

模型	省份	检察院	功能
破产领域虚假劳资债权监督模型①	江苏	苏州市	对涉劳动纠纷的风险企业进行数据画像、分析研判，打击虚构劳动债权套取财产分配的行为

---

　　① 《苏州这个大数据法律监督模型向全国汇报展示！》，2022 年 6 月 29 日，载微信公众号"江苏检察发布"，https：//mp. weixin. qq. com/s/p9Fqc_ UBBt_ bZfHY7UN0bw，最后访问时间：2023 年 8 月 14 日。

续表

模型	省份	检察院	功能
虚假诉讼套取住房公积金监督模型①	北京	房山区	逐案收集涉及公积金执行案件的诉讼信息，搭建虚假诉讼套取住房公积金信息库，通过条件筛选、数据分析发现类案线索并展开调查
虚假诉讼智慧监督系统②	福建	德化县	从海量裁判数据中自动搜索可疑高频词汇作为数据筛选要素，搭建相应的法律监督模型，加强对诉讼活动的监督
民事裁判文书智慧监督系统③	浙江	绍兴市	针对企业主为了"逃废债"等非法目的、恶意制造虚假诉讼，侵犯劳动者权益的行为发现线索并展开调查
执行分配程序中虚假诉讼监督模型④	湖北	江岸区	专项打击执行分配程序中，当事人通过虚假诉讼转移财产、逃避履行生效法律文书确定的义务的行为

以苏州市检察机关"破产领域虚假劳资债权监督模型"为例，苏州市检察机关以江苏省5年来的劳动债权虚假诉讼为样本捕捉此类案件共同的疑点：劳动债权金额异常、涉诉案件数量异常、主张权利集中性异常、双方对抗性异常、原被告关系异常，形成基础规则。从市场监管局和企查查获取了进入破产程序的企业，以及因为没有可供执行的财产被法院裁定终结本次执行的企业，并对苏州地区66万份民事裁判文书进行智能处理。检察机关以"劳动

---

① 田野、张玮：《抓好数字检察"关键变量"实现高质量发展"最大增量"》，载《检察日报》2022年11月20日，第1版。

② 《数字革命"一子落"，检察监督"满盘活"》，2022年11月10日，载微信公众号"最高人民检察院"，https://mp.weixin.qq.com/s/tqXNwX1Yhd85oCeQV1mBBA，最后访问时间：2023年8月14日。

③ 《大数据洞察"假官司"浙江绍兴虚假诉讼大数据法律监督模型》，2022年5月28日，载微信公众号"大数据法律实务"，https://mp.weixin.qq.com/s/nhlx_ciHxW0a_C5oPeQu2w，最后访问时间：2023年8月14日。

④ 《喜报 | 江岸区院在全省大数据法律监督模型竞赛中获奖啦!》，2023年2月6日，载微信公众号"江岸检察"，https://mp.weixin.qq.com/s/iOY65XdgjH7GImVBjxwLmw，最后访问时间：2023年8月14日。

类纠纷"为条件进行数据筛选后，将两个数据集合进行关联，形成风险企业涉劳动纠纷的线索集合，通过数据聚类，将涉及同一个企业的案件汇集在一起，然后根据预设规则对案件疑点进行数据画像，对企业进行风险排序。针对 A 公司这条高疑点线索，检察机关从原、被告的关系入手，申请具体案件的个案协查，挖掘破产企业的利益关系人，查询人口信息、社保信息、银行工资发放记录等。通过数据比对，发现部分原告没有 A 公司社保缴纳记录，工资发放记录与银行流水不能对应，部分原告与 A 公司的法定代表人或者利益关系人存在亲属关系，劳动关系存疑。虚构劳动债权套取财产分配的行为，钻了国家保护劳动者权益的空子，既侵害真实债权人的合法权益，导致财产分配不公，又损害司法权威和公信力。面对深刻变革的外部环境和手段与时俱进的监督对象，检察机关构建虚假诉讼法律监督模型，利用个案中总结出的异常要素进行数据筛查，进而深入调查充分取证，以类案监督促进社会治理。

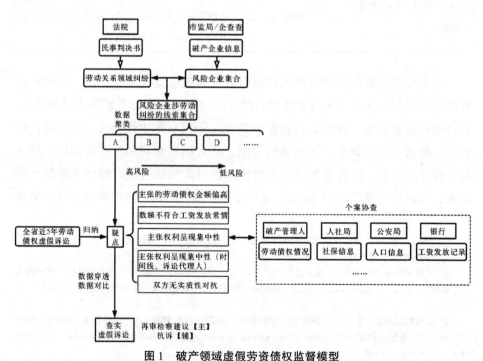

图 1 破产领域虚假劳资债权监督模型

(二) 对执行工作的监督

执行工作是审判活动的延伸。执行监督具备诉讼监督的部分特征但又不完全等同，因此执行监督"兼具刑事性与行政性、诉讼性与非诉讼性，是一种独立的复合性法律监督权"。① 修订后的《人民检察院组织法》第 20 条对检察机关的执行监督权做出规定，即人民检察院对刑事、民事、行政判决、裁定等生效法律文书的执行工作实行法律监督。从目前的司法实践来看，存在以下不同情况的数字赋能执行监督模型（见表 3）。

表 3　针对执行工作的法律监督模型情况

模型	省份	市	区	功能
网络司法拍卖法律监督模型②	浙江	丽水	—	规制司法网拍房被执行人虚构房屋长期租赁合同，利用"买卖不破租赁"原则，低价拍回拍卖财产逃避执行的行为
财产刑执行"智慧刑执监督系统"③	浙江	嘉兴	南湖	在取保候审保证金和判罚罚金之间建立直通渠道
"保证金转罚金"数字监督模型④	浙江	温州	鹿城	推动执行被判处财产刑罪犯在公安机关侦查阶段缴纳的保证金
行政非诉案件执行法律监督模型⑤	浙江	温州	永嘉	针对被执行人实际财产状况和行政执法程序问题，打通数据获取渠道，构建法律监督模型，获取有效监督线索

① 周伟：《刑事执行检察的若干问题》，载《人民检察》2013 年第 24 期。
② 阙福亮、杨莹等：《网络司法拍卖大数据监察案》，载《中国检察官》2022 年第 18 期。
③ 《浙江嘉兴南湖区：检察监督激活"沉睡的保证金"》，2023 年 2 月 4 日，载中华人民共和国最高人民检察院网站，https：//www.spp.gov.cn/dfjcdt/202302/t20230204_599934.shtml，最后访问时间：2023 年 8 月 14 日。
④ 《浙江温州：数字赋能监督 推进社会"智治"》，2023 年 1 月 1 日，载中华人民共和国最高人民检察院网站，https：//www.spp.gov.cn/zdgz/202301/t20230101_597394.shtml，最后访问时间：2023 年 8 月 14 日。
⑤ 《浙江温州：数字赋能监督 推进社会"智治"》，2023 年 1 月 1 日，载中华人民共和国最高人民检察院网站，https：//www.spp.gov.cn/zdgz/202301/t20230101_597394.shtml，最后访问时间：2023 年 8 月 14 日。

续表

模型	省份	市	区	功能
网络司法拍卖程序违法类案监督模型①	黑龙江	大庆	龙凤	通过大数据技术开展专项类案监督，解决网络司法拍卖中存在的尽职调查、权利保障不充分等问题
涉车辆查扣民事执行法律监督模型②	浙江	温州	乐清	以执行案件清单、查封车辆相关数据为基础搭建信息库，确定被查封但仍在正常行驶的车辆的使用情况和活动范围

　　以浙江省丽水市"网络司法拍卖法律监督模型"带 10 年以上长期租赁型监督子规则的运行模式为例，2021 年初，浙江省丽水市检察机关在对个案线索总结中发现，司法网拍房被执行人伪造合同虚构房屋已被长期租赁的事实，阻却他人参与拍卖，最终由其亲友低价拍得房产，减轻房产被执行的不利影响。于是，模型首先利用自然语义规则分析提取标的物名称、评估价、成交价、租赁期限等信息要素，筛查出租赁期限 10 年以上，租金一次性付清的司法网拍案件，同时根据需要增加拍卖依据、占有使用情况等数据进行分析研判。该模型能够自动推送同一被执行人的所有网络司法拍卖案件及这些案件的买受人和执行人员信息，再将与某一买受人相关的全部网拍案件同户籍、社保信息进行关联碰撞，最终形成准确完整的关系图谱。检察机关按照"数据收集""初步判定""审查确认""类案建议"四个步骤构建并利用法律监督模型，最终查明相关人员利用"买卖不破租赁"的原则逃避执行，从而发现涉案人员拒不执行判决、裁定犯罪和执行人员职务犯罪线索。翁跃强评价"网络司法拍卖监督模型"打破了检察机关内部的条块意识，充分运用了民事执行监督、刑事立案监督和职务犯罪侦查等法律监督职能，提升了法律监督

---

　　① 《黑龙江大庆：网络司法拍卖程序违法类案法律监督模型》，2022 年 11 月 20 日，载微信公众号"大数据法律实务"，https：//mp. weixin. qq. com/s/8qpArJGvdraZYnyfiBJT-w，最后访问时间：2023 年 8 月 14 日。

　　② 《浙江温州：数字赋能监督 推进社会"智治"》，2023 年 1 月 1 日，载中华人民共和国最高人民检察院网站，https：//www. spp. gov. cn//zdgz/202301/t20230101_ 597394. shtml，最后访问时间：2023 年 8 月 14 日。

的刚性。①

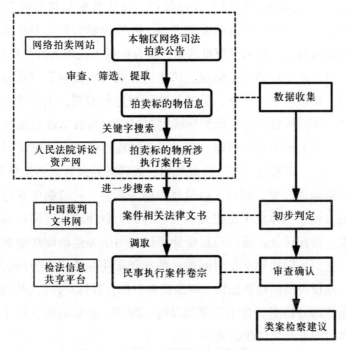

图2　网络司法拍卖法律监督模型

（三）对监狱、看守所执法活动的监督

《人民检察院刑事诉讼规则》第622条规定："人民检察院根据工作需要，可以对监狱、看守所等场所采取巡回检察、派驻检察等方式进行监督。"根据《人民检察院监狱检察办法》《人民检察院看守所检察办法》，人民检察院要对监狱执行刑罚、减刑假释执行工作、监外执行等工作是否合法进行监督，对看守所的看管活动、羁押期限等工作是否合法实行监督。不同于捕诉等检察工作，监狱和看守所检察人员需要从日常的监督工作中发现问题，顺藤摸瓜挖掘线索。传统手段，如谈话、检察台账等方式往往难以发现线索，工作难度较高，监督效果不佳。数字检察同样为监狱、看守所执法活动的监督工作赋能。

---

① 《〈中国检察官〉杂志社：网络司法拍卖大数据监督案》，2022年10月25日，载微信公众号"大数据法律实务"，https：//mp. weixin. qq. com/s/kYuD7x7_ H6Iz37p1ZYUjtQ，最后访问时间：2023年8月14日。

例如，浙江省宁波市镇海区检察院经过 5 年的建设完善，三期迭代升级，已经全面部署建成集执法监督与权益保护、司法办案与检察办公为一体的"看守所数字检察系统"。① 派驻检察方面，驻所检察官只需要登录，系统就会自动实时推送械具等使用及审批信息，整合在押人员出入所身体检查记录，及时预警经过对比发现的违规情况。该系统还能实现检察官与在押人员双向沟通的功能。检察官及时介入、分类处理即可进行监督，工作效率和质量均有显著提升。巡回检察方面，镇海区检察院对看守所数字检察系统进行"两端"开发——以公安专网为前端，部署了派驻检察模块，该模块可对目标数据进行比对碰撞，直接指向违法违规线索，或者对异常数据和信息进行预警，从而实现智能辅助办案。同时，以检察专网为后端，对前端生成的阶段性分析清单，通过政法一体化平台推送至检察专网，以便组织巡回检察的省、市院制定方案、分配任务。巡回检察功能模块相当于为巡回检察组提供了一个定制功能，它们可以指定某个时间段、某看守所并生成相应的违法违规分类统计数据，这使得巡回检察能快速瞄准监督目标，有针对性地制定检察方案。数字检察系统助力检察监督工作更加及时、准确，有效增强了对在押人员的权益保护和对职务犯罪的预防效果。

（四）其他法律监督模型

除上述三类典型的检察机关法律监督形式外，检察机关还可以运用数字化手段在其他法律活动中参与法律监督，公益诉讼就是其中重要的一环。作为具有鲜明中国特色的检察制度，提起公益诉讼是法律监督的应有之义。②

数字检察能够在公益诉讼环节发挥作用，从而运用大数据手段保护社会公共利益。例如，针对医疗保险的监管职能主要由卫健委及医疗系统履行，但是与医保相关的欺诈骗保行为花样百出，如空刷医保卡、医保药品倒卖、冒名就医、虚假住院等，这些行为跨区域、团伙化，渗透新领域，诈骗主体多样，手段专业隐匿，仅靠医保部门难以解决，亟须其他手段介入保障社会公益。浙江省绍兴市越城区人民检察院通过总结个案，分析研判出犯罪团伙渗透民营医院

---

① 蓝恒、吴旻等：《科技赋能监所检察让监督更精准》，载《检察日报》2023 年 1 月 10 日，第 6 版。

② 贺恒扬：《提起公益诉讼是法律监督应有之义》，载《检察日报》2014 年 12 月 5 日，第 3 版。2017 年 6 月 27 日，全国人大常委会审议通过了修改《民事诉讼法》和《行政诉讼法》的决定，增加了检察机关提起公益诉讼的规定。

套取医保基金的作案模式。① 民营医院相对灵活的管理方式吸引犯罪分子承包医院内部科室，打着敬老、帮扶等名义，不花一分钱甚至每日发放补贴哄骗老年人住院治疗。不法分子盗刷其医保卡多开诊疗项目，虚报项目价格，非法套取国家医保基金。此作案模式成熟并已在全国范围内传播，涉及的医疗诊疗项目也越发多样，恶意套取人民群众的救命钱，致使国家财产和社会公共利益受到侵害。随后越城区人民检察院公益诉讼部门出面调取智慧医保信息数据，通过疾病代码筛选出含有特定诊疗项目内容的手术病例（如腰椎间盘突出），随后对比民营医院与公立医院针对这项诊疗内容的手术病例总体数量，列出比公立医院规模大得多的民营医院清单1。结合信访举报平台中含有"疼痛""免费""基金会"等关键词的信访投诉信息以及行政处罚记录比对得到的民营医院清单2，将两份清单对比，得到涉嫌骗取医保基金的民营医疗机构名单。

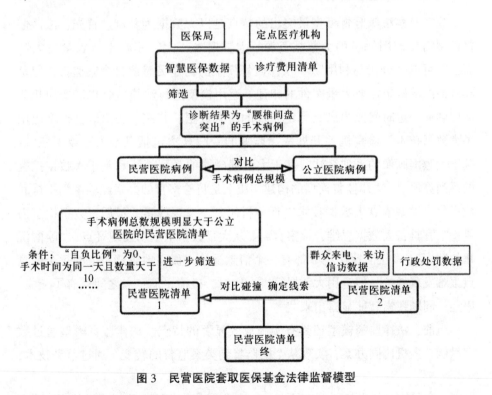

图 3　民营医院套取医保基金法律监督模型

---

① 《医保基金诈骗大数据法律监督模型》，2022 年 11 月 13 日，载微信公众号"大数据法律实务"，https：//mp. weixin. qq. com/s/2P_ qdTey_ yZENzWUAOtT2Q，最后访问时间：2023 年 8 月 14 日。

发现线索后，检察机关就可以督促卫健部门查处违法外包科室等行为，建议医保部门加强医保基金监管，将滥用职权、玩忽职守等线索移送检察机关，将诈骗线索移送公安机关。同时检察机关可以开展国有资产保护领域公益诉讼，通过履行公益诉讼检察职能挽回国家医保基金的巨额损失，切实守护好人民群众的"救命钱"。检察机关还可以开展药品安全领域公益诉讼，针对违法行为人打着"基金会""复明工程"等名义进行医药虚假宣传，使用劣质药品违法行医，骗取医保资金的行为，综合运用公益诉讼检察职能，督促市场监管、卫生行政、医疗保障部门分别依法查处上述违法行为，联合开展专项行动净化医药市场，建章立制补齐监管漏洞。除此之外，检察机关还能依法提起民事公益诉讼，让违法行为人承担赔偿责任。

（五）法律监督模型的特点

数字检察法律监督模型最突出的特点是以大数据为基础。首先，法律监督模型需要使用海量的大数据资源。大数据之"大"不在于"容量之大"，而在于可以"分析与利用"。① 法律监督模型的构建灵感源自个案监督，但是异常情况的确定需要大量案件的印证。运用模型进行法律监督也需要向相关部门调取一定时间段内满足特定条件的所有数据。其次，法律监督模型应用了大数据技术。检察机关开展法律监督的专门算法包括且不限于以下三种：基于大数据画像的系列算法、基于大数据碰撞的系列算法和基于大数据挖掘的系列算法。② 法律监督模型的构建实质上是将检察官的办案经验浓缩提炼和数据化。模型依靠大数据技术进行分析研判，发现线索。最后，数字检察需要检察官具备大数据思维，检察官需要从大量数据中主动发现疑点，"唤醒沉睡的数据"。"任何违法犯罪都有一个信息链条，孤立地看链条上的每个信息点很难发现异常，但运用大数据筛查、比对、碰撞，信息点之间就有了交集、串连，问题线索就能显露出来。"③

当前，法律监督模型还具有实施成效显著的特点。法律监督模型通过数字赋能，人机协同办案，实现从个案监督到类案监督的转变。通过信息技术，

---

① 涂子沛：《大数据：正在到来的数据革命，以及它如何改变政府、商业与我们的生活》，广西师范大学出版社2014年版，第57页。

② 姜昕、刘品新等：《检察大数据赋能法律监督三人谈》，载《人民检察》2022年第5期。

③ 姜昕、刘品新等：《检察大数据赋能法律监督三人谈》，载《人民检察》2022年第5期。

检察机关能够对特定领域批量筛查，逐步精确线索范围，极大地节省了司法资源。通过对一个模型的扩展或设定条件变更，又能对其他领域展开类似的地毯式排查。将成熟的监督模型异地推广，则将有望实现行业系统治理。例如，浙江嵊州"非标油"偷逃税监督模型在浙江、北京两地推广应用，均取得了积极的成效，国务院已经成立成品油行业专项整治工作小组，促进全产业链条系统化、体系化的诉源治理。①

三、数字检察背景下法律监督模型实践应用的潜在风险

法律监督模型依托大数据技术深入解析个案梳理数据要素，构建监督模型筛查类案线索，进而开展融合监督促进社会治理，为检察机关法律监督工作提质增效、转型升级。2022 年，各地法律监督模型如雨后春笋般涌现，在体验到数字赋能的强大动力后，可以预见法律监督模型的开发利用将会伴随着更成熟的技术向更广泛的领域扩展。同时，数字检察法律监督模型作为一项以大数据应用为基础的全新技术形式，其在具体司法实践应用的过程中可能造成相应的风险，需要从制度设计上予以回应。下文对数字检察法律监督模型应用环节可能带来的一系列风险进行论述。

（一）存在数据安全风险

2021 年以来，数据安全成为国家"十四五"规划等多项战略规划部署的关键领域，并连续两年被写入国务院《政府工作报告》。目前，与数据开发利用有机衔接的数据安全法治体系——以《国家安全法》为龙头，以《网络安全法》《数据安全法》和《个人信息保护法》为主体的数据安全制度体系基本建成。② 数字检察工作的核心在于以数据为基础、以平台为支撑，使检察官在法律监督工作中运用算法和算力打破传统法律监督的时域限制，实现新时代法律监督模式的重构。③ 利用法律监督模型开展检察工作通常经过"个案梳理—构建模型—类案监督"几个环节，法律监督模型的建设往往需要调取不

---

① 《数字赋能，深化国财国土领域检察公益诉讼 最高检第八检察厅负责人就第四十六批指导性案例答记者问》，2023 年 8 月 3 日，载中华人民共和国最高人民检察院网站，https://www.spp.gov.cn//xwfbh/wsfbt/202308/t20230803_623753.shtml#3，最后访问时间：2023 年 8 月 16 日。

② 时建中：《数据概念的解构与数据法律制度的构建 兼论数据法学的学科内涵与体系》，载《中外法学》2023 年第 1 期。

③ 贾宇：《论数字检察》，载《中国法学》2023 年第 1 期。

同部门的大量数据。这些数据来源于三方面：一是司法机关内部数据，如执法视频、生效裁判文书等；① 二是基于不同机关之间的共享数据，如公安机关或司法行政机关等政府部门与检察机关之间共享相关数据，实施法律监督；三是社会公共数据，如企业登记信息、医保基金、社保数据等。②

应当承认的是，由于数字检察法律监督模型所依赖的大数据来源广泛且流程复杂，即使大数据应用的目的是增强检察机关办案能力，实际操作环节也存在一定的数据安全风险。特别是，海量数据汇集于检察机关，在数据获取、应用以及后续处理过程中，均存在数据安全隐患。数字时代大数据的使用也必须依照法定程序基于正当目的进行，国家机关负有严格的保障数据安全的义务。《数据安全法》第 38 条规定："国家机关为履行法定职责的需要收集、使用数据，应当在其履行法定职责的范围内依照法律、行政法规规定的条件和程序进行；对在履行职责中知悉的个人隐私、个人信息、商业秘密、保密商务信息等数据应当依法予以保密，不得泄露或者非法向他人提供。" 检察机关在本次数字化改革之前的办案中尽管也涉及数据的利用和处理等问题，但并未达到对海量大数据处理的程度，也即检察机关在既往的司法实践中并未积累过多的大数据应用经验。数字检察法律监督模型在促进检察机关办案质效的同时，还在客观上考验检察机关依法使用大数据的能力。当下数字检察的诸多实践表明，检察机关对于大数据的使用仍停留在如何发现办案线索、提高办案效率、推进检察实体业务层面，而并未有效关注数字检察运行过程中的数据安全问题，也没有系统性建立数据安全的程序保障机制。根据法律监督环节的不同，数字检察法律监督模型可能应用于行政机关、检察机关和其他个人及组织等，这也增加了在实践环节数据泄露的风险。更有甚者，如果检察机关系统遭到外部攻击或内部人员不法利用，致使信息泄露，将可能

---

① 例如，目前我国法院系统建设的"中国裁判文书网"就是法院内部基于生效裁判文书的法律大数据库。

② 《运用数字思维拓展大数据法律监督》，2022 年 8 月 22 日，载中华人民共和国最高人民检察院网站，https://www.spp.gov.cn/spp/llyj/202208/t20220822_ 573026. shtml，最后访问时间：2023 年 8 月 16 日。

对检察机关、行政机关乃至国家的数据安全造成重大损失。①

此外，尽管数字检察法律监督模型主要是为了顺应检察机关数字化改革的需要，但由于法律监督模型中涉及的大数据信息多来源于公民、法人和其他社会组织，因此该法律监督模型的应用也可能对私主体造成影响。对公民个人，医保、社保等行政数据以及银行流水、出行信息等社会数据在被初次收集时，即使相关部门已经履行了告知义务获得同意，但是公民此时对其相关数据可能被应用于数字检察法律监督模型并无合理的预期，更无法预料可能因此成为检察机关关注的"嫌疑人"。加之大数据技术使得碎片化的个人信息体系化，这些数据一旦被不法利用，公民个人健康状况、出行轨迹、社交圈等日常生活都将处于透明状态，公民隐私权也将受到侵犯。对企业来说，商业活动讲究战略部署，一些长线策略在短期内通常不易被发现。如果将时间线拉长并收集到企业长期活动数据，经过数据碰撞、算法研判，一些重要策略将有可能被竞争对手知悉。在有数据支撑的算法面前，企业针对商业秘密采取的保护措施将形同虚设。对社会来说，大数据时代个人信息风险的主要特征为涉及人数多、个人损失小、发散性明显、公共危害大。② 因此，一旦数据在流转的任何一个环节泄露，都将可能产生社会群体性的威胁。

（二）缺少数据利用的法定依据

中央有关意见明确，数据是现代社会的新型生产要素，要探索建立数据产权制度。③ 尽管目前对于数据产权的法律制度设计仍有较多争议，但是数据，特别是大数据具备财产权益已成为共识，并被《民法典》等法律予以立

---

① 近年来境外势力对我国网络攻击日趋频繁，2021 年上半年，我国境内受恶意程序攻击的 IP 地址近 3048 万个，约占 IP 地址总数的 7.8%；境内感染恶意程序的主机数量约 446 万台，同比增长46.8%；位于境外的 4.9 万个计算机恶意程序控制服务器控制了我国境内约 410 万台主机；7867 个境外 IP 地址（占全部 IP 地址总数的 94.9%）对境内约 1.3 万个网站植入后门。《2021 年上半年我国互联网网络安全监测数据分析报告》，2021 年 7 月，载国家计算机网络应急技术处理协调中心网站，https：//www.cert.org.cn/publish/main/upload/File/first - half% 20% 20year% 20cyberseurity% 20report% 202021.pdf，最后访问时间：2023 年 8 月 14 日。

② 常宇豪：《个人信息对公共安全的影响效应与风险应对》，载《情报杂志》2023 年第 5 期。

③ 《中共中央 国务院关于构建数据基础制度更好发挥数据要素作用的意见》，2022 年 12 月 2 日，载中国政府网，https：//www.gov.cn/gongbao/content/2023/content_ 5736707.htm，最后访问时间：2023 年 8 月 14 日。

法确认。① 这表明任何个人或组织对于数据的收集、使用或处理均需要具有明确的法律依据，而不能擅自获取数据自行使用，否则可能不当侵害私主体的数据权益。特别是对于检察机关等公权力机关而言，其司法活动本应遵循"法无授权不可为"的基本宪制原则。尽管当下数字检察法律监督模型的实践应用如火如荼，但在立法层面明显缺少对数字检察过程中大数据应用的程序和实体规范，以及数据收集、处理等限度的规定，这也在一定程度上增加了检察机关（特别是基层检察机关）滥用公权力侵害公民和法人数据权益的风险。

检察机关是否有权力调取各类数据信息（如行政数据、公共数据和个人数据等），现有法规未作明确规定。现行《民事诉讼法》第 221 条规定："人民检察院因履行法律监督职责提出检察建议或者抗诉的需要，可以向当事人或者案外人调查核实有关情况。"但是对于批量调取行政部门统计数据或社会公共数据的情形没有做出具体规定。可以明确的是，个案调查与类案筛查无论是实质还是程序上都迥然不同。个案调查的前提是检察机关已经发现一定线索和疑点，有较强的确定性，而类案筛查的根据通常更宽泛，这意味着将有大量守法公民的数据信息被调取分析；个案调查获取的是针对个案的孤立信息，潜在风险及危害性较小，而类案筛查将获取大量数据，一旦泄露将造成较大范围的社会影响。因此，难以通过对民事诉讼法的正当解释得出检察机关有权对海量同类非司法性数据进行收集获取的结论。

在刑事案件方面，《刑事诉讼法》第 54 条规定："人民法院、人民检察院和公安机关有权向有关单位和个人收集、调取证据。有关单位和个人应当如实提供证据。行政机关在行政执法和查办案件过程中收集的物证、书证、视听资料、电子数据等证据材料，在刑事诉讼中可以作为证据使用。对涉及国家秘密、商业秘密、个人隐私的证据，应当保密……"本条规定了包括检察机关在内的办案机关的调查取证权及其限制。其中，按照刑事诉讼基本原则，调查取证的前提是立案，《刑事诉讼法》和《人民检察院刑事诉讼规则》对其有严格规定，只有符合立案标准、完成立案程序才能开始刑事案件的办理，调查取证。在刑事诉讼侦查环节，技术侦查也是对犯罪嫌疑人个人数据信息

---

① 参见《民法典》第 127 条。

进行收集的过程，但《刑事诉讼法》对侦查机关采取技术侦查措施的条件和方式进行了严格的规定，非经法定程序法定机关不得进行技术侦查。① 举轻以明重，如果刑事诉讼中对于特定人员的数据收集都遵循相对严格的程序在正式立案后进行，那么数字检察刑事法律监督中对于不特定多数人的海量数据收集更应当体现谨慎、严格、合乎比例的程序规范设定。

此外，检察机关获取大数据信息进行数字检察还缺少与个人信息保护之间的协调。前文已述及，目前法律监督模型在实践中的应用场景，如诉讼监督、执行监督和监狱看守所监督等，基本均是通过对不特定行为人海量数据信息的收集和分析，对类似行为的主体进行"画像"从而确定可能违法的线索。在"画像"的过程中，法律监督模型收集到的数据信息很大程度上与个人信息相重合，从而给个人信息保护带来一定风险。《个人信息保护法》第33条至第37条对国家机关处理个人信息做出特别规定。该法第34条强调国家机关履行法定职责处理个人信息应当遵循法律保留原则和比例原则，"依照法律、行政法规规定的权限、程序进行，不得超出履行法定职责所必需的范围和限度"。目前数字检察工作尚处于起步阶段，随着各地法律监督模型构建技术的成熟和风靡，刺激更大规模的数据收集，可能会涉及公民生活的方方面面。大数据法律监督在更有效打击不法行为的同时，也会使公民个体特征被大规模识别并生成数据库，本质上强化了政府对公民的控制，② 司法实践中应当警惕过于追求执法效果而忽视法律保留原则和比例原则。

（三）人才和技术局限

数字检察法律监督模型的产生和运用均是为了服务于检察工作实践，和其他技术形式的社会运用类似，法律监督模型也涉及"人"与"技术"的相互作用。然而，不论是"人"还是"技术"，均在一定程度内具有局限性，从而导致数字检察的相应风险，这主要体现为：

检察机关保障法律正确实施，维护社会公平正义，"让人民群众在每一个司法案件中感受到公平正义"的目标需要每一位司法工作者的努力。法律工作离不开价值衡量，衡量的过程体现着人的能动思考和经验判断。而数字检

① 参见《刑事诉讼法》第150～154条。
② 董少平：《大数据侦查的法律规制原则》，载《武汉理工大学学报》（社会科学版）2021年第2期。

察体系构建目前主要由数字技术专家和特定的研发企业负责，监督模型的开发和应用能力也非一般法律工作者所能具备。法律素养和技术能力之间存在壁垒，检察机关能否实现对算法开发者、维护者的有效监督，保证将法律监督的实际权力牢牢握在手中成为一项潜在风险。检察官大多接受传统法学培养，擅长对法学理论与实践的学习与研究，但是对信息技术、人工智能等数字技术的掌握存在信息壁垒，尚不具有独自开发模型系统的能力。在检察机关内部，很大一部分工作人员的监督理念和监督意识仍停留在传统模式，难以跟上数字化转型的节奏，无法熟练自如地使用信息化设备和系统甚至具有排斥心理，在使用过程中缺乏数字安全保护意识和能力。

并且，由于技术人员在构建模型、开发系统时，天然具有倾向性和局限性，这也对数字检察法律监督模型技术本身造成影响。在设定过程中，技术人员有可能因为认知缺陷或理解偏差，将错误概念正当化；错误概念或模型缺陷在数字结构中逻辑自洽，又经过算法的自主学习，将会加深模型的歧视。检察机关若依据该模型发现的线索搜集数据、调查取证，不仅浪费司法资源，而且可能导致无罪者受到无端怀疑甚至被侦查，侵犯公民的合法人身权利及隐私权。检察机关运用数字技术进行法律监督时，也存在数据运用僵化的风险，即通过输出的结论不断递归地印证先前输入的数据。[1] 目前检察机关模型开发对于算法本身的研究还处于探索阶段，但是参照发展相对较早的智慧司法系统、技术侦查手段，关于算法歧视、算法黑箱等技术失控的问题始终是司法机关运用数字技术需要克服的一系列难题。而检察人员目前的数字化技术恐难以避免或预防这类技术伴生性问题，检察机关也尚未形成全链条的风险防控体系。[2] 若一味追求数字化改革的硬指标，贪图数字技术带来的便捷和实效，将可能与公正司法的原则背道而驰。

四、数字检察背景下法律监督模型实践应用中风险的应对

如上文所述，数字检察战略的提出有效地提升了检察工作质效，法律监督模型通过运用大数据、云计算、人工智能等新兴技术，促进了检察机关在诉讼、执行、监狱看守所和其他领域的法律监督活动，最大限度保障了社会

---

① 胡铭、何子涵：《大数据法律监督的实践逻辑与风险控制》，载《人民检察》2022 年第 11 期。
② 董学华：《大数据赋能法律监督的基层策略》，载《人民检察》2022 年第 21 期。

公共利益。但是技术的运行特别是在检察工作中的运用不能仅关注技术促进工作的一面，也需要审慎研判相关技术在检察实践中可能带来的一系列风险和挑战。有鉴于此，本文提出以下应对方案：

（一）加强数据安全风险防范

在数字化时代，数据是信息的载体，维护信息安全，就要保护数据安全。没有数据安全，就没有信息安全。[①] 数字检察手段在应用大数据进行法律监督时有必要采取措施加强数据安全风险防范，具体而言：

首先，检察机关在利用数字检察法律监督模型时需要建立数据分类分级机制。《中共中央 国务院关于构建数据基础制度更好发挥数据要素作用的意见》指出，要"加强数据分类分级管理，把该管的管住、该放的放开，积极有效防范和化解各种数据风险"。[②] 检察机关在推进数字检察建设的过程中也要落实数据等级保护制度，完善检察数据安全保护工作机制，加强关键信息基础设施安全保护。[③] 在数字检察实践中，检察机关需要结合业务需要对可能利用的数据建立分类分级制度并确定使用等级，要求检察人员在利用法律监督模型时遵循数据分类分级规定。对于一般公共数据、其他行政机关数据和涉及公民个人信息的数据等采取不同的数据利用程序和安全防范规定，定期组织对数据基础设施、数据获取渠道等进行监督检查，从而在数字检察促进检察办案和维护数据安全间取得利益平衡。

其次，数字检察法律监督模型的使用还需要兼顾个人信息安全和隐私安全。数据在收集后还会被多次使用，而权利人无法预知其用途，因此应当更加注重数据使用环节的隐私保护。[④] 数据去标识化是实现保障个人信息安全和促进个人信息流通利用双重目的的有效手段，即令个人信息在不借助额外信

[①] 时建中：《数据概念的解构与数据法律制度的构建 兼论数据法学的学科内涵与体系》，载《中外法学》2023年第1期。

[②] 《中共中央 国务院关于构建数据基础制度更好发挥数据要素作用的意见》，2022年12月2日，载中国政府网，https://www.gov.cn/gongbao/content/2023/content_5736707.htm，最后访问时间：2023年8月15日。

[③] 《检察改革十年成就述评》，2023年2月18日，载中华人民共和国最高人民检察院网站，https://www.spp.gov.cn/zdgz/202302/t20230218_602525.shtml，最后访问时间：2023年8月15日。

[④] [英] 维克托·迈尔-舍恩伯格、肯尼斯·库克耶：《大数据时代》，盛杨燕、周涛译，浙江人民出版社2013年版，第221-223页。

息的情况下无法识别特定信息主体,① 这为公民个人信息及隐私权建立了保护屏障，避免了信息被直接识别利用的风险，较好地平衡了个人信息保护与公共利益。但是数据汇聚、关联分析仍然可能对特定群体及社会公共利益带来威胁。

再次，检察机关运用法律监督模型时要加强技术安全风险防范，如加强边界防护和密码应用，运用技术手段提升数据"外防侵入、内防窃取"的能力。② "百度研究院 2023 年十大科技趋势预测"中提及的隐私计算，或将实现数据互联互通，兼顾价值创造和安全可信。隐私计算通过密码学和软硬件技术，在保证用户隐私及数据安全、符合法律法规要求的前提下，打破数据孤岛，构建跨机构跨领域数据网，推动数据赋能全产业链协同转型，实现数据"可用不可见"和"可信可管可控可计量"，赋能数据价值合规流通。③ 同时，在数据运用过程中难免出现无法预见、不可控制的风险，检察机关内部负责数字技术的部门应当定期筛查、对高风险模块及时调整，做好风险处置预案，保护人民群众个人信息安全，保障社会安全。

最后，数字检察司法实践需要建立合理的事前数据安全控制制度和事后侵害数据救济渠道。检察机关可以参照数据安全法的规定在检察机关内部建立数据安全审查制度,④ 在采用数字检察法律监督模型办理特定种类案件时，必须由专业检察官对大数据内容是否可能对国家安全、重大个人信息安全等进行审查。对于可能产生重大不利影响的大数据内容，应当禁止相关法律监督模型的实际应用。此外，没有救济就没有权利。对于检察机关不当利用数据造成人身财产损失的情况，应当疏通群众投诉通道，接受异议和申诉；司法上，明确由于数据不当利用造成的侵权责任，必要时给予国家赔偿。

---

① 宋烁：《论政府数据开放中个人信息保护的制度构建》，载《行政法学研究》2021 年第 6 期。

② 《以大数据赋能新时代法律监督》，2022 年 12 月 24 日，载中华人民共和国最高人民检察院网站，https://www.spp.gov.cn/llyj/202212/t20221224_596733.shtml，最后访问时间：2023 年 8 月 14 日。

③ 《数字经济新征程 | 锘威科技：拓展隐私计算应用场景 推动数据赋能产业发展》，2022 年 5 月 23 日，载贵州省大数据发展管理局网站，http://dsj.guizhou.gov.cn/ztzl/sbh/202205/t20220523_74173226.html，最后访问时间：2023 年 8 月 14 日。

④ 参见《数据安全法》第 24 条第 1 款："国家建立数据安全审查制度，对影响或者可能影响国家安全的数据处理活动进行国家安全审查。"

（二）规范法律监督模型大数据利用的依据和程序

前文已述及，数字检察手段利用大数据进行法律监督尽管在实效上取得了不错的成绩，但是检察机关收集和利用大数据本身却欠缺法定程序和法律依据。本文建议应当从以下几个方面加以改进：

首先，应当在相关法律和司法解释中授权检察机关收集和利用数据开展法律监督活动。鉴于《个人信息保护法》等法律对数据信息的处理规定了"法律保留"事项，笔者建议比较稳妥的应对措施是在《人民检察院组织法》中原则性地规定各级人民检察院在司法实践中可以利用大数据开展数字检察工作。同时，最高人民检察院应当适时出台关于数字检察大数据利用的司法解释，明确检察机关收集、利用、处理大数据信息相关事项程序。

其次，检察机关在应用数据时应当遵循合理使用和比例原则。为此，检察机关及其他可能涉及的政府部门应当建立健全数据流转规则，在进行大数据建库或调取数据类案筛查时，应当遵循"合理使用"的原则，对需要调取的数据类型、内容范围等进行审查，避免检察机关无限制地收集个人信息。参照《刑事诉讼法》及相关司法解释关于侦查机关在侦查中需要其他国家机关协助的规定，检察机关如果需要在国家机关内部进行跨级、跨单位的数据共享，应当提供相关证明。① 并且，检察机关在具体案件办理调取大数据时应严格遵守比例原则，避免肆意扩大数据收集范围。

再次，检察机关内部也应当避免数字检察"各自为政"的分散局面，从内部程序一体化角度统合数字检察法律监督的资源。全国检察系统可以就数字检察工作增进交流，技术落后地区主动向发达地区吸取经验，尽快缩小区域间的技术差距。实践中，可以采取在省级辖区内建立统一的数字检察法律监督模型并逐步推广至全国的做法。例如，浙江丽水市检察机关构建的"司法网拍监督模型"就从"一域突破"及时转化为"全省共享"，有力打击了

---

① 祝海洋、陈伟莲：《大数据侦查中个人信息的法律保护》，载《安徽警官职业学院学报》2022年第5期。

全省司法网拍逃避执行的不正之风。① 同时，也要尽快统一数据资源的标准，统一制发大数据法律监督模型的应用标准。统一的数据资源标准有利于建立更大规模的数据池，届时大数据中心将能与国家数据平台或各部委数据中心对接，协调各项业务数据需求清单及对外各类输出需求，对外部数据统一调用、派发、存储、清理，并梳理推送可共享数据。② 统一数据模型使用规范，可化解因数据结构不同导致模型难以跨地区推广使用的难题，强化模型异地使用的适应能力。数据和模型是数字检察法律监督模型的基础，只有全国检察系统统一标准，数字检察才能实现更进一步的发展和完善。

最后，检察机关需要加强对数据使用过程中及使用后行为的内部监督。根据《个人信息保护法》第 60 条的规定，国家网信部门应当负责个人信息保护及相关监督管理工作。但是网信部门从外部对检察机关的数据使用情况进行监督，从业务壁垒和履职边界角度都难以付诸实施，并且网信部门对除个人信息以外的其他数据信息也并不具备当然的监督权。从数字检察的实践情况和长远发展来讲，检察机关内部有必要成立专门的数据安全监管部门。该部门可以对数字检察算法开发、数据利用等全流程实现实时监督，确保信息安全流转、合理使用，并保障对利用后的数据妥善储存或销毁，不再另作他用。数据安全监管部门也应当接受群众上访、投诉，畅通个人信息侵权的事后救济途径。

（三）加快数字检察人才队伍建设和技术升级

数字检察法律监督的实施过程离不开人才的参与。对于检察机关来说，应当扩宽渠道吸纳懂技术、通法理的高素质数字检察人才。一方面，检察机关在招收新进检察人员时可以适当放宽对专业的限制，专门招收具有电子信息工程、应用统计等背景的毕业生或社会工作者，补强检察工作数字技术缺

① 截至 2022 年 7 月，检察机关利用该模型从全省 34 万份网拍数据中筛查出程序性监督线索 3636 条，制发纠正型检察建议 478 件，促进法院个案纠正的同时，推动法院监督网拍公示规范化；通过该模型筛查出带 10 年以上租赁的房产网拍案件线索 847 件，从中发现并移送涉嫌拒不执行判决、裁定犯罪案件线索，公安机关立案侦查 6 件 11 人，已提起公诉 6 人，查处执行法官职务犯罪 11 人。参见阚福亮、杨莹等：《网络司法拍卖大数据监督案》，载《中国检察官》2022 年第 18 期。

② 《以大数据赋能新时代法律监督》，2022 年 12 月 24 日，载中华人民共和国最高人民检察院网站，https://www.spp.gov.cn/llyj/202212/t20221224_596733.shtml，最后访问时间：2023 年 8 月 16 日。

口。另一方面，可以发掘现有检察队伍中的科创性人才，通过技术考核等方式选拔聚集，再强化培训前沿技术，构建检察机关内部的数字核心团队，融会贯通前沿数字技术和检察法理，专门负责数字检察技术研发、系统维护等工作。同时也要加强全员培训，对全面上线的模型和系统保证全面掌握，真正实现人机协同办案。

法学院校也应当顺应数字时代的发展，在学生培养方案中加入对大数据、人工智能等数字技术的通识课程，使新一代法律人能基本了解法律人工智能的开发逻辑，对前沿技术保持敏锐性。同时也要继续完善"大数据+法学"的复合型人才培养体系和数字法学学科建设，构建交叉学科人才培养模式，使法律人更好地成为一线实务部门与技术研发主体之间的沟通桥梁。[1]

算法歧视、算法黑箱等隐性数字技术风险对司法公正的影响已经成为学界普遍的担忧，单纯依靠法律工作者的信息技术手段很难突破类似的技术难题。因此，检察人员应当尽量在源头减少偏差，对计算过程和分析结果保持审慎，避免"唯技术论"的倾向，明确"以业务为主导，以技术为支撑"的数字化监督理念，保持人的主体性和能动性。例如，在模型开发过程中，严格把控常量、变量的选择和设置，确保输入准确的指令以控制模型输出结果在合理偏差范围内。检察机关也应当加强与技术部门或企业的沟通和配合，用业务驱动技术，注意对系统的维护和升级，及时纠偏。让技术能力根据检察监督业务的需求进化迭代，把大数据功效发挥至最大。[2]

五、结语

2023 年 2 月 27 日，中共中央、国务院印发《数字中国建设整体布局规划》，提出了新时代数字中国建设的整体战略。数字检察战略是检察机关贯彻新发展埋念，适应信息化时代新趋势，响应"数字中国建设"战略的重要举措。数字检察法律监督模型有力推动了新时代检察机关法律监督工作质量和效率的深刻变革。与此同时，数字检察的发展与融合也可能给社会带来数据安全、技术失控、制度局限等风险。检察机关在进一步落实数字检察工作的

---

① 王禄生：《论法律大数据"领域理论"的构建》，载《中国法学》2020 年第 2 期。
② 鲁建武：《大数据战略背景下检察监督能力提升路径探索》，载《科技与法律》（中英文）2023 年第 1 期。

同时，也应当注意加强对数字技术伴生风险的防范。"最好是期待人类的聪明才智，而非低估它；最好是承认风险的存在，而非否认它。"① 只有结合我国检察实践的具体需求，善于反思、勇于修正，充分发挥主观能动性将技术为人类所用，才能不断弥合数字技术与检察业务的沟壑，提升检察监督质效，实现数字检察规范化、体系化。

———

① 参见吴汉东：《人工智能时代的制度安排与法律规制》，载《法律科学》（西北政法大学学报）2017 年第 5 期。

"侦诉一体化"改革的技术性进路

——从检警数据共享出发

杨振媛*

（中国人民大学法学院，北京　100872）

摘　要："侦诉分离"的权力构造使得审前阶段的检警关系存在侦查监督不力与协作配合低效的双重困境，"侦诉一体化"改革是改进审前检警关系、提高侦查规范性与效率性的可行路径。检警数据共享能够为侦查监督提供海量线索，同时能够为侦查活动提供指引，在侦查权与起诉权分隶体制短时间内难以发生根本性变革的背景下，可以采取数据共享这一技术性进路推进"侦诉一体化"改革。目前我国检警数据共享存在共享范围不明、对个人信息保护重视不足、数据建设重复等问题，检警数据共享的具体落实可依托侦查监督与协作配合办公室为平台，采取双主体负责模式，明确数据共享的内容、程序与后续责任分配。同时在检警数据共享过程中要注意与侦查秘密原则相平衡，在尊重侦查规律的基础上加强对侦查行为的合法性制约。

关键词：数据共享；侦诉一体；检警关系；侦查监督

一、问题的提出："侦诉一体化"的必要性

广义的刑事诉讼分为审前与审判两个阶段。审前阶段作为刑事诉讼的前端环节，其工作质量对整个刑事诉讼过程影响重大。而作为审前阶段的两个关键主体，检警之间的关系是决定审前工作质量的重要因素，优化调整检警关系也成了刑事诉讼学界经久不衰的议题。我国宪法所规定的"分工负责，

---

* 杨振媛，中国人民大学法学院博士研究生。

互相配合，互相制约"十二字原则为检警关系的处理奠定了基调。在此原则之下，我国的刑事诉讼呈"流水线作业"模式，公检法通过前后接力、互相配合和互相补充的活动，共同实现刑事诉讼法的任务。[①] 这种模式在审前阶段则表现出了"侦诉分离"的主要特征，这种"侦诉分离"的权力配置使得刑事诉讼审前阶段面临着侦查监督无效与协作配合不力的双重困境。

"侦诉分离"体制下侦查权和公诉权分隶于检警两个主体，侦查与公诉两项职能之间联系不够紧密，由此产生两方面消极后果。一方面，检察监督侦查效果不佳。侦查权力隶属公安机关，侦查机关可自行决定是否剥夺嫌疑人人身自由以及自行处置涉案财物，[②] 公安机关集侦查活动的决定权（除逮捕以外）、执行权、救济权于一身，侦查权力过于集中。由此导致侦查阶段极为封闭，检察监督难以发现相关线索，其发挥作用的空间也十分有限。2010 年到 2018 年，我国人民检察院纠正违法侦查活动的数量占全国公安机关刑事案件立案总数的比例基本上都维持在 1% 左右。可见检察机关发现和纠正违法侦查的途径有着严重的局限性。[③] 另一方面，公诉引导侦查的力度不足，侦查缺乏方向感，侦诉之间未形成有效合力。尤其随着"以审判为中心"改革的不断推进，庭审阶段对公诉方的举证质证要求也越来越高，侦查阶段的取证质量决定着公诉阶段的举证质量，而在侦诉分离的体制下，检察机关对警方的侦查取证控制指导匮乏，难以保证侦查活动符合追诉要求。[④]

可见，侦诉分离体制对刑事诉讼审前阶段活动的规范性和效率性都已经产生了极大的阻碍。要想解决侦查监督与协作配合双重无力的困境，从根本上对检警关系进行调整已是弦上之箭。检警关系调整的关键在于加强对刑事侦查活动的检察调控和监督。为此，学界提出了"检警一体""侦诉一体"的转型方案。[⑤] 无论哪种称谓，其核心内容都是一致的，即在不改变检察机关和公安机关的权力配置和组织形式的前提下，依托于提前介入和检察监督的

---

① 陈瑞华：《摆脱"流水作业"的诉讼模式》，载《民主与法制》2007 年第 21 期。

② 陈瑞华：《论侦查中心主义》，载《政法论坛》2017 年第 2 期。

③ 魏晓娜：《从"捕诉一体"到"侦诉一体"：中国侦查控制路径之转型》，载《政治与法律》2021 年第 10 期。

④ 龙宗智：《评"检警一体化"兼论我国的检警关系》，载《法学研究》2000 年第 2 期。

⑤ 刘计划：《检警一体化模式再解读》，载《法学研究》2013 年第 6 期；万毅：《侦诉一体化：我国检警关系之重塑》，载《新疆大学学报》2003 年第 3 期；魏晓娜：《从"捕诉一体"到"侦诉一体"：中国侦查控制路径之转型》，载《政治与法律》2021 年第 10 期。

制度框架,拉近侦诉职能的关系,促进检察机关和公安机关行使侦查公诉职能的一体化。由于"检警一体"的语词可能使人产生检察机关和警察机关组织上一体化的歧义,因此本文以下统一使用"侦诉一体"的表述。由于我国宪法对三机关的关系已有明确规定,并将侦查权、公诉权、审判权分别明确赋予了公检法三机关,所以短时间内要在立法层面上实现"侦诉一体"的权力构造是不现实的,但正如上所述,在实践中加强侦诉联系已迫在眉睫。可以转变思路,在不改变宏观构造的基础上,利用技术推进检警之间的关系深化,检警间的数据共享就是实现"侦诉一体化"的重要切入口。

二、检警数据共享对"侦诉一体化"改革的技术性功能

2020年中共中央、国务院发布了《关于构建更加完善的要素市场化配置体制机制的意见》,该文件将数据视为与土地、劳动力、资本、技术同等重要的第五类要素,提出了加快培育数据要素市场的重大要求。[①] 其中的一大举措就是推进政府数据开放共享,加快推动各地区各部门之间的数据共享交换,研究建立促进数据开放和数据资源有效流动的制度规范。在刑事司法领域,数据共享是大数据时代刑诉司法高效、规范运行的必要前提,有效、可靠、及时的刑事司法数据共享有利于科学有效刑事政策的制定。而数据信息作为一种物质资源,具有无限性、可塑性、流通增值性,这些特性使得数据可以无障碍地流通开放,这也为共享机制的建设提供了可能性。[②] 当然,司法数据共享依然要遵从相关的司法规律。例如,基于控审分离原则,法院并不适宜与公检共享正在办理的案件数据。但与此相反,基于公安机关与检察机关在审前工作目标上的一致性,以及侦查服务于公诉的特征,两者之间的数据共享则有更多的正当性。同时,基于检察机关的法律监督职能,只要不影响侦查办案,检察机关了解侦查机关的相关数据也有其正当性。

2021年10月,最高人民检察院、公安部联合发布了《关于健全完善侦查监督与协作配合机制的意见》(以下简称《意见》),《意见》以规范深化检警关系为主要目标,旨在推动提升公安执法和检察监督规范化水平,在充分

---

① 2022年4月,中共中央、国务院发布《关于构建更加完善的要素市场化配置体制机制的意见》,将数据同土地、劳动力、资本、技术等传统生产要素并列。

② 谢健、曹琼等:《检警侦查信息共享机制之构建》,载《人民检察》2011年第10期。

尊重侦查规律、监督需要和司法实践的基础上，为公安机关依法及时高效开展侦查、检察机关依法全面履行检察监督职责提供保障。《意见》从侦查监督机制、协作配合机制、信息共享机制三个方面对检警关系进行深化改革。侦查监督、协助配合两大机制的完善是《意见》的题中应有之义，而信息共享机制的完善则是实现前两个机制的前提和基础。导致侦查监督无力与检察引导侦查不力双重困境的其中一个重要原因，就在于信息的不对称性。规范建设检警数据平台，真正实现信息共享是目前深化检警关系的重要着力点。

（一）检警数据共享对侦查监督的促进意义

从侦查监督方面来看，监督活动的展开依赖于监督线索的发现，而监督线索的发现则依赖于检察机关对侦查活动的了解程度。传统的监督存在监督职能条块分割、监督方式滞后、监督作用乏力等问题。[①] 产生以上问题的一大原因在于信息互通的匮乏。长期以来，检察机关通常只能通过审查逮捕对侦查活动进行制约，而对于立、撤案及其他侦查活动的情况难以及时掌握，难以及时纠正执法过程中的违法现象，并且与公安机关就监督事项的落实情况沟通较少，监督力度较小。[②] 由于我国目前仍处于"流水线结构"的刑事诉讼格局，公安机关和检察机关在侦查、起诉阶段分别行使职权承担职责，呈现侦查、起诉权力分隶的特征。我国的侦查环节因此形成了极大的封闭性特征，刑事诉讼法将侦查阶段的绝大多数权力，包括任意或强制侦查活动的决定权、执行权甚至是救济权都赋予了公安机关，绝大多数侦查活动都在公安机关体系内形成了一个无障碍运行的闭环。与之相反的是，目前我国立法只为检察监督侦查提供了"立案监督"与"审查批捕"两个渠道，因此通过检察发现、识别侦查活动违法的视野和路径在此立法基础上极其有限。根据《宪法》和《刑事诉讼法》的原则性规定，检察机关对于侦查机关的一切诉讼行为包括强制措施和一般调查行为以及诉讼过程行为都享有监督的权力。而以上两种监督路径显然不能满足检察监督侦查的广泛性。

要为检察监督提供常态化的监督渠道，首要问题就是要为检察机关提供

---

① 胡铭：《全域数字法治监督体系的构建》，载《国家检察官学院学报》2023 年第 1 期。

② 刘文晖、马倩如：《山西：在公安机关设立侦查监督检察室成效明显》，2016 年 5 月 9 日，载中华人民共和国最高人民检察院网站，https://www.spp.gov.cn//dfjcdt/201605/t20160509_117499.shtml，最后访问时间：2023 年 4 月 20 日。

广泛的监督线索。司法数据是司法活动过程中的事实观察结果,承载着司法运行过程未经加工的原始素材,检警之间的数据共享能够为监督侦查提供最广泛、最真实的线索来源。此外,监督活动的目的除发现已经发生的违法行为以外,还具有对当下和未来的违法行为及时制止和进行威慑的作用,即所谓的"过程性"监督。信息的及时共享是实现"过程性"监督的基础。把数据共享作为侦查监督的"基础工具箱",依靠数据的整合、碰撞、分析,达到对违法侦查行为的事前预先警示、事中及时发现、事后精准处理,提高侦查监督效率与效力。

(二)检警数据共享对协作配合的促进意义

从公诉引导侦查方面来看,检警之间协作配合的质量也离不开有效的信息交换。随着以审判为中心的司法改革深入,庭审实质化对检方举证质证提出了更高的要求。在侦诉分离的体制下,面对千头万绪的案件情况以及层出不穷的新型犯罪,侦查活动往往因为缺乏方向感而事倍功半,难以有效支持公诉,刑事指控的规范性和效率性也亟待提高。为了应对这一困境,在《2018—2022年检察改革工作规划》中最高人民检察院提出了要"健全完善以证据为核心的刑事犯罪指控体系"。检警之间的数据共享对构建科学的刑事指控体系,加强公诉对侦查活动的指引有着重要作用。公诉对侦查的指引可以分为具体指引和抽象指引两种方式。具体指引就是指对某个具体案件的侦查活动进行引导,通常通过检察提前介入引导侦查来实现,抽象指引则是通过发布相关行动规范的方式实现。

目前检察机关开启提前介入的情形有以下三种:第一,《人民检察院刑事诉讼规则》(以下简称《人民检察规则》)第256条规定的,符合"重大、疑难、复杂案件"+"检察院认为有必要"两项条件的情形;第二,《刑事诉讼法》第87条规定的,提请逮捕时期,确有必要时检察机关可以派人参加公安机关对于重大案件的讨论;第三,《刑事诉讼法》第134条规定的,人民检察院审查案件过程中,对公安机关的勘验、检查,认为需要复验、复查之时,可以派检察人员参加。目前,提前介入的启动存在信息来源滞后的问题。在以上三种启动情形之下,检察机关对公安侦查案件情况的了解程度决定着提前介入启动的情况。在司法实践中,公检之间的办案信息并非实时全面共享,检察机关要想随时关注到哪些案件需要提前介入的渠道十分有限,主要靠公安机关提出申请，或是阶段性地批量审查案件信息的方式来获得。检察机关启动提前介入的程序存在一定的滞后性，人民检察院自主提前介入的范围太窄，主动权太小，不利于发挥提前介入机制的功能。解决这一问题的关键在于公检双方的办案信息及时共享，公安机关立案侦查的所有案件都应当向检察机关报备，检察机关根据案情及时参与。虽然我国刑事案件数量庞大，短时间内要做到全部共享还存在难度，但目前已经有部分地方检察机关做出了有益探索，可吸取其相关经验。例如，四川省南部县采取派驻专门检察官的方式，对公安机关"八类案件"的立案和侦查活动进行提前介入。[①] 可将此种方式概括为重点类型案件立案同步监督模式，率先试验对重点案件信息进行全面共享。

三、我国检警数据共享现状

（一）检警数据共享基本情况梳理

如上所述，中共中央、国务院已将数据视为一种新的生产要素，[②] 而作为释放要素的关键环节，数据资源的开放共享、交换流通成为必要手段。在司法领域，我国也一直不断探索司法的信息化、智能化发展，以期提高司法效率，促进司法公正。聚焦于本文所讨论的刑事诉讼领域审前阶段，在我国宪法对检警之间相互配合、相互制约的要求之下，以及随着"以审判为中心"改革的不断推进，检察机关对侦查成果的要求也不断提高，对侦查的规范性、高效性的要求也随之提高，检警数据共享也已然成为实现以上要求的必要手段。因此，检警数据共享是适应当前司法形势的必然趋势，以及当前多个司法政策实施推进的必要环节。为更进一步了解当前我国检警数据共享的基本情况，下面从不同角度对我国检警数据共享路径作简要的分类与梳理。

第一，传递数据的方式基本采取线上线下相结合的模式。目前我国检警信息共享主要通过线上和线下两种途径，两种途径各有优劣。线下信息共享主要通过检警之间定期通报制度、检警同堂培训、检警联席会议和业务研判

---

① 刘子阳、张晨等：《检察机关频频提前介入热点案事件引关注》，载《法制日报》2018年9月5日，第3版。

② 2022年4月，中共中央、国务院发布《关于构建更加完善的要素市场化配置体制机制的意见》，将数据同土地、劳动力、资本、技术等传统生产要素并列。

通报、重大案件意见听取制度来实现。线下信息共享模式的优势在于保密性好、安全性高，其缺陷则在于时间上的滞后性，并且在数字化办案越来越普遍的如今，线下可共享的信息数据存在不全面之处。线上信息共享则是指通过互联网互通来达到信息传递目标的方式。线上信息共享模式的优势在于共享的便利性和及时性；缺点则在于线上共享容易受到网络安全性的影响，对侦查保密原则产生威胁。两种共享模式各有其可取之处，目前司法实践中的检警数据共享基本采用线上线下相结合的模式。

第二，关于数据共享依托的线上平台，可分为依托公安执法办案系统和重建数字平台两种方式。依托公安执法办案系统模式是目前检警线上信息共享最主流的方式，这种模式成本较低，无须再进行司法数据的重复构建，并且不会出现数据缺失的情况。此外，依托公安执法办案系统的共享方式具有数据"原始性"的优势，即公安执法办案系统是对执法过程的最初线上记录，该系统充分详尽地记录着公安机关办理刑事案件以及部分行政案件的信息采集、讯问询问、提取辨认、案物保管、体检送押等诸多数据，是最有价值的侦查监督线索来源。目前，我国多地检警机关都采取了这种信息共享模式。例如，上海市在依托公安机关设立"数字化执法办案管理中心"的背景下，检警双方共同设立了侦监协作办公室，全流程衔接公安法制部门线上执法监督职能。① 依托公安执法办案系统具有一定优势，但检察机关想要对有关数据进行查询必须先向公安机关申请，此时数据的拥有者依旧是公安机关。公安机关对自己的数据有绝对的处置权，有权决定是否同意检察机关的查询申请，这将导致侦查监督存在一定的滞后性和被动性。因此，有的地方探索了新建数字平台的路径。例如，北京市政法办案智能管理系统（BJCM）就是在中央和市委统一工作部署下推进成立的智能化应用。②

第二，从数据共享的时间节点来看，可分为定期审查模式与实时监督模式。例如，重庆市江北区检察院便采取了实时监督模式，重庆市江北区检察

① 张苏茜：《关于侦监协作机制的理论与实践，这次探讨信息量很大》，2023年2月20日，载微信公众号"最高人民检察院"，https://mp.weixin.qq.com/s/dGAH3IgaFrObL2LBTB7TJw，最后访问时间：2023年8月10日。

② 《北京市检察院出台35条意见健全完善与以审判为中心相适应的刑事检察工作机制》，2018年8月8日，载中华人民共和国最高人民检察院网站，https://www.spp.gov.cn/zdgz/201808/t20180808_387716.shtml，最后访问时间：2023年4月27日。

院与公安局研发了 110 可视化系统监督平台，变"卷上监督"为"屏上监督"。具体方式为在侦查监督与协作配合办公室中介入 110 可视化系统，对公安机关接处警情况进行实时同步监督，办公室副主任的主要职责之一就是每天面对显示屏紧盯监控画面进行监督。① 此外，更多的地区采取了定期审查模式。例如，河南唐河，检察官通过查阅公安治安、刑事办案网络系统和公安机关执法办案中心平台信息系统履行监督职责，定期对公安机关办案系统中的刑事案件实施动态法律监督。② 浙江绍兴，公安机关需定期向检察机关通报执法信息，包括公安机关刑事报案、立案、刑事拘留、取保候审等，以及检察机关不捕、不诉案件的后续处理情况等执法信息。③ 福建泉州也建立了检警"双向信息定期通报机制"，完善监督线索流转、办理、反馈、监督等环节。④ 定期审查模式与实时监督模式也各有其优缺点。定期审查模式能够减少检察官的工作量，更适应我国目前案多人少的司法现状，但存在监督滞后的问题。而实时监督模式更能满足过程性监督的要求，能够及时干预，更为彻底地减少不规范侦查行为的发生。

第四，从数据分享的方向来看，可以分为单向反馈与双向共享模式。目前，检警数据共享基本依靠公安执法办案系统平台，其数据基本是以侦查数据为基础，绝大多数地区只实现了数据从公安机关到检察机关的单方面输送，而检察机关所掌握的信息很少能流转到公安机关。然而，检察机关的信息共享对促进"侦诉一体化"改革也有重要意义，检察机关取证指引能够为侦查活动提供方向。有些地区已经对检警之间的双向共享进行了实践探索，如上海市除了依托公安机关的执法办案系统进行全流程线上执法监督，在金山、长宁等区检察院也已完成将检察工作网接入侦监协作办公室，并在系统中内

---

① 满宁、李毅磊等：《变"卷上监督"为"屏上监督"》，载《检察日报》2022 年 7 月 18 日，第 1 版。

② 刘立新、牛凌云等：《检警数据共享带来可喜变化——河南唐河：侦监协作提升办案质效》，载《检察日报》2023 年 3 月 26 日，第 1 版。

③ 吴闻哲：《构建"大控方"格局，今后绍兴检警将定期共享这些信息》，2020 年 4 月 24 日，载微信公众号"绍兴检察"，https://mp.weixin.qq.com/s/rJz2rMFnsI9XvQuwR3O_JA，最后访问时间：2023 年 8 月 10 日。

④ 《信息互通共享，检警双赢共赢》，2022 年 4 月 29 日，载微信公众号"泉州市人民检察院"，https://mp.weixin.qq.com/s/MWD_yyjLQKvweSVZ_jxHlQ，最后访问时间：2023 年 8 月 10 日。

嵌补充侦查、监督反馈等侦监协作模块,为检警信息双向共享提供便利条件。[①]

(二) 存在的问题分析

首先从认知层面来看,检警双方对数据共享的认识还存在较大差异。检警两机关都分别拥有自己专属的数据,检察机关掌握公诉数据,公安机关掌握侦查数据,两机关对于自己所拥有的数据具有绝对的占有和处分的权力。且由于公检之间一直以来习惯了侦诉分离、分工负责的工作方式,同时因很多数据涉及工作成绩考核等重要利益,导致检警之间对各自的信息往往尽量保密,对于数据共享工作也保持被动的态度。检警之间应在多大范围内实现信息互通?基于公安执法办案系统的共享机制,检察官对于哪些信息可以申请查看?申请是否需要得到公安机关的批准?而哪些侦查活动是公安机关必须主动向检察机关共享的?检察机关需要在什么时候向公安机关提供指引?对于以上问题,目前检警双方还存在着相当程度的认识差异。

其次从规范层面来看,当前立法领域的空白导致检警数据共享的规范性不足。目前我国检警数据共享主要依靠各个地方机关双方会签文件进行规范,并未在立法层面出台有关检警数据共享的相关规范,这与我国刑事司法数据应用的广泛性不相匹配。各个地方的公检机关之间未形成统一的数据采集、运用、销毁标准,并将相关的平台建设工程交由不同的科技公司进行设计,各种名目繁多的司法信息系统使得检警之间的数据难以共享贯通,数据碎片化严重、完整性不足。程序维度上缺乏统一性和规范性,容易产生重复建设、无效建设、不规范建设的问题。内容维度上共享数据实用性不强,共享的数据范围较窄。简而言之,目前检警数据共享基本处于混乱的自建期,各个地方的共享内容、共享程序、共享权利义务责任分配都未形成统一合理的机制,难以实现长效性、实效性的共享目标。

再次从技术层面来看,当前检警数据共享技术尚未满足共享的实际需求。一方面检警数据库体系标准不一致。检警机关之间、各个地方机关之间的业

---

① 张苏茜:《关于侦监协作机制的理论与实践,这次探讨信息量很大》,2023 年 2 月 20 日,载微信公众号 "最高人民检察院",https://mp.weixin.qq.com/s/dGAH3IgaFrObL2LBTB7TJw,最后访问时间:2023 年 8 月 10 日。

务应用系统通常由不同的研发公司制造，数据之间的交流与传播存在兼容性问题，这些技术壁垒往往导致检警数据共享滞后且成本较高。另一方面，保障数据共享的人、财、物供给不足，数据共享所依靠的硬件设施以及相关软件系统的设计与更新成本往往高于传统项目，经济较发达地区与落后地区之间的设施更新程度不同，同时目前检警机关缺乏专职收集、统计、整理、分析司法数据的专业人员，以上种种技术问题都不利于数据共享工作的推进。

最后从权利保障角度分析，检警数据共享过程中对个人信息的保护不足。根据数据生命周期理论可将司法数据共享分为收集、处理、存储、分析、使用五个阶段，每个阶段都有个人信息泄露的风险。[①] 相对于普通数据，司法数据更有其特殊性，尤其涉及刑事案件的信息泄露有可能对犯罪嫌疑人的名誉造成损害，甚至对案件有关证人的人身安全产生威胁，因此保护司法数据中的个人信息就显得格外重要。保护数据中的个人信息的方式主要有对个人信息进行分级保密处理，以及规定相关信息泄露后的救济途径和追责机制。但目前检警数据共享过程中并未对个人信息做出特殊保护。

上述问题可能是由以下原因造成的：首先，对侦查保密性的担忧。检警数据共享迟迟难以推进的一个重要原因在于侦查秘密原则，如何平衡共享信息与侦查所需的保密性是检警数据共享过程中不可回避的难题。目前，我国并没有设立对侦查活动的司法审查机制，加之线性诉讼结构带来的侦查阶段过度封闭，在这样的侦查控制体制下，适度的侦查公开是必要的，尤其是检警之间的公开。正如学者所说，控制侦查是检察机关与生俱来的"天命"。[②]检警之间适度的数据公开可以实现检察监督侦查权的行使，加强对违法侦查行为的控制。当然不能否认，检警数据共享确实会带来有关侦查的敏感关键信息泄露的风险。但这种风险并非无法解决。坚持秘密侦查原则的几个主要原因在于：防止犯罪嫌疑人逃跑；防止干扰作证；鼓励知情人提供犯罪有关情况；保护无罪的嫌疑人的名誉受损。[③] 为了实现这些目标，对数据共享的过程可以从数据共享的内容、程序以及相关责任的分配等方面来规范，以此最

---

① 张静芝：《司法数据共享中个人信息风险及法律规制》，载《社会科学论坛》2023 年第 2 期。

② 魏晓娜：《从"捕诉一体"到"侦诉一体"：中国侦查控制路径之转型》，载《政治与法律》2021 年第 10 期。

③ 孙长永：《侦查程序与人权》，中国方正出版社 2000 年版，第 34-37 页。

大限度地降低侦查信息泄露的风险。

其次，考核影响。目前我国的司法考核仍属于行政主导方式，考核结果是司法工作人员任职、晋升、获奖的主要依据，绩效考核已经成为一种对司法活动的事后监督形式。[①] 考核指标在司法活动中发挥着不可小觑的作用，甚至被称为司法工作人员的行动风向标。数据共享的内容将涉及考核用到的指标，这也会导致相关主体对共享产生抵触心理。目前我国检察机关对警察的业绩考核并没有实质的话语权，这也弱化了检察机关对警察的监督。通过共享数据，逐步增加检察机关对侦查工作质量考核的话语权，有助于树立检察机关监督侦查工作中的权威。

最后，立法原因。虽然目前我国出台的多个政策文件中都涉及了司法数据的应用，但并未在立法层面对司法数据共享做出明确规范。目前，检警之间的数据共享主要通过双方会签文件的形式来实现和予以规范。由于缺乏高位阶规范的指引，各地检警机关的会签内容也就各不相同，数据共享的规范性不足。应在立法层面，统一检警数据共享的建设标准、统一软件平台、明确查询条件和要求，以此减少重复建设和数据库不完善的问题。

四、科学构建检警数据共享机制

(一) 检警数据共享的内容

检警数据共享具有正当性和可实现性，符合侦查效率性和规范性的要求，但基于侦查保密性等原因，检警之间的数据共享工作暂未有较大的实质性进展。目前对数据共享的讨论多在于平台技术与制度框架方面的建设，对数据共享的内容之讨论还较为匮乏，但对共享内容的不同认识才是检警数据共享进程停滞的关键所在。检警之间对数据共享的程度、信息交换的范围还存在较多争议，检警双方需要根据工作重点对共享的信息数据进行筛选。共享内容的筛选应当以促进"侦诉一体化"改革为目标，筛选过程中应当重点考虑侦查监督的需求以保障侦查活动的合法性，以及检警协作配合的需求以保障侦查活动的高效性。

首先，公安机关应当将刑事的立案、撤案以及重大侦查行为的相关情况

---

① 龙宗智：《试论建立健全司法考核机制》，载《政法论丛》2018年第6期。

与检察机关共享。立案、撤案以及重大侦查行为对应着侦查活动的入口、过程、出口，掌握这三个环节的信息是实现检察机关全过程侦查监督的前提条件。目前检察机关对公安机关的立案、撤案监督效果还不甚理想，我国《刑事诉讼法》第113条规定了检察机关对公安机关的立案监督权，而就在立法规定公安机关应当听从检察机关的立案纠正意见的情况下，据统计公安机关对检察纠正意见的采纳率也并非百分之百。司法实践中检察机关通常依靠阶段性批量审查的方式对公安机关的立案、撤案情况进行监督，这种监督方式存在滞后性，且监督过程不够连贯导致监督效力较弱。应当实现检警之间的立案、撤案情况实时共享，同时还应设置公安机关对立案、撤案检察监督意见的反馈机制，对于立案、撤案的相关理由进行及时的信息互通，同时通报对检察意见的处理情况，加强督促公安机关规范立案、撤案。重大侦查行为通常是指涉及犯罪嫌疑人人身权和财产权的相关措施，主要指强制侦查措施以及查封、扣押、冻结等大量由公安机关自行决定、实施的行为。在此类侦查行为的实施过程中法检司法力量无法介入。为提高此类侦查行为的规范性，在决定实施该侦查行为时应当将该决定向检察机关报备并附明相关理由。

其次，公安机关应当将案件的讯问同步录音录像与检察机关共享。在我国，刑讯逼供是造成冤假错案的重要原因，甚至是直接原因。[1] 2010年赵作海案中严重的刑讯逼供以及在证据收集和运用方面存在的严重问题在社会上，尤其是法律界引起了极大震动。随后两高三部联合发布了《关于办理刑事案件排除非法证据若干问题的规定》，明确规定了公诉人应对供述取得的合法性予以证明，对于不能举证证明合法性的供述则不能作为定案根据。也就是说如果出现刑讯逼供，公诉失败的"板子"则要打在检察机关身上，对公诉机关而言提高对讯问行为的过程规制、了解讯问过程以应对非法证据出现的困境是极其重要的。而同步录音录像制度的功能恰恰就在于这两个方面——监督规范侦查讯问行为，以及作为排除非法证据需要时的证明材料。因此，检察机关应当及时全面地掌握侦查讯问同步录音录像。

检警共享讯问同步录音录像的方式有两种：一是实时共享，二是事后共享。对于实时共享，其功能主要在于监督规范侦查讯问行为，其背后的理论

① 陈永生：《刑事冤案研究》，北京大学出版社2018年版，第4页。

可参考"霍桑效应"，① 即只要意识到在被观察，人们就会有意无意地改变其行为表现使其正常，符合社会规范。但这种效应的作用效果也并非是绝对的，尤其在被观察者认为观察者其实是"自己人"的时候。因此，虽然目前在看守所内的讯问基本都会进行录音录像，但这些录音录像并非实时同步地共享给检察部门，在没有外力监督的作用下，一方面录音录像对侦查人员产生的规范性影响有限，另一方面录音录像的质量也难以保证。司法实践中经常出现讯问次数与录音录像数量不匹配，重点突破性讯问没有录音录像，以及录音录像出现黑屏、失声、卡断等问题。若在讯问过程中将录音录像实时同步共享到检察机关内网上，一方面可以使侦查人员产生更强烈的被监督感，从而提高其行为规范性；另一方面共享行为相当于变相给讯问录音录像进行了备份，能够大大提高录音录像的质量。当然，实时共享讯问录音录像也存在一定弊端，尤其明显的是技术方面的共享成本问题以及专业方面的侦查保密问题。目前我国各地的经济技术发展水平还不平衡，若一味要求所有案件的所有讯问录音录像都实时共享也并不符合实际，且会造成较大的资源浪费。鉴于此，可以先将重大案件或已经有当事人提出申诉、控告的争议案件的讯问录音录像进行实时共享，并对共享数据进行及时的清理。而对于侦查保密问题，讯问录音录像通常涉及侦查活动的关键信息，在侦查终结前其内容泄露将会产生十分不利的影响。因此，共享也要讲究方法，可以采取侦查终结前只共享视频画面不共享音频的方式，待移送审查起诉时再赋予检察机关听取音频的权限，同时采取调取音频视频登记制度，将责任追溯到个人。对于事后共享，有学者做过相关实证调研发现，在司法实践中公安机关随案卷移送讯问同步录音录像的比例很低。② 从立法层面上来看，法律并未强制要求侦查机关将所有讯问同步录音录像附卷移送审查起诉。根据《人民检察规则》的规定，人民检察院对于公安机关立案侦查的案件发现存在违法情形时可以调取讯问犯罪嫌疑人的录音录像。但应注意的是，2019 年对《人民检察规则》进行修改时，在第 75 条规定了公安机关未提供讯问录音录像的，人民检

---

① 霍桑效应（Hawthorne Effect）是梅奥根据霍桑实验的结果提出的，即人们在意识到自己受到关注时倾向于朝较优的方向改变自己的行为。

② 谢小剑：《苏州审判阶段运用讯问同步录音录像的实证分析——以 Y 区法院为样本》，载《法治研究》2016 年第 6 期。

察院经审查认为不能排除有刑讯逼供等非法取证行为的，相关供述不得作为批捕、起诉的依据。该条款变相说明了立法并未强制要求公安机关提供同步讯问录音录像。这一要求无疑削弱了检察机关通过审查同步录音录像对讯问行为进行规范的功能。笔者建议在检察机关要求调取同步录音录像的情况下，尤其在案件已经移送审查起诉后，应强制要求公安机关配合提供，以满足检察机关在公诉过程中应对被告人提出非法证据排除的审查需求。

再次，公安机关应当将犯罪嫌疑人及其辩护人反映的情况与检察机关共享。此类信息是检察监督侦查的重要线索来源，主要是指犯罪嫌疑人一方的申诉、控告，以及辩护人的意见。我国《刑事诉讼法》第117条规定，犯罪嫌疑人一方对司法机关及其工作人员实施不法侵权行为有进行申诉、控告的权利。与此同时，法律将原行为机关设置成了申诉、控告的第一救济主体，此种自我监督的救济方式之下，再加之犯罪嫌疑人一方的信息获取能力、法律专业能力等多方面劣势的原因，申诉、控告条款的实践效果并不理想。当事人申诉、控告需要检察监督的助力。根据第117条的规定，检察机关是申诉、控告行为的复议机关、最终处理决定机关、复议决定督促落实机关。可见，检察监督助力当事人申诉、控告也是法律的实然要求。因此，申诉、控告应当从原来的公安机关单一主体受理转为检警双主体受理，公安机关应当将当事人的申诉、控告的相关情况与检察机关实时共享，保障当事人的申诉、控告权。此外，还要高度重视辩护律师在侦查阶段提出的相关意见的共享，辩护律师经常能够提出有利于犯罪嫌疑人、被告人的事实、证据和理由，这从不同角度完善了侦查的可靠性，对于弥补控方调查取证的不足，协助庭审环节法官正确认定案件事实具有重大意义。

最后，检警双方应对各自掌握的案件情况、面临的难题进行交流共享。为保障侦查保密性以及提高工作效率，此类数据信息可采取线下共享的方式来进行。"侦诉分离"体制导致的一大困境就是公诉工作与侦查工作的过度独立，侦查活动未以公诉标准进行侦查取证工作，两者配合效率不高。为了提高侦诉配合效率，检警双方应及时对案件情况进行交流。对于侦查机关而言，应当在保障侦查保密性的基础上，及时地与检察机关交流案件进展，特别是面对不确定的法律问题要及时地向检察机关提出，保证侦查工作与公诉工作指向的一致性。对于检察机关而言，应将公诉所要求的取证规范及其掌握的案件情况与侦查机关共享。构建科学有效的取证指引制度，引导侦查工作以公诉标准完善证据链条。取证指引既可以通过线下对个案提前介入的形式进行，也可以通过对类案的归纳分析制定具体规则进行宏观指导，取证指引制度的内容应包括实体层面的指引与程序层面的指引。但需注意的是，取证指引制度的构建意在检察机关对证据收集在意见层面提供指引，而非实质性参与取证，更不能由检察机关代位行使侦查权力。加强检警双方对案件情况的交流互通既是规范侦查工作的有效手段，也是建立以审判为中心的大控方体系、形成检警有效合力的必然要求。

（二）检警数据共享的程序

首先，关于数据共享的开启。与此紧密相关的问题是数据的分类分级，已有学者提出了利益分析、风险识别、面线结合的刑事司法数据分类分级路径。① 聚焦到本文所探讨的检警共享数据范围内，一方面要将个人数据与非个人数据区分开来作为大的分类，两种类别的数据再分别进行不同级别的区分。另一方面要考虑侦查保密性因素，根据数据涉及的侦查保密程度对以上两个大类的数据进行级别划分。数据共享带来的两个重要风险分别是对个人信息的侵犯以及对侦查保密原则的调整。个人信息的泄露，尤其是刑事司法领域的信息泄露，一方面会对犯罪嫌疑人的名誉造成不利影响，另一方面有可能对被害人造成二次伤害。为了尽量避免以上情况的发生，将数据分为个人信息数据与非个人信息数据是第一要务。按数据共享的启动方式，可将其划分为自动共享、警方要求共享、检方要求共享三种情况。对于非个人数据以及保密性较低的文件资料，如检方所掌握的公诉对取证的要求，此类资料应当自动在检警双方共享。而对于非个人数据但保密级别较高、个人数据但保密级别较低的数据都需要由检警双方提出要求才能共享，而检警双方提出要求对方共享与案件情况相关的数据资料时，对方无特殊理由一般不得拒绝。而重要的个人数据和保密级别极高的数据则必须是无其他方式可确定重要事项时，且经由最严格的审批程序才能共享。此外，数据共享并非一个单纯的数据传输行为，其背后还包括数据的保存、复制、分析等数据二次使用的行为，数据的二次使用权也应当根据数据的不同级别分别赋权。而当检警双方面临

---

① 郑曦：《刑事司法数据分类分级问题研究》，载《国家检察官学院学报》2021年第6期。

是否可以共享的争议时，应先在立法层面查找是否有对应的法条规范，若没有法律规定应遵循检警双方签订的会签文件。在法律和会签文件都缺失的情况下，应由检警双方负责人根据案件的具体情况商议决定。

其次，关于数据共享的依托平台。检警数据共享可以侦监协作办公室为平台，采取数据共享工作的双主体负责模式。一方面，数据共享是侦监协作办公室履行职能的前提条件。自 2021 年《意见》出台以来，截至 2022 年 5 月全国检察机关、公安机关共同设立侦查监督与协作配合办公室 3662 个，实现了侦查监督与协作配合办公室全覆盖的目标。[①] 侦监协作办公室具备组织协调、监督协作、监督落实、咨询指导等职能，具体包括依法直接开展侦查监督、协助配合工作、组织检警沟通衔接、督促双方意见落实、为疑难复杂问题或刑事政策提供指导咨询等。以上这些工作都是以检警之间的数据共通共享为前提。另一方面，侦监协作办公室的双主体合作性质与数据共享的风险共担特性具有一致性。数据共享能够提高侦查行为的规范性和效率性，但与此同时也会因数据的泄露或不当使用产生一定风险，这种风险的责任分担不明也是数据共享难以实现的重要原因。建立风险共担的责任体制可以促进检警数据共享。侦监协作办公室是由人民检察院刑事检察部门与公安机关法制部门共同牵头设立，实行双负责人工作制度的组织机构，其具体工作由人民检察院指派的常驻检察官和公安机关法制部门指定的专门人员共同负责，这种合作负责的组织性质，能够为数据共享的风险共担机制建立提供平台和便利。

再次，在数据共享的过程中要平衡与侦查秘密原则的要求。出于侦查活动的秘密性、时效性等特征，数据共享应当在遵循侦查规律的基础上进行，可以从以下几个程序方面加以保障。第一，区分案件情况数据与侦查活动数据。除了由刑事司法中的公权力机关或公民所收集的、以作为证据使用为主要目的的数据之外，刑事司法活动本身亦可形成数据。[②] 前者就是案件情况数据，后者就是侦查活动数据。侦查活动数据包括立案、撤案情况，对犯罪嫌疑人实施强制措施，对涉案财物进行查封、冻结、扣押等程序性情况。侦查

---

① 史兆琨：《侦查监督与协作配合办公室全覆盖工作推进会召开》，2022 年 9 月 8 日，载中华人民共和国最高人民检察院网站，https：//www.spp.gov.cn/zdgz/202209/t20220908_ 576755.shtml，最后访问时间：2022 年 10 月 22 日。

② 郑曦：《刑事司法数据分类分级问题研究》，载《国家检察官学院学报》2021 年第 6 期。

活动数据不涉及案件的具体情况，将此类数据共享符合侦查监督与侦查秘密原则的要求。第二，明确数据共享全流程的职责分配，完善数据销毁机制。数据共享并非单纯的数据流通，而是包括数据采集、数据运用、数据销毁的全流程链条。在数据共享的过程中要做到全过程留痕。第三，保障数据共享相关检警人员的工作素质。要取得进入检警数据共享平台的权限必须设立一定的门槛，由具有较高专业水平和职业素养的工作人员进行数据处理工作。

最后，保护数据共享过程中的个人信息，建立数据销毁机制。随着数据在犯罪治理过程中的重要地位与日俱增，服务于刑事侦查的数据存留及功效义务也在逐步扩张。[1] 需要进一步健全个人信息采集的管理制度，包括对数据的收集、处理、销毁全流程的规制。目前，我国针对民商事活动中个人数据信息的收集、加工、更新、存储、删除等环节的个人信息保护义务和数据安全保障义务都做出了相关规定，[2] 但针对司法数据的销毁机制却鲜有提及。作为数据安全的最后一环，数据销毁机制能够最大限度地保障个人信息的安全。应对检警共享数据中涉及的个人信息进行保密处理，并明确销毁的时间、方式、义务主体。

五、结语

随着网络信息革命的不断深入，我们的社会逐步跨进了数字化时代，数据已然成了重要的法律资源之一。在触网案件体量不断扩大以及以审判为中心改革的双重背景下，提高侦诉配合效率成了新时代犯罪治理的必修课。在侦查权与起诉权分隶两部的格局短期难以改变的现状下，检警间数据共享能够推动构建"侦诉一体"的审前体制，引领检警关系健康良性互动，促进侦查权力规范、高效行使。当前全国各级检警机关都在积极尝试该领域的制度创新，以"数据"撬动侦查监督不力与侦诉配合低效的双重困境，检警数据共享尚未达到全国维度的规范化，要达成这一目标应在维护好个人信息权益和平衡好数据共享与侦查秘密的双重原则之下，把重点工作放于保障共享内容的清晰化、共享流程的规范化、共享技术的先进性。

---

① 裴炜：《个人信息大数据与刑事正当程序的冲突及其调和》，载《法学研究》2018 年第 2 期。
② 赵精武：《从保密到安全：数据销毁义务的理论逻辑与制度建构》，载《交大法学》2022 年第 2 期。

侵犯公民个人信息罪的法益界定研究

闻志强* 叶招思源**

（广州大学法学院，广东广州 510006；
华东政法大学刑事法学院，上海 200042）

摘 要：我国刑法规定的侵犯公民个人信息罪的法益尚未明确界定，刑法学界众说纷纭，但是大致可以概括为两种学说：一是个人法益说，二是超个人法益说。侵犯公民个人信息罪具有社会属性不意味着超个人法益说的成立，其鲜明的个人属性也使该学说难以自洽。此外，超个人法益说存在刑法规制过度前置化的疑问，考察我国立法规定，超个人法益也仅处于本罪保护法益的次要地位。有鉴于此，应当坚持个人法益说。个人法益说内部存在不同的观点，大体包括隐私权说、一般人格权说、财产权说、个人信息自决权说以及个人信息权说。总体来看，个人信息权说较为妥当。个人信息权说承认个人信息权是一项独立的综合性权利，其内容为"人格权+财产权+自决权+其他法益"。个人信息权说相较于其他个人法益学说具有独特优势，即周延性、符合可识别性和公民维权便利性。因此，将侵犯公民个人信息罪的法益定位为个人法益说下的个人信息权是合理妥当的。

关键词：侵犯公民个人信息罪；超个人法益；个人法益；个人信息权

基金项目：广东省哲学社会科学"十三五"规划项目"人脸识别的法律风险前瞻与刑法应对"（GD20YFX01）阶段性成果。

* 闻志强，广州大学法学院讲师，硕士研究生导师，早稻田大学比较法研究所研究员，广东省社会科学研究基地"国内安全与社会稳定研究中心"研究员。

** 叶招思源，华东政法大学刑法学专业硕士研究生。

一、问题的提出

互联网与大数据、人工智能（AI）、区块链、物联网、身联网等技术的有机结合，给传统的物态社会带来了颠覆性的革新，数字经济、数字社会、数字时代和数据人、数字人、虚拟人应运而生，引发了新一轮的知识革命、科技革命和社会革命，也让作为主体、主角的"人"在信息网络时代进入了一个全新的空间和范畴。无所不包的大数据提供了无尽的储存空间，破解了"信息孤岛"难题；无所不纳的区块链促进了网络去中心化的发展，打破了数据垄断；无所不能的人工智能将信息碎片拼凑成完整的可用信息，带来了巨大的社会效益。然而，没有不会产生弊的利，新事物的萌生总是伴随着不确定性甚至风险。在这种背景下，公民个人信息的保护逐渐虚空化，针对公民个人信息的犯罪也越来越多。学校任职人员利用职务之便将学生信息售卖给教育培训机构、网络贷款公司非法购买海量的个人信息、个人非法获取他人信息进行犯罪等，都给法律特别是刑法带来了严峻的挑战。为了遏制此类现象，我国《刑法》第 253 条之一增设了侵犯公民个人信息罪。其中法条明文规定，"违反国家有关规定，向他人出售或者提供公民个人信息，情节严重的，处三年以下有期徒刑或者拘役，并处或者单处罚金；情节特别严重的，处三年以上七年以下有期徒刑，并处罚金"。该罪的制定，不仅严厉打击了侵犯个人信息的不法行为，也保护了公民的信息权益等合法正当诉求。然而，该罪保护的法益在刑法理论上至今仍纷争不断，这将影响本罪司法适用的统一性和准确性。"刑法的目的与任务是保护法益，即为了使法益不受侵害或者威胁而制定刑法。"[①] 如果不能正确解读侵犯公民个人信息罪的法益，就无法确定该罪规制的行为类型和处罚范围即犯罪圈和刑罚圈，法益对该罪的立法指导功能和司法指引效果也将无从发挥。概而言之，目前刑法理论界与司法实务界对侵犯公民个人信息罪的法益界定存在不同解读和看法，聚讼争议，尚未达成共识。但是，大体上可以概括为两种存在分歧、对立明显的学说，即个人法益说与超个人法益说。[②] 由此，侵犯公民个人信息罪的刑法解释和司

---

① 张明楷：《法益保护与比例原则》，载《中国社会科学》2017 年第 7 期。

② 参见刘艳红：《侵犯公民个人信息罪法益：个人法益及新型权利之确证——以〈个人信息保护法（草案）〉为视角之分析》，载《中国刑事法杂志》2019 年第 5 期。

法适用引发了值得思考和亟待解决的重要问题，即侵犯公民个人信息罪的法益究竟如何定位较为妥当，其具体内容又如何解读，如何兼顾公民个人信息保护和关联犯罪的打击惩治从而取得最大最优效果。对此，有必要深入考察本罪的立法背景，探求法条背后的立法精神和意旨，并结合前置法从法律体系的整体视角出发以明确本罪的法益定位，从而指导司法实践准确理解和适用本罪。

二、超个人法益说之否认

超个人法益，又可称为集体法益、整体法益、公共法益、社会法益等。该法益的核心是维护秩序和公共利益，其中，公共安全、社会主义市场经济秩序、社会管理秩序等均系超个人法益。[1] 超个人法益说从宏观角度看待个人信息，将个人信息置于国家层面和社会层面来评价，具体可分为两种代表性观点。一是公共信息安全说，该说认为，侵犯公民个人信息的行为只有对公共信息安全法益造成损害之时，才能构成犯罪。[2] 二是社会信息管理秩序说，即认为"公民个人信息只是法益中的物理内容，当其被赋予社会信息管理的外衣时，其内涵才得以全部阐释"。[3] 我们认为，侵犯公民个人信息罪保护的法益如此界定，并不妥当。

（一）本罪犯罪对象具有的社会公共属性不能证成超个人法益说

本罪的犯罪对象直指公民个人信息，但此处需要廓清一个问题，即刑法中的"公民个人信息"的内涵是否与其他部门法意义上的"个人信息"一致。刑法学界对此有三种不同的观点，分别是"一致说""扩张说"及"限缩说"。[4] 我们认为，两者的内涵并没有本质区别。一则，公民个人信息不能限缩为隐私信息，这会缩小刑法对个人信息的有效保护范围。二则，进入刑法和部门法视野的个人信息都需要具备可识别性，包括直接识别和间接识别。刑法中能够识别特定个人的信息，当然也符合部门法的信息范畴，"扩张说"

---

[1] 姜涛：《社会风险的刑法调控及其模式改造》，载《中国社会科学》2019 年第 7 期。

[2] 参见刘艳红：《侵犯公民个人信息罪法益：个人法益及新型权利之确证——以〈个人信息保护法（草案）〉为视角之分析》，载《中国刑事法杂志》2019 年第 5 期。

[3] 凌萍萍、焦冶：《侵犯公民个人信息罪的刑法法益重析》，载《苏州大学学报》（哲学社会科学版）2017 年第 6 期。

[4] 参见汪东升：《个人信息的刑法保护》，法律出版社 2019 年版，第 52 页。

实际上已经无从扩张。因此，本文支持"一致说"，认为"公民个人信息"和"个人信息"的概念是一致的，下文对两者也不再进行区分。

1. 公民个人信息的社会属性不一定指向超个人法益

第一，保护公民个人信息固然具有维护社会秩序和公共安全的作用，但不能认为维护社会秩序和公共安全就一定导向超个人法益。超个人法益必然有维护社会管理秩序与公共安全的功能，但是具有此功能的法益未必是超个人法益，即两者是充分不必要关系。例如，拐卖妇女、儿童的犯罪行为毫无疑问会对社会管理秩序产生恶劣影响，但拐卖妇女、儿童罪保护的法益是妇女、儿童的人身自由权和人格尊严，属于个人法益。此外，综观我国刑法分则第四章，每个罪名或多或少都有维护社会秩序的直接或者间接作用，但因其个人法益特征更加明显，才被规定在侵犯公民人身权利、民主权利罪之中。"集体法益与个体法益之间不是非此即彼关系（A 或 B）",[①] 保护个人法益的同时也有利于维护超个人法益，即维护秩序。因此，侵犯公民个人信息罪具有维护公共信息安全和社会信息管理秩序的功能，也可以视为是个人法益对超个人法益的积极辐射作用，但不能以偏概全地认为该罪的法益就是超个人法益，这实际上属于喧宾夺主，也使得人身权益、人格尊严等核心的人作为法律主体的立身之本消融在社会公共利益的话语体系之中，这并不符合法律特别是刑法以人为本的出发点和价值目标。

第二，公民个人信息的正确运用可以促进经济社会发展和公共福祉，但用此作为超个人法益说的支撑依据，尚存疑义和不足。在大数据和数字时代背景下，数据的收集、分类、聚合、重组、分析都会带来超乎想象的巨大经济效益和社会效益，是社会发展的强大驱动力。然而，个人信息保护与社会发展是一体两面的，不可偏废，一味追求发展而放松对个人信息的保护并非长久之计。《刑法修正案（九）》扩大了侵犯公民个人信息罪的处罚范围，更加严格地规范了个人信息的使用方法，便是对惩治侵犯公民个人信息犯罪、加强个人信息保护的回应。虽然这会给信息流通带来一定的掣肘，但是从长远来看，有益于兼顾社会发展与个人利益保护。据此，公民个人信息虽然带有社会属性，对其利用也可能对经济社会发展带来不可忽视甚至潜力巨大的

---

① 姜涛：《社会风险的刑法调控及其模式改造》，载《中国社会科学》2019 年第 7 期。

积极价值和现实利益，但不意味着其能推导出超个人法益定位，更不意味着减轻对个人法益的保护。即使认可个人信息可能具有超越个人范畴的社会价值和公共属性，但前提也是建立在承认个人信息的独立性、个体性并对个人信息本身保护的基础上才能间接得以实现的。因此，超个人法益说的观点难谓妥当。

2. 公民个人信息贯穿始终的个人属性使超个人法益说逻辑难以自洽

侵犯公民个人信息罪的犯罪对象同时具有个人属性和社会属性，使其与传统的超个人法益犯罪有所不同。我国《刑法》第 170 条规定的伪造货币罪是典型的超个人法益犯罪，其犯罪对象是货币，该罪侵犯了货币的发行权，但不会侵犯到特定个人对其所拥有的货币的权利。对比之下，犯罪分子针对信息进行犯罪时，不仅侵害社会秩序，还侵入公民的个人领域，使信息脱离个人的掌控并带来隐患甚至现实损害。这种差异，导致了侵犯公民个人信息罪陷入了个人法益与超个人法益的交叉地带。然而，侵犯公民个人信息罪的社会属性，无论如何都无法越过贯穿其始终的个人属性，这也是个人信息独立存在、独立评价的基本内涵。

侵犯公民个人信息罪存在强烈的个人属性，这是不言而喻、鲜明具体的。公民个人信息来源于个体，没有具体的个人，信息将无从产生，个人对自身的信息拥有贯穿始终的权利。我国学界也关注到了这一点，大多数学者都将个人信息表述为与特定个人相关联的、反映个体特征的、具有可识别性的符号系统。[①] 在司法实践中，不能单独或者与其他信息结合识别出特定人的个人信息，无法进入刑法规制的范畴，也说明了侵犯公民个人信息罪立足于对个人的保护，突出了个人属性的鲜明特征。然而，超个人法益具有非排他性、非竞争性、不可分配性的特点，[②] 相对而言，公民信息的个人属性则是排他的、可竞争的、可分配的，个人信息在产生之初就天然地与个体紧密相连，而与超个人法益稀松疏离。既然刑法保护公民对个人信息所享有的个人权利，就没有理由以剥夺信息的个人属性为保护结果，使得超个人法益凌驾于公民信息的个人属性之上。

有鉴于此，超个人法益说不能跨越信息的个人属性，公共信息安全、社

---

① 参见梅夏英、刘明：《大数据时代下的个人信息范围界定》，载《中国法学》2013 年第 7 期。

② 参见马永强：《侵犯公民个人信息罪的法益属性确证》，载《环球法律评论》2021 年第 2 期。

会信息秩序等法益的确存在，但都附着于公民个人信息的个人属性，只有在其对个人法益产生威胁时才能被适用。在绝大多数情况下，为了不确定、不具体的超个人法益放弃对个人的保护，无疑是舍本逐末。因此，个人属性是公民个人信息与生俱来的重要特征，超个人法益说降低了个人法益的地位，是无法自洽的。

（二）超个人法益说可能导致刑法规制过度前置化

超个人法益说从社会公共利益的角度出发，背后的实质是集体利益、公共利益大于个人利益的思想内核，这种观点会扩大侵犯公民个人信息罪的打击射程，实质上违背了刑法谦抑的内在精神，可能使得刑法保护法益过度前置化，造成处罚范围的过度扩张并侵蚀前置法的范畴和领域。周光权教授认为，"根据刑法谦抑性的要求，法益保护都是有限的保护，只能维持在社会政策上必要的范围内，其必须与个人自由的保护之间保持平衡"。[①] 维护公共信息安全和社会信息管理秩序是刑法的使命之一，但事实上并不存在那么多"假想的敌人"，刑法不能在维护公共利益的外衣下无限制地扩张打击范围。

现如今，侵犯公民个人信息罪的相关规定已然带有超个人法益属性，若将该罪的法益进一步认定为超个人法益，将使其犯罪圈不断扩张。《最高人民法院、最高人民检察院关于办理侵犯公民个人信息刑事案件适用法律若干问题的解释》（以下简称《解释》）规定，"非法获取、出售或者提供行踪轨迹信息、通信内容、征信信息、财产信息五十条以上的"是情节严重的判断标准之一，即非法获取、出售或者提供足够数量的上述信息，无论是否对个人法益造成实际侵害，都将因触犯刑法而进入刑法的打击射程。若只是单纯获取信息，并没有对人身财产造成实质侵害，行为就没有法益侵害性，也就不值得动用刑法进行规制，交由前置法处理更为妥当。而司法实务中，不法行为一旦进入刑法规制范畴，即便不具有法益侵害性，通过实质违法性判断从而使用"但书"出罪也仅仅是少数情况。因此，以获取、出售的信息数量作为入罪的标准之一，本就有立法机械化之嫌，其犯罪圈过于宽泛。在此基础上，若将该罪的法益定义为超个人法益，将指导刑事司法进一步扩张，侵占前置法的适用空间，违背刑法谦抑的内在精神。

---

① 周光权：《中性业务活动与帮助犯的限定》，载《比较法研究》2019 年第 5 期。

（三）我国现有立法尚难以解读出超个人法益定位

一方面，从刑法规定出发，难以解读出该罪的法益为超个人法益。《刑法》第253条之一规定了该罪的构成要件，其中包含具体的实害构成要件，如"向他人出售或者提供公民个人信息""窃取或者以其他方法非法获取公民个人信息"。而超个人法益的落脚点为集体、社会和国家，在构成要件上难以做到详细描述，在举证上也颇为困难，因而一般不会设置实害构成要件。从章节安排的一般体例和顺序来看，保护法益的类别或曰侵犯同类客体的差异是刑法分则十章犯罪分类的主要依据和根本标准，将侵犯公民个人信息罪作为侵犯公民人身权利、民主权利罪一章的个罪设置，本身已经在立法层面凸显了本罪作为侵犯个人法益的定位，如果说本罪存在保护超个人法益的必要和可能，那也只能作为次要或者间接目标看待，否则本罪放置在刑法分则第六章"妨害社会管理秩序罪"中更为妥适，而立法者并未如此。

另一方面，《解释》规定了认定"情节严重"和"情节特别严重"的标准，也为个人法益占据主要法益地位提供了支撑。一是列明了具有法益侵害性的规定，作为入罪的标准。《解释》中的"违法所得五千元以上的"和"造成被害人死亡、重伤、精神失常或者被绑架等严重后果的"两项，明显是为了保护财产权和人格权而设立的。此外，"出售或者提供行踪轨迹信息，被他人用于犯罪的"和"知道或者应当知道他人利用公民个人信息实施犯罪，向其出售或者提供的"中提到的"犯罪"，可能是危害个人的犯罪，也可能是危害社会秩序的犯罪，但以前者居多。当下，侵犯公民个人信息的灰黑产业链发达，表现为上游收集数据资料，中游对数据进行加工贩卖，下游进一步实施盗窃、诈骗、绑架和故意杀人等多为侵犯个人法益的犯罪。二是列举了以"数量"为判断标准的规定，共列举了六项，如"非法获取、出售或者提供住宿信息、通信记录、健康生理信息、交易信息等其他可能影响人身、财产安全的公民个人信息五百条以上的"属于情节严重。正如上述，这些以数量为标准的规定带有超个人法益属性，但侵犯公民个人信息罪保护的法益是个人法益，并不意味着只有发生了侵害个人利益的具体结果，才能把保护的法益认定为个人法益。由于非法获取、出售或者提供信息的数量达到一定程度，会对个人法益产生潜在的威胁，为了提前保护个人法益，《解释》才把带有超个人法益属性的信息数量作为认定情节的要件之一。

归纳上述,《刑法》第253条之一和《解释》的多项规定,明显指向个人法益,而不是公共信息安全或社会信息管理秩序等超个人法益。在看待超个人法益与个人法益关系的时候,要注意分清主次,正确处理好主要矛盾与次要矛盾之间的关系。超个人法益把对公民的保护提前,在事前便对公民进行了预防性保护,应理解为对个人法益的提前保护与补充。

三、个人法益说视角下部分保护说之否定

由于侵犯公民个人信息罪的法益较为复杂,其分类标准和学说用语也有所不同,我们以其是否能够周延保护公民个人信息为分界,将个人法益学说分为两类:一类是保护周延度有待提高的学说即部分保护说,即隐私权说、一般人格权说①、财产权说和个人信息自决权说②;另一类则是综合保护公民个人信息的学说即全面保护说,亦即富含综合性权利的个人信息权说③。经过认真思考和比较分析,我们认为部分保护说均存在不足,不能充分说明本罪所保护的法益。

(一)隐私权说

隐私权说的基本观点为,侵犯公民个人信息罪保护的法益为公民个人的隐私权,刑法中的个人信息是指一般公民不随意公布、涉及公民隐私的个人信息。④ 例如,有学者认为可以将某些罪名侵害的法益确认为"隐私权",并在刑法分则第四章下专设一节"侵犯隐私权的犯罪",侵犯公民个人信息罪作为具体罪名被囊括其中。⑤ 近年来,随着各部门法相关研究的推进,隐私权说的观点已经鲜少被提及,从而作为单一化观点被逐渐边缘化。

第一,采用隐私权说将不当缩小侵犯公民个人信息罪的规制范围。民法典将隐私定义为"隐私是自然人的私人生活安宁和不愿为他人知晓的私密空

---

① 王利明:《论人格权商品化》,载《法律科学》2013年第4期。

② 参见房绍坤、曹相见:《论个人信息人格利益的隐私本质》,载《法制与社会发展》2019年第4期。

③ 刘艳红:《民法编纂背景下侵犯公民个人信息罪的保护法益:信息自决权》,载《浙江工商大学学报》2019年第6期。

④ 参见张庆立:《侵犯公民个人信息罪的法益廓清与实践认定——基于最新司法解释的考察》,载《时代法学》2018年第2期。

⑤ 参见徐翕明:《"网络隐私权"刑法规制的应然选择——从"侵犯公民个人信息罪"切入》,载《东方法学》2018年第5期。

间、私密活动、私密信息"。反观公民个人信息，《解释》将其定义为"以电子或者其他方式记录的能够单独或者与其他信息结合识别特定自然人身份或者反映特定自然人活动情况的各种信息，包括姓名、身份证件号码、通信通讯联系方式、住址、账号密码、财产状况、行踪轨迹等"。对比上述概念，刑法意义上公民个人信息的判定立足于可识别性，其保密程度较低。公民个人信息既有隐私性信息，如个人的财务信息、遗传基因信息等，也有非隐私性信息，如网络社交信息等。[①] 因此，隐私和公民个人信息不是等同关系，而是交叉关系，隐私权说不能周延地包含被侵犯的信息。第二，主观意志特征使隐私权无法作为刑法保护的法益。隐私权是绝对权，其绝对性和主观性使受害人在隐私权受到侵犯后，有权决定是否通过法律途径来解决争端，也使得隐私权一般由意思自治的民法来保护。而侵犯公民个人信息罪则是检察机关代表国家通过公诉来处理，不以被害人的意志为转移。虽有学者提倡侵犯公民个人信息罪可以通过增加自诉的方式来处理，由被害人决定是否起诉，[②] 但此说法也仅仅停留在建议层面。若将该罪的法益界定为隐私权，则会与隐私权的绝对性相冲突。第三，公民个人信息的社会价值是其重要属性，隐私权说的主张与之相冲突。隐私是个人私密，通常不存在利用价值，一般情况下，社会也不能将个人的隐私信息用于社会秩序管理以及经济发展。而公民个人信息的整合运用，具有巨大的社会价值，如政府通过公开疫病人员的年龄、姓名以及住所，可以起到防控疫情的作用。隐私的个体性和私密性往往与公民个人信息的社会性相冲突，这决定了隐私信息的用途有限。

（二）一般人格权说

一般人格权说主张，"刑法中侵犯公民个人信息罪所保护的法益应理解为公民人格尊严与个人自由"。[③] 其认为，侵犯公民个人信息罪位于刑法分则第四章"侵犯公民人身权利、民主权利罪"之中，其保护的法益理应是公民的人身权利和民主权利，[④] 我们认为这还有待商榷。我国的刑法分则是按照犯罪

---

① 参见蔡军：《侵犯个人信息犯罪立法的理性分析——兼论对该罪立法的反思与展望》，载《现代法学》2010年第4期。

② 参见郑曦：《作为刑事诉讼权利的个人信息权》，载《政法论坛》2020年第5期。

③ 程啸：《民法典编纂视野下的个人信息保护》，载《中国法学》2019年第4期。

④ 参见王肃之：《被害人教义学核心原则的发展——基于侵犯公民个人信息罪法益的反思》，载《政治与法律》2017年第10期。

客体或曰法益类别来进行划分的，每一章都有相应的保护法益，比如第五章"侵犯财产罪"保护的客体是公私财产的所有权。然而，大量个罪的法益并不是单一的，所处位置只能说明该罪保护某种（主要）法益，却不能全面说明该罪的具体法益内容究竟为何。例如，在刑法分则第五章"侵犯财产罪"中，破坏生产经营罪保护的法益也含有生产经营活动的正常秩序，抢劫罪的法益也包含人身权。侵犯公民个人信息罪保护的法益比较复杂，将其放在第四章，也只是出于对刑法典体系的考虑，不能推出侵犯公民个人信息罪的法益就是公民人格尊严与个人自由。此外，仅将该罪的法益理解为公民人格尊严与个人自由，其范围并不周延，其理由将在下文对个人信息权进行论述时进一步阐明。

（三）财产权说

财产权说是根据公民个人信息的财产属性提出的，回应了当今信息的特殊价值和经济属性。但财产权说的保护主张过于单一，实际上存在与一般人格权说同样的偏向性弊端。近年来，虽财产权已经从有形物领域扩展到了无形物领域，比如人格财产权，但其还不能涵摄人格权。人格财产权的内涵是，"同一人格之上存在双重利益，可同时构建两种权利分别予以保护，人格精神利益由传统人格权调整，人格财产利益由新型'人格财产权'保障"。① 《关于确定民事侵权精神损害赔偿责任若干问题的解释》对此有所体现，其第4条规定，"具有人格象征意义的特定纪念物品，因侵权行为而永久性灭失或者毁损，物品所有人以侵权为由，向人民法院起诉请求赔偿精神损害的，人民法院应当依法予以受理"。即针对人格物的侵害，受损一方可以请求精神损害赔偿。虽然如今的财产权已经突破了传统范围，与人格权等其他权利有所联系，但是财产权的保护范围仍然未获得重大发展，无法周延地包含侵犯公民个人信息罪需要保护的权利。

（四）个人信息自决权说

个人信息自决权说起源于德国，近来受到了国内一些学者的认可。"德国联邦宪法法院通过一系列判决，将信息自决权构建为普遍意义上公民个体对

---

① 郭少飞：《新型人格财产权确立及制度构造》，载《暨南学报》（哲学社会科学版）2019年第5期。

于其个人信息进行搜集、使用和处理的决定权。"① 我们认为，这一思路较为新颖，但是该说所主张的个人信息自决权在我国并不能本土化，仍然面临一些障碍难以逾越和妥善解决。

第一，个人信息自决权的认定范围模糊，难以运用于实践。一是个人信息自决权依赖于具体的个人判断，不同个人的主观判断标准不一，是否侵犯信息的自决权只能在个案中认定，这不利于司法实践的统一认定和公平公正。个案认定的方法使司法判断标准因人而异，不利于司法统一。此外，个案认定还会浪费司法资源，造成讼累。二是个人信息具有交互性、分享性、公共性的特点，使其难以成为一个排他性的个人控制的客体。② 因此，我国公民需要把信息的某些权利让渡给社会，然而这种让渡并没有一个明确的标准，导致个人信息自决权的范围更加模棱两可。三是个人信息自决权的范围模糊将导致不良后果。一方面，若个人信息自决权过大，将不利于相关信息网络、数据开发使用、数字经济产业等相关领域的发展。例如，客户以自决权为由拒绝企业收集必要的经营信息；再如，不法竞争者利用自决权进行恶意诉讼，延缓同类企业的发展。另一方面，若自决权过小，又难以对抗公权力的侵害。例如，在新冠疫情期间，确诊病人的信息到底应公开至何种程度，其接触人群的信息又应该如何处理，在理论上和实务中也曾引发争议。

第二，设定个人信息自决权的最终价值还是回归于保护人格权、财产权，且个人信息自决权的理论来源依赖于公民人格尊严与个人自由。《民法典》第111条第2款规定，"不得非法收集、使用、加工、传输他人个人信息，不得非法买卖、提供或者公开他人个人信息"。其对个人信息的获取、处理等行为做出了限定，结合实践不难得出，其目的就是保护公民的生命、健康、名誉、财产等利益。此外，不少学者都认为个人信息自决权是具体人格权，③ 也有许多个人信息自决权论者用人格利益来证明其合理性。④ 既然个人信息自决权的落脚点为人格权的实现，何必舍近求远，以证明人格权为先条件，再证成个

---

① 敬力嘉：《大数据环境下侵犯公民个人信息罪法益的应然转向》，载《法学评论》2018年第2期。

② 参见王锡锌：《个人信息国家保护义务及展开》，载《中国法学》2021年第1期。

③ 参见江海洋：《侵犯公民个人信息罪超个人法益之提倡》，载《交大法学》2018年第3期。

④ 参见杨芳：《个人信息保护法保护客体之辨——兼论个人信息保护法和民法适用上之关系》，载《比较法研究》2017年第5期。

人信息自决权。直接承认作为自决权上位概念的人格权，在论证上反而更加直截了当。

综上所述，隐私权说、一般人格权说、财产权说和个人信息自决权说都有各自的缺点，难以合理界定侵犯公民个人信息罪的法益定位，也难以准确指导司法实践出入人罪以恪守罪刑法定原则、刑法面前人人平等原则。对此，我们认为，侵犯公民个人信息罪保护的个人法益应是个人信息权，具体阐述如下。

四、个人法益说的具体进路——个人信息权说之证成

个人信息权说的观点较为复杂，虽然其与上述四种学说在一定程度上存在重合，但又有明显的区别之处。在法理概念上，个人信息权主要有六大学说，分别是宪法人权说、一般人格权说、隐私权说、财产权说、新型权利说、独立人格权说。① 除了上述六种，个人信息自决权说和综合性权利说②亦有一席之地。这些学说实际上可以归纳为两种观点：一是类型化的观点，二是综合性的观点。我们赞同后者，将综合的个人信息权作为侵犯公民个人信息罪的法益，是更妥当的选择。

综合的个人信息权说与上述学说相比存在两点最大的不同，也正是这两点不同奠定了其优势。第一，上述学说都是在某一方面论述侵犯公民个人信息罪的法益，而综合的个人信息权说可以全面囊括该罪侵犯的利益，对公民进行周延的保护。第二，不同于前述传统学说，综合的个人信息权是随着网络技术发展而衍生出的一项新型的独立权利。这使公民个人信息不再依赖于其他的权利进行保护，而是拥有专门的保护体系。基于这两点不同，个人信息权说发展出了区别于其他个人法益学说的优势，个人法益说的具体进路应为个人信息权说。

（一）个人信息权说的权利类型

个人信息权说的权利类型可以分为两类，分别是类型化的权利和综合性的权利，我们赞成综合性权利的观点。

---

① 参见张里安、韩旭至：《大数据时代下个人信息权的私法属性》，载《法学论坛》2016 年第 3 期。

② 参见程关松：《个人信息保护的中国权利话语》，载《法学家》2019 年第 5 期。

1. 类型化个人信息权之批判

持此观点者，一部分认为个人信息权应纳入传统的权利中来保护，如人格权、财产权等；而另一部分则认为个人信息权是一项新型的类型化权利，如新型人格权、新型财产权、个人信息自决权。① 这两种观点都将个人信息权纳入或等同于某一项权利，但在证明侵犯公民个人信息罪的法益时，最终的落脚点还是证明上述的个人法益学说。例如，王利明教授认为，个人信息权在本质上仍然属于一种具体人格权，② 此时所要论证的重点是具体人格权，而不是个人信息权。又如，20 世纪以来，在比较法上，普遍认为对个人信息权利的保护旨在对个人信息自决权的保护，③ 此时论证的重点也不在于个人信息权，而是个人信息自决权。

由于个人信息权在我国并未真正确立，其定义和性质也还没有一致的标准，导致各种学说杂糅在一起。我们认为，既然个人信息权说发展成了与上述个人法益相并列的学说，再将个人信息权论述为类型化的权利意义有限，即类型化的个人信息权可以融合在上述学说中。因此，个人信息权应尽快确立为一项综合性的权利，这有利于与其他个人法益学说进行区分，避免个人信息权说的混乱。

2. 现有综合性法益观点之反驳

综合的个人信息权观点认为，"如果按照法律关系客体表达方式定义个人信息权利，要么个人信息权利成为统合一切个人及个人事务的综合性权利，要么个人信息权利没有类型学意义"。④ 换句话来讲，个人信息权并没有纠结于单独对隐私权、人格权或是财产权进行保护，而是泛化为多种法律属性的概括性评价。⑤ 在持该观点的学者中，对综合性个人信息权的具体内容存在不同的看法。

一种观点认为个人信息权应界定为个人法益，这种观点主要认为该罪的

---

① 参见刘艳红：《侵犯公民个人信息罪法益：个人法益及新型权利之确证——以〈个人信息保护法（草案）〉为视角之分析》，载《中国刑事法杂志》2019 年第 5 期。

② 参见王利明：《论个人信息权的法律保护》，载《现代法学》2013 年第 4 期。

③ 参见王利明：《人格权的属性：从消极防御到积极利用》，载《中外法学》2018 年第 4 期。

④ 程关松：《个人信息保护的中国权利话语》，载《法学家》2019 年第 5 期。

⑤ 参见于冲：《侵犯公民个人信息罪中"公民个人信息"的法益属性与入罪边界》，载《政治与法律》2018 年第 4 期。

法益为人格权和财产权的结合体，如新型权利说主张个人信息权是新型的复合权利，即人格权兼财产权。① 然而个人信息必然具有社会属性，且超个人法益对保护个人法益起到了补充作用，忽视超个人法益的做法并不可取，下文将会对其进行论述。另一种观点认为，侵犯公民个人信息罪的法益应为个人法益与超个人法益的结合体。例如，有学者认为个人信息权的法律内核为"人身属性+财产属性+相关法益关联属性"，并以此为标准将信息分为人身属性的"可识别性"身份信息、基于财产属性的信息、具有相关法益关联性的其他信息。② 但是，其在证成该观点时仅以其他法益观点不具有周延性以及强调公民个人信息权的独立化保护趋势为主要论据，并未深入论证个人信息权的具体内容及其构成逻辑。又如，张勇教授认为，人格权益在侵犯公民个人信息罪的法益结构中居于主要地位，而超个人信息法益居于次要地位。③ 该观点忽视了个人信息的财产属性，在保护范围上不够周延。

此外，一些学者虽然没有明确承认个人信息权的说法，但也认为侵犯公民个人信息罪的法益是综合性的。例如，有学者从场景化法益观出发，主张"一般识别信息场景中，本罪通常侵害的法益为个人信息自决权，而在敏感个人信息和复杂隐私信息场合，本罪通常侵害的法益为公民信息安全"。④ 我们认为，该观点将侵犯一般识别信息尚且都认定为侵害个人法益，却将侵犯敏感信息和复杂隐私信息的情形界定为侵害超个人法益，可谓是颠倒了逻辑顺序。一般来说，敏感信息和复杂隐私信息具有更强的人身属性，一旦遭受侵犯将严重侵害个人法益。而一般信息的获取途径更加简单，大量获取、出售一般信息是常见的犯罪手段，对于此种场合，侵犯的更多为超个人法益。此外，仅将个人信息自决权作为该罪保护的个人法益，在理解个人信息自决权的法益保护位阶上还存在商榷之处。又如，周光权教授认为，侵犯公民个人信息罪的法益是信息自决权与社会管理秩序。⑤ 存在与前述相同的问题，下文

① 参见张里安、韩旭至：《大数据时代下个人信息权的私法属性》，载《法学论坛》2016年第3期。
② 参见于冲：《侵犯公民个人信息罪中"公民个人信息"的法益属性与入罪边界》，载《政治与法律》2018年第4期。
③ 参见张勇：《APP个人信息的刑法保护：以知情同意为视角》，载《法学》2020年第8期。
④ 郑泽星：《论侵犯公民个人信息罪的保护法益——场景化法益观的理论构造与实践立场》，载《清华法学》2023年第3期。
⑤ 参见周光权：《刑法各论》（第四版），中国人民大学出版社2021年版，第78页。

将对个人信息自决权的法益位阶进行详细说明，在此不再赘述。

综上所述，现有的综合性法益观点还存在漏洞，我们认为，个人信息权是一项综合性的权利，且其内容应界定为"人格权+财产权+自决权+其他法益"。

（二）"人格权+财产权+自决权+其他法益"之证成

作为一项综合性的权利，个人信息权的具体内容为"人格权+财产权+自决权+其他法益"，这使个人信息在法益保护上更具有体系性、逻辑性、周延性。首先，人格权在个人法益中的法益保护顺序最靠前，这奠定了人格权在侵犯公民个人信息罪中的首要保护地位。其次，财产权的重要性位于人格权之后，且将其附属于人格权进行保护并不适当，应对个人信息的财产属性进行单独保护。再次，在个人法益中，个人信息自决权兼有保护公民人格和财产的功能，且其对补充与限定侵犯公民个人信息罪的认定具有独特作用。最后，个人法益的实现也有赖于集体法益的维护，超个人法益对个人信息的保护具有补充功能。综上所述，个人信息权对公民信息的保护具有体系性，先将个人法益中最重要的人格权和财产权予以保护，接着运用自决权完善了对前述两种法益的维护，最后用超个人法益从整体上补充了对该罪的规制。此外，个人信息权在逻辑上采用了先解决主要矛盾，再处理次要矛盾的做法，使得侵犯公民个人信息罪在法益保护上相比其他法益观点更加周延。

1. 人格权：首要保护

侵犯公民个人信息罪对人格权的危害在学界已经达成共识，且保护人格权应为规制该罪的首要目的。一般来说，个人法益依据重要程度的排序应为"生命权>健康权>人格尊严与个人自由>财产权（或曰所有权）、名誉权、姓名权等"。根据我国《民法典》第990条第1款，"人格权是民事主体享有的生命权、身体权、健康权、姓名权、名称权、肖像权、名誉权、荣誉权、隐私权等权利"，可以推断出生命权、健康权、人格尊严与个人自由都属于人格权，在个人法益的保护顺位中位于财产权之前。实践中，以非法获取的信息为中介，侵犯生命权、健康权、人格尊严等人格权的案例不胜枚举。以非法获取个人信息为手段，实施绑架行为并不少见；购买公民的位置信息，实施故意杀人行为也不是个案。由此可见，公民个人信息中含有重要的人身属性，人格权在侵犯公民个人信息罪中的法益保护顺序应为首位。

2. 财产权：单独保护

有的学者主张财产利益应附属在人格权中予以保护，如"尽管个人信息能够发挥巨大的商业价值，但个人信息附属于一个人的人格，是其人格的重要组成部分"。[①] 另有学者认为，应承认人格权的经济价值，将人格权商品化置于人格权中保护而不是创设新的权利。[②] 我们认为，公民个人信息的财产利益具有单独保护的价值，附属于人格权之下并不恰当。

其一，民法上已经奠定了人格权与财产权的二元结构。虽然人格权与财产权的内涵都有所丰富，并且有相互交融的趋势，但是，两者作为独立的体系相互分开，仍是民法以及刑法的主流。其二，个人信息具有频繁流通、商业价值大和侵犯获益高的特征，无法用人格权来保护。公民个人信息的经济价值已经不同往昔，针对此类犯罪的作案手法多种多样，犯罪风险低，获益概率大。且人格权不可被继承及转让，个人信息作为可交换的新型财产，已经突破了人格权的范畴。其三，将个人信息的经济价值纳入人格权保护，不符合刑事实践的惯常做法。2013年《最高人民法院关于适用〈中华人民共和国刑事诉讼法〉的解释》第138条第2款规定，"因受到犯罪侵犯，提起附带民事诉讼或者单独提起民事诉讼要求赔偿精神损失的，人民法院不予受理"。可见，我国刑法还没有建立起刑事被害人的精神损害赔偿制度，如果将财产利益附属于人格权，被害人的损害赔偿请求恐难以实现。其四，针对个人信息的财产犯罪与人格权并非密不可分，人格权商品化的射程有限。不法分子通过非法获取的银行账户和密码，窃取公民的存款，或通过电信诈骗牟取巨额利益，都是针对财产的专门犯罪。公民最需要主张的是财产权，而不是人格权，人格权根本无法包含巨大的经济利益。其五，《解释》在"情节特别严重"的规定中，既规定了"造成重大经济损失或者恶劣社会影响"，同时也规定了"造成被害人死亡、重伤、精神失常或者被绑架等严重后果"，可见刑法将个人信息的财产利益单独保护。

---

① 参见高富平、王文祥：《出售或提供公民个人信息入罪的边界》，载《政治与法律》2017年第2期。

② 于志刚：《"公民个人信息"的权利属性与刑法保护思路》，载《浙江社会科学》2017年第10期。

3. 自决权：认定作用

从个人法益的重要次序来看，个人信息自决权的保护紧要性比较靠后，应让位给高位阶的人格权与财产权法益。从人格权角度来看，个人信息自决权作为一项具体人格权，是一般人格权的下位概念，因而其保护顺序应位于人格权之后。从财产权的角度出发，个人信息自决权类似于所有权，但其是一种不完整的所有权。所有权，可以这样表述，公民可以用自己想象到的任何方式，决定和行使自己的权利，不受他人的制约与影响，这是一种绝对权、对世权。而个人信息无法完全由个体掌控，政府基于公权力获取个人信息比征用、征收他人的财物更为简单，个人信息自决权难谓是一种完整的所有权。此外，《个人信息保护法》第 13 条规定了个人信息处理者不需要获得信息主体的同意而处理个人信息的合法情形，包括"为应对突发公共卫生事件，或者紧急情况下为保护自然人的生命健康和财产安全所必需"。这也表明了在人身、财产权益面前，个人信息自决权的保护是靠后的，迂回地证明了上述观点。不可否认，个人信息自决权兼具保护精神权利和物质权利的功能，但其无法替代人格权和财产权。因而，在人格权和财产权已经具备的情况下，对个人信息自决权的保护应位于其后。

个人信息自决权作为综合的个人信息权的内容之一，在侵犯个人法益的认定上有其不可替代的作用。首先，自决权的侧重点在于公民对信息的控制和决定，现实中常常出现只违背自决权而不产生人格权和财产权侵害后果的情形。对于这种情形的解释以及规制，运用个人信息自决权更为适宜。例如，公司经理违背隐私协议将收集到的客户信息贩卖给他人，并没有直接造成客户的人身、财产侵害，但此种行为正是法律所要打击的重点之一。此时，用个人信息自决权来解释，比人格权和财产权更为直接明确。《解释》中的数量标准，我们认为是个人信息自决权主观性的客观化，以此作为规制条款，直击要害。其次，个人信息自决权发挥了"阀门作用"，即作为进入犯罪圈的先决条件。如果违法行为并没有违背公民的自决权，就没有"侵犯"公民个人信息的行为要件，自然不触及该罪的射程。例如，行为人将网上公开的个人信息进行整理并且出售，由于出售该种信息并没有违背公民的信息自决权，因而不涉及犯罪。对该种行为的规制，适用前置法即可。最后，在量刑方面，根据侵害自决权的程度如侵犯信息的数量，选择适用《解释》中"情节严重"或"情节特别严重"的量刑幅度,也是其功能之一。

4. 其他法益:补充功能

关于"其他法益",我们认为主要是超个人法益。前文已经对超个人法益说进行了批判,诸如社会信息管理秩序等社会、国家法益无法单独作为侵犯公民个人信息罪的法益。然而,超个人法益在打击侵犯公民个人信息罪中可以起到补充作用,对此需要对如下三个问题进行回答。

第一,个人法益与超个人法益并不是对立关系,两者可以同时作为侵犯公民个人信息罪的保护法益。一方面,超个人法益可以还原为具体的个人法益,如果无法保障个人法益,超个人法益也就难以维系。另一方面,超个人法益对维护个人法益具有积极作用,只有对国家、社会法益予以保障,具体的个人法益才能得以实现。因此,为了进一步完善对该罪个人法益的保护,有必要强调超个人法益对其的补充功能。

第二,公民个人信息同时含有个人属性与社会属性,但对个人法益的保护应优先于超个人法益。从法理的角度来看,公民个人信息与生俱来就带有人身属性,强行将超个人法益置于个人法益之前,不符合当今的社会价值。第二次世界大战以后,超个人法益的弊端逐渐显现,为了国家和公共利益而牺牲个人权利的做法逐渐被摒弃,个人法益的呼声越来越高。陈兴良教授认为,"就个人法益与超个人法益的关系而言,强调的是个人法益的基础性地位,而不能把超个人法益理解为是一个凌驾于个人法益之上的概念"。[①] 超个人法益认为该罪的法益为社会秩序或者信息安全,若行为仅侵害了个人法益却没有损害公共法益,将不被刑法规制,无论是从法感情还是法条规定分析,这都是不合理的。

第三,在实践中,超个人法益对规制侵犯公民个人信息的行为起到补充作用。按照上文所述,侵犯公民个人信息罪首先保护的是人格权,其次是财产权,接着才为自决权。若行为既无侵犯自决权,也无明显侵犯人格权、财产权之证据,不引入超个人法益便难以对刑法规制类似行为提供法益证成。例如,在解某某、辛某某等人侵犯公民个人信息案中,被告人解某某、辛某某等人通过在网上刊登贷款广告、在微信公众号设置贷款广告链接等方式吸

---

① 陈兴良:《寻衅滋事罪的法教义学形象:以起哄闹事为中心展开》,载《中国法学》2015 年第 3 期。

引有贷款需求的人填写"姓名、手机号、有无本地社保和公积金、有无负债、房产和车辆持有状况、工资收入、有无保险、征信情况、借款需求、还款周期"等信息，在未经信息权利人同意的情况下，将上述信息以每条 30~150 元的价格出售给信贷员。最终，法院以侵犯公民个人信息罪判处解某某、辛某某等被告人有期徒刑 3 年 6 个月至 1 年 4 个月不等，并处罚金。① 在此案中，由于被害人同意将信息提供给被告人，因而其个人信息自决权并未受到侵害。且信贷人员购买其信息，目的是推广信贷业务，对于具体个人而言难谓侵犯其人格权、财产权。然而此种情形终究会给个人法益的侵犯埋下隐患，且被告人所获取、出售的个人信息完全达到了《解释》中"情节特别严重"的要求，只有以超个人法益作为个人法益之补充，才能为规制此类案件提供法益基础，进一步保护个人信息权不受侵犯。

5. 个人信息权契合法益概念的内涵

有学者认为，个人信息权的内容十分宽泛，为了使法益免受抽象化的威胁，针对个人信息权的理解应该更加具体，即个人信息自决权。② 我们认为，以"人格权+财产权+自决权+其他法益"作为个人信息权的具体内容，并没有使法益抽象化。

个人信息权作为一项新型权利，与传统的侵犯公民人身权利、民主权利犯罪有所不同，但其权利内容具有综合性并不意味着其属于抽象的法益。在传统的侵犯公民人身权利、民主权利罪中，有学者认为绑架罪的法益为他人的人身自由权、健康、生命权以及公私财产所有权，③ 而有学者认为该罪的法益仅为"被绑架人在本来的生活状态下的行动自由以及身体安全"。④ 绑架罪是短缩的二行为犯，该罪的既遂只要将人质置于实力支配之下，是否实现勒索财物目的在所不问，因而该罪的法益界定并不需要包括财产权。然而，侵犯公民个人信息罪是《刑法修正案（七）》增设的，是我国刑法对于科技社

---

① 最高人民检察院：《关于印发检察机关依法惩治侵犯公民个人信息犯罪典型案例的通知》，2022 年 12 月 2 日，载北大法宝官网，https://www.pkulaw.com/chl/5a9760dcfb65dc56bdfb.html，最后访问时间：2023 年 6 月 12 日。

② 参见刘艳红：《民法编纂背景下侵犯公民个人信息罪的保护法益：信息自决权》，载《浙江工商大学学报》2019 年第 6 期。

③ 参见高铭暄、马克昌：《刑法学》，北京大学出版社、高等教育出版社 2016 年版，第 469 页。

④ 张明楷：《刑法学》（第六版），法律出版社 2021 年版，第 1159 页。

会发展的回应，综合的个人信息权的形成是独立保护个人信息的必然趋势。该权利具有综合性不代表其在法益判断上就是抽象的。个人信息权以个人信息为载体，当判断法益侵害性时，以被侵害信息之内容、性质和数量等作为判断依据之一，将大大降低个人信息权的抽象性。"人格权+财产权+自决权+其他法益"其实是一个选择性内容，只要抓住信息这一载体，具体分析个案，便能使此法益变得具体可观。此外，法益的界定当然以具体和精确为佳，但法益不能因此失去保护的周延性，任何精妙绝伦的论证都无法使不周延的法益合理化。根据现实的侵害，个人信息权的内容概括为"人格权+财产权+自决权+其他法益"，其中的每一项都是保护社会生活所必需的，只有综合的个人信息权才能肩负起保护公民利益的任务。与其让公民承担法律保护不足的风险，还不如精进立法技术，制定更加合理的侵犯个人信息的标准，以期发挥刑法的保护功能。

综上，个人信息权是一项综合性的权利，其内容用列举的方式来描述，可以概括为"人格权+财产权+自决权+其他法益"。这并不是由多种权利简单堆砌而成，也并非是抽象的法益，其内容在构成上具有体系性、逻辑性、周延性。

（三）综合的个人信息权作为独立权利之证成

以"人格权+财产权+自决权+其他法益"为内容的个人信息权可以发展为一项独立的权利，以期为公民提供更加周延和专门的保护。而部分学者坚持个人信息权不能作为一项独立的权利，即个人信息权否定说。[1] 理由大致为，个人信息权"建立在外界无法识别的、众多的、捉摸不定的个人信息之上"、[2] 个人信息的双重属性使其无法成为一种独立性的基本权利，[3] 对此我们难以认同。为了避免用词重复，下文所称的个人信息权，均指综合的个人信息权。

1. 个人信息权的现实依据

静态的完美永恒权利罕能产生，权利化过程总是不断在变动，它的步调

---

① 参见叶名怡：《论个人信息权的基本范畴》，载《清华法学》2018 年第 5 期。
② 杨芳：《个人信息自决权理论及其检讨》，载《比较法研究》2015 年第 6 期。
③ 参见丁晓东：《个人信息的双重属性与行为主义规制》，载《法学家》2020 年第 1 期。

将随着人类为恶的能力而变。① 大数据与云计算技术的结合，改变了数据的来源与流动方法，创造了新的价值理念和服务观念。犯罪分子正是利用这一技术，潜伏在公民的日常生活中，扰乱公民的生活规律。犯罪分子甚至形成了精细的分工，频繁实施共同犯罪，严重侵犯了公民的财产权利和人身权利。比如，2016 年 8 月 21 日，犯罪分子购买了当年高考考生的个人信息，以发放助学金的方式对徐玉玉进行了诈骗，徐玉玉因被骗走 9900 元伤心欲绝，最终心脏骤停，不幸离世。② 正是这样的恶，让权利再一次吹响号角，整装前进。面对犯罪分子的恶行，实务界紧跟时代步伐，与时俱进，个人信息权由理论逐渐转战司法实践。2014 年，在黄为东与义乌市人民政府行政复议一审行政判决书中，③ 首次出现了"个人信息权"的术语，此后，司法实践对"个人信息权"的使用频率不断提高。与此同时，公民对信息的保护意识也逐渐觉醒，"为权利而斗争是一种权利人对自己的义务"，④ 已然成为当下生动的描绘。然而，"有利益的地方就有犯人"，⑤ 在物欲横流的社会中，趋利是人无法消除的本恶，侵犯公民个人信息的犯罪仍呈高发态势。为了给法官判案和公民维权提供更多的法律依据，为了威慑不法分子和降低犯罪发生率，为了使公民的权利得到切实维护，承认个人信息权已经成为现实趋向。

2. 个人信息权的理论依据

个人信息权作为一项权利，在理论上也可以找到依据。其一，《民法典》第 111 条规定，"自然人的个人信息受法律保护"，该条位于第五章"民事权利"中。且《民法典》第五章列举了多项民事权利，将个人信息解释为一项权利，符合《民法典》第五章的内容安排。此外，综观民法典，其并没有否认个人信息成为单独权利的可能性。民法典之所以没有将其明确为一项权利，与复杂的现实密不可分，大数据革命对个人信息的影响究竟会走向何种道路

① 参见［美］艾伦·德肖维茨：《你的权利从哪里来》，黄煜文译，北京大学出版社 2014 年版，第 83 页。

② 参见陈文辉等 7 人诈骗、侵犯公民个人信息案，最高人民法院：《"徐玉玉被电信诈骗案"一审宣判 陈文辉获无期徒刑》，2017 年 7 月 19 日，载中华人民共和国最高人民检察院网站，https：//www. court. gov. cn/fabu/xiangqing/53152. html，最后访问时间：2023 年 6 月 12 日。

③ 参见黄为东与义乌市人民政府行政复议案，浙江省金华市中级人民法院（2014）浙金行初字 26 号行政判决书。

④ ［德］耶林：《为权利而斗争》，郑永流译，商务印书馆 2016 年版，第 14 页。

⑤ 张明楷：《刑法格言的展开》（第 3 版），北京大学出版社 2013 年版，第 140 页。

尚不明晰，现在下定论还为时尚早。因此，民法典没有直接明确个人信息的权属，而是给个人信息权留下发展空间，也是合理的举措。其二，个人信息保护法将个人信息描述为一种权益，这并不能否决个人信息权成立的可能。从权利的发展历程来看，所有权利在确立时都不可能是一蹴而就的，先发展为一项"权益"，再具体明确为一项"权利"，是权利发展的路径之一。其三，单一法益的不足之处渐渐被提出，侵犯公民个人信息罪的法益复合性已经得到了更多学者的认可。其四，应在借鉴外国理论的基础上，发展符合我国实践的个人信息权。美国用隐私权保护个人信息的精神利益，用公开权保护个人信息的经济利益，而我国并没有公开权，因此其保护模式类似于我国人格权兼财产权。此外，由于美国注重信息流通与行业自治，其自决权的发展空间小，所以我国还应结合自身，将自决权和其他法益纳入个人信息权之中。

3. 从权利形成角度分析个人信息权

个人信息权已经超出了传统的权利范围，没有哪一项传统的权利可以严密地涵摄个人对信息所享有的权利。因此，确立个人信息权的独立权利地位是顺势而为。综合性的个人信息权的宪法依据、内涵、义务明晰，侵犯公民个人信息罪在形成时间、群众心理和实施手段上不同于传统的犯罪，个人信息权作为该罪保护的法益且具有社会认同基础，理应成为一项独立的权利。

第一，个人信息权作为一项独立的权利，有宪法上的依据。我国《宪法》第13条规定了"公民的合法的私有财产不受侵犯"，财产权可以从中找到依据。第38条又规定了"中华人民共和国公民的人格尊严不受侵犯"，显而易见，人格权理论可以由此衍生。我国《宪法》第33条还规定了"国家尊重和保障人权"，这是一条兜底性的条款。人权是人作为人所应该享有的权利，是与生俱来的权利，人权的范围之广足以涵盖与个人信息相关切的所有权利。此外，宪法人权说认为个人信息权属于宪法上的基本人权，[①] 将个人信息作为一种基本权利来保护，也可以作为依据之一。由此可见，个人信息权存在宪法上的依据。然而，我们并不认同将个人信息权写入宪法，使之成为一项基本权利。基本权利的保护力度比一般权利大，个人信息需要专门保护，但没

① 参见毛牧然：《论我国出台〈个人信息保护法〉的法理障碍及其破解》，载《苏州大学学报》（哲学社会科学版）2020年第1期。

必要上升到宪法高度，如同知识产权也没有明确写入宪法。

第二，个人信息权并非空洞、无法识别的概念，以"人格权+财产权+自决权+其他法益"为具体保护法益，结合立法和司法裁判，可以为进入犯罪圈的个人信息描绘出清晰的外观。一者，从公民个人信息的认定来看，我国刑法明确要求公民个人信息需具有可识别性，这排除了信息无限度进入刑法规制范畴的可能性，完成了第一次过滤。二者，从刑法条文和《解释》来看，"人格权+财产权+自决权+其他法益"可以更好地指导立法，为公民自由的边界提供法律指引。实际上，立法机关也是以此为参考制定法律，在现行法律中，个人信息权的每一组成部分都有对应的条文。如果只以某一权利来指导立法，那么法律的规定便会出现许多遗漏之处。此处完成了第二次过滤。三者，从司法裁判来看，具有可识别性的信息对个人信息权造成的危害大小不一，合理进行司法解释，在量刑上做出合适的判决，有利于防止个人信息权的扩张。法律既然以保护公民为初衷，就应该给予公民更多的权利空间，至于如何让公民正确行使权利，司法机关应通过合理解释与适用刑罚来为个人信息权划出边界。根据犯罪分子对个人信息权的侵害程度，客观公正地进行量刑，而不是一味满足受害者的请求，这完成了第三次过滤。

第三，个人信息权的对应义务清晰。《刑法》第 253 条之一规定了侵犯公民个人信息罪的行为方式，与此同时，《解释》阐明了"情节严重"和"情节特别严重"的情形。由条文可得，个人信息权在赋予公民权利的同时，要求公民不能通过非法获取、出售或者提供信息的方式侵犯《解释》所特别保护的公民人格权、财产权等权利。因而可知，个人信息权有着清晰的对应义务。

第四，侵犯公民个人信息罪的形成时间、群众心理和实施手段不同于传统的犯罪，个人信息权作为该罪保护的法益，有成为一项独立权利的必要。从形成时间来看，侵犯公民个人信息罪是随着电脑技术的发展和普及而出现的。我国于 2009 年通过了《刑法修正案（七）》，首次将公民个人信息纳入了刑法的保护范围，个人信息权也逐渐走进我们的视野。正是因为侵犯公民个人信息罪的增设时间不长，一些群众尚未能摆正心态。对于侵犯公民个人信息罪，人们还没有建立"非法""违反国家有关规定"等意识，也没有认识到个人信息权的存在，抑或是心存侥幸，认为能够逃避法律的制裁。反观一些传统的自然犯，往往有着悠久的历史痕迹。例如，后周时期，就有律法规定"夫之妇被人强奸，男犯杀，妇人不坐"，到了唐朝，就已经确立了强奸罪的罪名。这些传统罪名的长时间存在，潜移默化地影响了民众的伦理道德观念，无形中起到了规训的作用。若设立了个人信息权，群众的信息保护意识将得到提高，这也将为维护个人信息营造良好的社会氛围。从犯罪的实施手段来看，信息犯罪以大数据等科学技术作为依托。侵犯公民个人信息罪的实施手段是非法获取、出售或者提供公民个人信息，其中，信息的承载和转移都离不开电子科技的支撑。传统的犯罪手段对科技的依赖性不强，如抢劫罪的手段是以暴力、胁迫或者其他方法抢劫公私财物；破坏生产经营罪的手段是毁坏机器设备、残害耕畜或者以其他方法破坏生产经营。因此，个人信息权不同于法律规制的一般利益，应作为一项独立的权利来对待。

第五，个人信息权因其日益增长的重要性，容易被社会广泛接受，推行难度较小。张明楷教授认为，从立法过程的角度来看，个人信息权的存在与否离不开宪法依据与社会依据，而个人信息权不仅具有社会依据，这种依据对其还具有促进作用。[①] 从社会的发展趋势来看，大数据、云计算等网络技术只会前进而不会倒退，个人信息的保护将与我们休戚相关。参考知识产权、环境权等权利的形成过程，这种权利都是因为社会的变革与保护的紧迫性而被广大民众接受，从而渐渐发展为独立的权利，并在立法中予以体现。权利是一种精神性的存在物，是一种社会群体的赞同性评价认识，[②] 社会的认同将是推动个人信息权作为一项独立权利而建立的强大后盾。

（四）个人信息权说的优势

1. 个人信息权说更具周延性

侵犯公民个人信息罪的法益不是隐私权，这是因为：一是并非所有被侵犯的信息都属于隐私；二是法律一般通过民法来保护隐私权，刑事案件的裁判重点并不在隐私权上。在中国裁判文书网以"侵犯公民个人信息罪"为案件名称，可以检索出 7171 份裁判文书。在此基础上，以"隐私"作为全文检

---

① 参见张明楷：《论实质的法益概念——对法益概念的立法批判机能的肯定》，载《法学家》2021 年第 1 期。

② 参见张恒山：《论权利本体》，载《中国法学》2018 年第 6 期。

索项进行检索，则仅有 184 份裁判文书，两者的比例约为 2.57%。[1] 这说明，将隐私权作为法益，明显不能周延。人格权和财产权作为侵犯公民个人信息罪保护的两大权利，缺一不可，单一的人格权或财产权都无法周延，由于上文已经论证，此处便不再赘述。个人信息权说综合了多种权利，只要是与个人信息相关切的权利，都可以位于个人信息权之下。相比其他个人法益，个人信息权作为综合性的权利，周延性是其独特的优势。

2. 个人信息权说符合"可识别性"的特征

无论是刑法还是民法，国内或是国外，"可识别性"都是信息的显著特征。《个人信息保护法》第 4 条规定，"个人信息是以电子或者其他方式记录的与已识别或者可识别的自然人有关的各种信息，不包括匿名化处理后的信息"。欧盟 1995 年《个人信息保护指令》（Directive95/46/EC）规定，所谓个人信息，是指身份已被识别或可识别之自然人（或称信息主体）的任何信息。[2] "可识别性"的适用范围十分广泛，个人信息权符合"可识别性"特征，这是其他个人法益所不具备的优势。公民个人信息的"可识别性"特征，使信息只要能够识别特定的自然人，就成为刑法意义上的信息，这带有超个人法益倾向。此倾向应源于系统的、独立的以及周延的个人信息权，其他个人法益不能支撑"可识别性"的成立。隐私权、财产权、人格权等个人法益对应的信息是以特定的传统权利来定义的，而可识别特定自然人的信息涵摄的内容远不止于此，要适用上述法益，认定公民个人信息的标准就不应再是"可识别性"。"可识别性"是通用的标准，在实践中亦有诸多好处，其他个人法益说改变了"可识别性"的认定标准，这并不可行。

一则，公安机关在对犯罪进行侦查时，往往会缴获罪犯使用的硬盘、手机或者笔记本电脑等，里面储存了数以万计甚至上亿的个人信息。比如在陈某武、陈某华、姜某乾等侵犯公民个人信息罪一案中，涉案的信息数量分别为 299 万余条、2 亿余条和 1235 万余条。[3] 先进的信息载体可以存储的个人信

---

[1] 相关案例数据检索来源于中国裁判文书网，http://wenshu.court.gov.cn/，访问时间：2023 年 6 月 12 日。

[2] 梅夏英、刘明：《大数据时代下的个人信息范围界定》，载《中国法学》2013 年第 7 期。

[3] 参见陈某武、陈某华、姜某乾等侵犯公民个人信息案，浙江省台州市中级人民法院（2019）浙 10 刑终 692 号二审刑事裁定书。

息远不止这些，犯罪分子想要转移数亿条信息根本不费吹灰之力。面对数量如此庞大的涉案信息，公安机关需要判别哪些才是刑法所要规制的个人信息，"可识别性"易于迅速完成信息摘选，便利了公安机关的侦查工作。二则，司法机关在裁判时，若是对信息没有统一的认定方法，会造成审判困难、审判结果不一的后果。"可识别性"规避了这些弊端，使司法审判达成一致。若将隐私权作为侵犯公民个人信息罪的法益，在判断涉案信息时，应以隐私权为标准，关涉财产权等其他权利的信息则被排除，如此类推。基于前述，由于涉案信息多以及工作人员的时间精力有限，公安机关不会关注涉案信息到底是侵犯了隐私权、人格权还是财产权，"可识别性"在其中发挥了重要作用。法官在判决时，认定信息的标准如果不是"可识别性"，而是其他含有主观意志的要素，会给被告人逃避刑罚的机会，判决结果难以统一和获得社会公众认同。

综上，其他个人法益不能与"可识别性"共存，同意其他个人法益学说就要否定"可识别性"，这会带来许多弊端。只有个人信息权才能与"可识别性"相对应，这是个人信息权的优势之一。

3. 个人信息权说为公民维权提供了更多依据

侵犯公民个人信息罪中规定了三种行为方式，即"非法获取""出售"和"提供"，然而，这不能适应不断增加的侵犯公民个人信息的行为方式。较多学者支持，"很多行为是《刑法》253 条之一的规定所无法规制的，典型的如对非法使用个人金融信息这一与侵犯公民个人信息罪具有相当社会危害性的行为就无法予以规制"。[①] 例如，被告人陈某某在家登录教育招生考试院网上报名系统，对其四位同学的高考志愿进行了删除、修改，导致四人没有按照自己所报的志愿或志愿顺序被投档，陈某某最终以破坏计算机信息系统罪，被判处有期徒刑 7 个月。[②] 在整个案件中，犯罪对象是"非法使用"的他人信息，而不是计算机系统，用破坏计算机信息系统罪来打击这种行为没能符合被害人的预期。但碍于行为方式的限制，"非法使用"他人信息并不能用侵犯

---

① 李振林：《非法利用个人金融信息行为刑法规制强化论》，载《华东政法大学学报》2019 年第 1 期。

② 参见被告人陈某某破坏计算机信息系统案，山东省单县人民法院（2016）鲁 1722 刑初 312 号一审刑事判决书。

公民个人信息罪来处理。还有的学者认为，"对于将他人的信息直接非法公开在互联网空间的行为，却难以评价为是向他人出售或者提供信息的行为"。①非法公开的信息也会使他人生活遭受侵扰，甚至带来精神损失，这类行为也应进入刑法视野。

个人信息权可以通过解释犯罪要件或者是改善立法的方式，给公民维权提供更多的依据。相比其他个人法益，个人信息权不再归属于传统的权利，而是赋予了公民个人信息独立的权利地位，廓清了侵犯公民个人信息罪的立法目的，更加全面地保护了公民的权利。在分析犯罪要件的时候，如果以保护性最周延的个人信息权说而不是其他学说为标准，则可以通过解释的方法来增加《刑法》第253条之一的行为方式，比如增加对冒用他人身份来处置个人信息行为的规制，使要件的解释不被法律文字机械地限制，侵犯公民个人信息罪也不再限于"非法获取""出售""提供"这三种行为方式。将个人信息权作为法益，可以把保护公民信息权利作为侵犯公民个人信息罪的立法指导精神之一。基于此修改，《刑法》第253条之一或者是《解释》，使行为方式围绕个人信息权来规定，为公民行使权利提供了更多的法律支持和便利。

五、结语

基于上述分析，可以认为，侵犯公民个人信息罪的法益应界定为个人法益，而不是超个人法益。经过梳理与考察，个人法益说中的隐私权说、一般人格权说、财产权说以及个人信息自决权说尚有不足之处，将个人信息权界定为该罪的法益更加适格。个人信息权是一项独立的权利，而且是一项综合性的权利，即"人格权+财产权+自决权+其他法益"。周延性、符合可识别性和公民维权便利性是个人信息权的独特优势，强化了个人信息权的适用性。虽然我国目前没有将个人信息权明确载入法律，但是，"法的诞生如同人的诞生，通常伴随着剧烈的分娩阵痛"，②确立个人信息权既顺势又逢时，是大势所趋。侵犯公民个人信息罪的法益是个人信息权，既回应了该罪的犯罪对象，

---

① 胡江：《互联网时代惩治侵犯公民个人信息犯罪的困境与出路》，载《山东警察学院学报》2016年第5期。

② 参见［德］耶林：《为权利而斗争》，郑永流译，商务印书馆2016年版，第9页。

又能够系统化地保护公民的利益，是理智的选择。一言以蔽之，侵犯公民个人信息罪的法益应是个人法益说之下的个人信息权。只有如此，才能厘清《刑法》第 253 条之一的真正内涵，并指导司法实践准确理解和适用刑法规定，从而为公民个人信息提供更加周延的法律保护。

死者数字账号信息信托保护路径研究

——基于死者利益保护的设想

李 欢* 彭 倪**

（华东政法大学传播学院，上海 201620）

摘 要： 在数字化生存的时代，随着生命痕迹的"代码化"，死者的信息数据有了超越现有法律规定的全新价值。人肉身的死亡并不意味着存在的消失，其遗落在数字空间的数据可以借助技术实现"数字复活"。死者数字账号信息具有人格利益和财产利益的双重属性，但现有的《民法典》和《个人信息保护法》的规定均采用"近亲属权益保护说"的间接保护立场，这不仅偏离了死者利益保护的初衷，亦囿于网络服务商的诸多限制，无法实现死者数字账号信息的价值。笔者认为，死者数字账号信息保护应当基于"死者利益保护"的立场，在这个前提下，通过鼓励用户生前对数字账号进行遗嘱信托的方式能够充分尊重死者的尊严。对于生前未委托处理数字账号信息的情形，则可以尝试探索第三方数据信托的集体数据治理模式。

关键词： 数字账号；死者个人信息；遗嘱信托；数据信托；数据保护

一、问题的提出

人的肉身会腐朽消失，但是人生前遗留的数据却能在身后的世界长存，成为重塑逝后数字身份的细胞。阿里巴巴人工实验室根据照片和视频数据帮助一位母亲还原出已故女儿的虚拟 AI（人工智能）形象。悼念机器人可以根

---

* 李欢，华东政法大学传播学院讲师。

** 彭倪，华东政法大学传播学院硕士研究生。

据逝者信息模拟其性格、语言和习惯，实现与生者的对话。AIGC 技术可以基于数据分析实现 AI 马克思和 AI 乔布斯的跨时代对话。美国 LifeNaut 实验项目推出"备份自己"服务，通过"数据化+人工智能"的方式复刻出用户的虚拟化身。这种利用各种来源的数据，基于人工智能、人机交互、脑机接口等技术来重建已故个体并进行互动的实践被称为"数字起灵"（digital necromancy）。[①] 数字时代死亡的含义早已超越了肉身的图圄，借助数据和技术对抗遗忘可以实现数字不朽。我们在数字世界中留存的一切数字足迹，不会随着物理主体的消亡而消失，而是以各种形式留存在计算机及互联网打造的物理硬盘和虚拟空间中，成为构成我们逝后数字身份的组件，等待被再次唤醒，以期实现"数字永生"。但是在记忆和遗忘之间死者的意愿好像被轻而易举地忽略，数字世界的悼念只是有关在世之人的议题。

随着互联网渗入每个人的生活，数字世界已经成为我们构建自我存在的平行空间。我们通过数字账号的这张通行证进入虚拟世界，在虚拟世界生产价值，并借助数据的载体永续存在。和互联网共生的第一代网民正在逐渐老去，牛津大学互联网研究中心（OII）分析预测得出 50 年内 Facebook 的离世用户数量或将超过在世用户。卡尔·奥曼（Carl Öhman）注意到了这一变化，他表示："这些统计数据引出了新的难题，谁有权获得所有这些数据？如何管理这些数据才能保障死者家人朋友的最大利益？如何供未来的历史学家使用以帮助他们理解过去？"[②] 用户死亡后，数字遗产如何保护，数字账号信息如何处理成为新的问题。

数字账号是指以数字化或电子化形式呈现的由用户排他性独占的、用以接受网络服务提供者无偿或有偿在线服务的身份识别凭证。[③] 因为数字账号是死者连接数字世界的身份凭证，同时数字账号储存的信息也塑造了死者的人格与身份，所以账号信息是构建死后"数字存在"的重要媒介。此外，数字账号信息又因可能涉及财产性利益，而在用户死后处理时牵涉网络服务商和

---

① James Hutson and Jeremiah Ratican, "Life, Death, and AI: Exploring Digital Necromancy in Popular Culture—Ethical Considerations, Technological Limitations, and the Pet Cemetery Conundrum," *Metaverse*, Vol. 4, No. 1 (June 2023), pp. 1-2.

② University of Oxford, *Digital Graveyards: Are the Dead Taking over Facebook?*, https://www.ox.ac.uk/news/2019-04-29-digital-graveyards-are-dead-taking-over-facebook.html（2023-7-16）.

③ 参见梅夏英、许可：《虚拟财产继承的理论与立法问题》，载《法学家》2013 年第 6 期。

死者近亲属的利益。我国《民法典》和《个人信息保护法》对于死者的个人信息均采用了近亲属权益保护的立场，偏离了死者利益保护的初衷。死者数字账号信息保护究其本质应是保护死者本人的利益，本文在这个基本的立场之下，企图寻找一种新的路径保护死者的数字账号信息。

二、维护生者利益：我国死者数字账号信息保护的基本立场

从《民法典》第 994 条的规定中可以看出我国立法目前对于死者人格保护采取的是"近亲属权益保护说"的间接保护立场，即自然人死后权利能力消灭，死者不享有人格权，而由其近亲属享有。所以法律并不直接保护死者的人格利益，而是通过保护其近亲属的利益实现对死者的间接保护。[①] 在维护生者利益基本立场的影响下，目前对于死者数字账号信息保护衍生的两种途径均是近亲属利益保护的体现。《个人信息保护法》第 49 条明确了死者个人信息受到保护，是死者数字账号信息保护最直接的路径，但却规定死者个人信息权利由近亲属代为行使，忽视了死者的自主意愿。死者的数字账号属于广义的数字遗产的范畴，所以在实践中还可以通过继承的方式获取账号从而获得账号信息，但是继承法的路径面临着死者自主性忽视和网络服务商限制的问题。

（一）个人信息保护法路径下死者数字账号信息保护的陷阱

《个人信息保护法》第 49 条规定："自然人死亡，其近亲属为了自身的合法、正当利益，可以对死者的相关个人信息行使本章规定的查阅、复制、更正、删除等权利；死者生前另有安排的除外。"从本条可以看出，《个人信息保护法》重点不在于保护死者的个人信息遗留的利益，而侧重于保护死者近亲属基于死者个人信息合法、正当的利益，这也意味着个人信息保护法采用了和民法典一致的"间接说"立场，将个人信息权益向生者利益倾斜。根据现有法律规定，对于死者数字账号信息，近亲属可以基于自己的利益通过个人信息保护法的路径行使死者的信息权益，以达成间接保护死者数字账号信息的目的。然而，这种"保护"只是出于近亲属意愿的行为，正所谓甲之蜜

---

① 参见陈林林、陈杰：《〈民法典〉保护死者人格利益的法理基础——兼论近亲属权益保护说的理论困境及其解释论分析》，载《广西社会科学》2021 年第 2 期。

糖乙之砒霜，无视死者的意愿，是保护还是伤害？

个人信息保护法把死者个人信息保护转换成近亲属权益保护的问题，不当扩张了信息权利的主体。由近亲属来行使查阅、复制、更正、删除等权利，事实上是赋予近亲属对死者信息的管制和控制权。在网络世界，个人信息是死者数字身份的重要呈现。近亲属基于其利益利用死者信息的行为将改变死者人格的数字呈现。若近亲属无视死者自主意愿行使死者的信息权益，那么有可能会歪曲死者生前呈现的自我形象。① 死者个人信息保护与否的决定权在于死者的近亲属，如果死者本人的利益与其近亲属的利益相冲突或者死者没有近亲属，那么死者的个人信息保护将无从谈起。另外，"间接说"通过语义扩张和类推解释把"保护死者人格"理解为"保护近亲属人格"②，并非是法律拟制，而是说理层面的拟制，此种推定式拟制在法理和法技术层面皆缺乏支撑，③ 背离了维护死者利益的初衷。

（二）继承法路径下死者数字账号信息保护的限制

对于虚拟财产的界定，有学者将虚拟财产具化为虚拟入口和虚拟财产，④亦有学者将虚拟财产按类型划分为账号密码、信息资料、虚拟货币、游戏装备、信誉。⑤ 但是虚拟财产的内涵和外延难以进行概念界定，随着技术的不断发展，虚拟财产的形态也日趋丰富。所以广义上的虚拟财产可以泛指以电子数据作为载体的数字存在，数字账号可以归属于广义的虚拟财产。《民法典》第 127 条通过概括性、指引性规定明确了网络虚拟财产是法律保护之客体。虽然回避了网络虚拟财产的定义、内涵和法律属性，但是通过体系解释和司法实践的判决思路我们可以明晰网络虚拟财产适用的是财产权的保护路径。因数字账号具有财产属性，所以可以作为死者的遗产通过继承的路径由继承人获得，并获取数字账号的信息。此外，对于数字账号上的信息，根据其承

---

① 参见陆青：《数字时代的身份构建及其法律保障：以个人信息保护为中心的思考》，载《法学研究》2021 年第 5 期。
② 参见陈林林、陈杰：《〈民法典〉保护死者人格利益的法理基础——兼论近亲属权益保护说的理论困境及其解释论分析》，载《广西社会科学》2021 年第 2 期。
③ 参见袁野：《〈民法典〉视域下死者人格标识之保护》，载《华东政法大学学报》2022 年第 4 期。
④ 参见梅夏英、许可：《虚拟财产继承的理论与立法问题》，载《法学家》2013 年第 6 期。
⑤ 参见马一德：《网络虚拟财产继承问题探析》，载《法商研究》2013 年第 5 期。

载的内容不同，有些可以构成作品的，可以适用作品继承保护的路径，有些单纯具有财产价值的，也可以作为遗产直接被继承。

数字账号信息继承的路径包括"法定继承"和"遗嘱处分"两种方案。"法定继承"是被继承人未立遗嘱或遗嘱无效时，由法律直接规定继承人的范围、继承顺序、遗产分配的一种继承形式，所以法定继承方式并不符合充分尊重死者自主和尊严的前提。而"遗嘱处分"形式虽然尊重当事人的意思自由，但是"遗嘱处分"制度在人格型数字遗产（隐私、个人信息保护等）继承的问题上面临着涉他性隐私不当披露的问题。传统继承方式遇到的最大阻碍来源于网络服务商中介服务协议的限制。在实践中，网络服务商通常会在用户服务协议中规定用户仅享有账号使用权，账号所有权归属于平台。[①] 例如，微信、QQ的注册协议，声明用户的账号所有权属于腾讯公司所有，初始申请注册人可获得该账号的使用权，但严禁用户进行赠与、借用、租用、转让或售卖。此外，网络服务商也会基于用户协议规定的履行保护用户隐私和个人信息的义务，拒绝死者近亲属对数字账号的访问。网络服务商声称这类限制是为了保护死者隐私的正当行为，此种做法是否有显失公平之嫌暂且搁置不议，但事实上确实给近亲属继承数字账号带来了巨大障碍。

三、死者利益缺位：被忽视的数字人格

理论界存在着死者人格保护"间接说""直接说"的争论。"直接说"以死者利益为保护核心，是死者人格的直接保护模式。这一理论可以追溯到德国1954年的科西马·瓦格纳案和1968年的摩菲斯特案采用的权利（利益）和权利能力分离立场，即自然人死后权利能力消灭，但某些人格权利（价值）继续存在，[②] 法律保护的是死者自身利益。在我国学界，对于死者直接保护立场的讨论也产生了许多学说。有学者认为死者不具有全面的一般权利能力，但可以在某些法律关系中具有部分权利能力，死者生前的人格形象包括姓名、肖像、名誉、隐私等，可以在死后存续。[③] 有学者从法益保护的角度论述，认

---

① 参见顾理平、范海潮：《作为"数字遗产"的隐私：网络空间中逝者隐私保护的观念建构与理论想象》，载《现代传播》（中国传媒大学学报）2021年第4期。

② 参见曹相见：《死者"人格"的规范本质与体系保护》，载《法学家》2021年第2期。

③ 参见刘召成：《论死者人格的立法保护》，载《首都师范大学学报》（社会科学版）2013年第5期。

为死者人格利益属于法益，保护死者利益是维护社会道德、近亲属感情及社会公共利益的需要。① 还有学者提出死者的权利是道德权利而非法律权利，所以基于死者利益保护其人格与权利能力终于死亡的规定不冲突。② 民法具有现世性，权利能力始于出生，终于死亡，所以死者难以成为现有民法的权利主体，但是这并不意味着死者利益的消失。利益具有客观性，是意识之外的客观范畴，不随主体的死亡而消失。死者是其人格利益的主体，而利益主体不以权利能力为基础，即使利益主体死亡，利益客体作为客观存在也不会消失。③ 所以，死者的权利能力和物质性的人格要素虽然消失，但是死者的人格利益和精神性人格要素却可以脱离肉体继续存在。强调死者自身利益的保护，也是站在自然法和伦理道德的立场，充分保障死者的尊严，而尊重死者的逻辑起点在于延续死者的自主意识，排除近亲属利益的干扰。在死者利益直接保护的立场下，死者对于数字账号信息仍拥有一种"控制"，这是合理隐私期待和信息自决超越生死的延续，这种延续进一步体现了对人自由意志的充分尊重。目前"直接说"的讨论，为现有民法体系下的死者利益提供了理论支撑，随着数字时代的到来，死者利益在技术冲击下有了全新的阐释。死者人格利益保护不仅具有尊重逝者的消极价值，并且通过数字载体实现了积极的价值。

技术数字化了人的存在形式，人不仅是原子世界肉身存在之主体，也是虚拟世界数字存在之主体。数字主体不是现实主体的镜像，而是基于数据和信息建构的独立呈现。数字主体可以作为数据集合体在虚拟空间存在，也可以借助数字孪生、虚拟现实等技术在现实空间存在。数字主体在虚拟世界的一切痕迹，都会被代码捕捉并转化成数据，成为建构自我的原料，在这一过程中，数字主体便拥有了可被识别的数字身份和呈现自我的数字人格。数字人格是数字主体以数据为载体的行为自由、精神权益和人格尊严，而数字人格权就是各种"数字载体"中所蕴含的人格权益。④ 数字人格不是传统人格

---

① 参见王利明：《人格权法研究》（第 3 版），中国人民大学出版社 2018 年版，第 172 页。

② 参见陈林林、陈杰：《〈民法典〉保护死者人格利益的法理基础——兼论近亲属权益保护说的理论困境及其解释论分析》，载《广西社会科学》2021 年第 2 期。

③ 参见刘国涛：《死者生前人格利益民法保护的法理基础——读〈死者生前人格利益的民法保护〉后的再思考》，载《比较法研究》2004 年第 4 期。

④ 参见罗有成：《数字权利论：理论阐释与体系建构》，载《电子政务》2023 年第 5 期。

在网络世界的延伸，而是数字主体在数字世界的信息化表达和符号标识的集合，脱离了网络空间，数字人格权便无法实现。[①] 所以数字主体的人格权基于虚拟空间的数据存续，而非基于物理空间的肉身存续。法律语境中的死亡，只是物理空间中肉身的死亡，死者权利能力消灭，不再享有人格权。但是，死者可以作为数字主体，享有数字人格权。数字人格权脱离现实空间的束缚，在虚拟空间依附数据存在，只要数据不毁损灭失，死者的人格便能在逝后延续。不同的时空塑造不同的人格观，现有民法领域的人格观念，是形成于工业社会并延续至今的产物。人格权终于死亡的论断，是因为现有权利能力理论将自我意识的表示作为法律上人的判定标准，脑死亡后意识不存在也无法表达意识，所以人死后权利能力终止。但是，现有技术已经能通过人工智能分析数据信息从而汇聚人的意识，并通过微系统、全脑仿真等技术将意识上传至网络空间。随着技术的发展，在未来"真实+虚拟"充分运用的"元宇宙"社会形态中，意识永生的期许或将会落地。

死者的肉身虽然腐朽消失，但其生前遗留的亿万数字信息碎片却可以越过生死界线成为构筑"数字人格"的细胞。在这些浩如烟海的信息中，有些只是不具备任何内容价值和识别特征的"数字垃圾"。但是数字账号遗留的信息，却可能成为死者数字画像和身份追溯的材料。账号是数字主体进入虚拟社会的中介和虚拟身份的凭证。[②] 根据鲍曼（Bauman）的共同体理论，数字账号可以视为一个用于构建自我和认识他人的空间，[③] 用户通过数字账号这个媒介在数字世界里进行自我表达与建构，在数字世界里开展社交并建立虚拟的社会关系，从而构建一种数字身份。在这个过程中，通过数字主体遗留的大量信息数据，便可以刻画主体在数字世界的"存在"。数字账号信息是死者数字人格和身份建构的重要材料，账号用户通常会期许死后信息数据能够基于自主意愿被妥善处理，保护死者的数字账号信息，是对死者生前合理期待的回应，必须要基于死者本身的利益。

---

① 参见朱程斌：《论个人数字人格》，载《学习与探索》2021 年第 8 期。
② 参见武文颖、王鑫：《数字身份构建的伦理困境及其超越》，载《学习与实践》2023 年第 6 期。
③ Shelly Kreiczer-Levy and Ronit Donyets-Kedar, "Better, Left Forgotten: An Argument Against Treating Some Social Media and Digital Assets as Inheritance in an Era of Platform Power," *Brook. L. Rev.*, Vol. 84, No. 3 (May 2019), p. 703.

四、死者利益保护立场：信托模式的理论设想

保护死者的数字账号信息应当基于死者的利益而非其近亲属的利益。死者生前遗留在数字世界的信息，能够不依赖其物理生命而继续存在，正是这些承载着死者人格身份特征的信息越过生死界线存续，使得死者的人格利益在其逝后依然存在。维护死者的利益不仅满足宪法中对人之自由尊严保护的实然要求，也满足在数字时代构建死者数字人格的应然需要。所以，本文所讨论的死者数字账号信息保护的逻辑起点在于保护死者利益和尊重死者人格，在此基本的立场下，进一步探索新的保护路径。

（一）事前方式：遗嘱信托模式

《民法典》第 1133 条第 4 款规定，"自然人可以依法设立遗嘱信托"。遗嘱信托是指遗嘱人在遗嘱中明确表明将其遗产的全部或部分在其死后委托于受托人，由受托人依信托宗旨为遗嘱人所指定的受益人或者其他特定目的管理及处分信托财产。[①] 遗嘱信托汲取了遗嘱和信托两大法律机制的优势。继承法的个人主义原则是遗嘱自由，表现为超出死亡而得以延长的所有权自由，[②]是对死者意思自主最大限度的尊重。信托制度是一种财产管理制度，自然人可以在意思自治的基础上委托更加合适的主体为其财产进行持续性的管理。在死者数字账号信息保护中引入遗嘱信托制度，是死者利益直接保护立场的体现。前文已论述，用继承法的路径解决死者数字账号保护问题而延伸出的法定继承路径，无法满足尊重死者自主的前提。另外一种遗嘱处分的路径，虽然能体现死者的自主性，但是传统的遗嘱处分制度限于财产领域，对于虚拟财产的继承，特别是数字账号信息数据的继承保护，缺乏具体制度架构的支撑，也存在难以逾越的技术壁垒。相对于传统法定继承和遗嘱继承形式，遗嘱信托可以在确保遗嘱自由、尊重意思自主的前提下，借助信托机制实现对数字遗产的保护、管理、保值和增值。

数字账号信息遗嘱信托制度的实践面临着诸多困难。一是用户缺乏为自

---

① 参见和丽军：《民法典遗嘱信托制度的完善》，载《福建师范大学学报》（哲学社会科学版）2020 年第 5 期。

② 参见李宏：《遗嘱继承制度的"社会利益说"及其评析》，载《河南师范大学学报》（哲学社会科学版）2011 年第 1 期。

己的数字资产订立遗嘱和妥善处分的意识。一项来自澎湃新闻的"你想如何为自己的社交账号处理后事"调查显示，约有四成受访者对死后社交账号的处理并不在意。①《2020 年中华遗嘱库白皮书》中显示，21.35%的"90 后"在遗嘱中提及虚拟财产，② 涉及数字遗产的遗嘱仅在青年人中引发了小范围关注。死亡对于任何一个人来说都是一个敏感话题，在中华文明语境中大众也倾向于对死亡避而不谈。大多数用户避讳提及死亡的话题，那么就更不可能为数字遗产做出提前的安排。二是用户缺乏为数字资产订立遗嘱信托的途径。遗嘱信托有别于一般的遗嘱，首先用户要具备一定的法律和财产管理意识；其次用户要找到一个合适的受托人处理自己的数字遗产，若无法寻找到合适的自然人作为受托人，用户还需要一个专业的组织或者机构帮助其完成遗嘱信托。但目前，对于数字资产建立遗嘱信托的便捷机制仍旧是一个空白的领域。

构建数字账号信息遗嘱信托便捷机制是目前更为可取的路径，这个路径的构建不能单纯依靠用户对于妥善处理数字遗产意识的自发提高，而是应当借助一个更加高效稳定的中介来搭建一个更为可行的落实路径，并倒逼用户形成此种意识。网络服务商是合适的中介主体，应当鼓励平台为用户制定遗嘱信托提供便利。其一，网络服务商可以为用户推荐各种第三方遗产管理服务，或是与第三方合作为用户提供可选择的"数字遗产管理人"清单。目前国内外已涌现不少有关数字遗产管理的实践，数字遗产管理系统、数字纪念馆、网上公墓、遗产托管等期待更快进入大众的视野。其二，网络服务商可以作为遗嘱信托的受托人。服务商可以通过服务协议、合同条款等事前协议方式引导用户订立数字遗产信托遗嘱，亦可以将格式遗嘱信托协议嵌入在线工具使用。其三，网络服务商可以创新数字遗产管理的技术方案。例如，腾讯已获得了一项"数字资产凭证继承转移中的信息处理方法和相关装置"的专利授权，Facebook 和苹果公司均推出了"遗产联系人"服务。

---

① 《"寿"后服务：去世后我的社交账号何去何从?》，2022 年 7 月 8 日，载澎湃新闻，https：//www. thepaper. cn/newsDetail_ forward_ 18929665，最后访问时间：2023 年 7 月 16 日。

② 央视新闻客户端：《中华遗嘱库发布白皮书"00 后"已开始立遗嘱了》，2021 年 3 月 19 日，载央视网，http：//m. news. cctv. com/2021/03/19/ARTIv44PGXpjgodqqxoQZREK210319. shtml，最后访问时间：2023 年 7 月 16 日。

（二）数据集体管理模式：第三方数据信托

遗嘱信托模式完全基于死者生前的意思表示，属于事前的数字账号信息保护路径，也体现了数据主体对数据的自我管理和控制，其实质是在数据个人赋权模式下，通过死者生前行使数据可携带权、删除权等数据权利，再衔接继承法的路径在死后实现对账号信息数据的处理。遗嘱信托制度虽是死者自主意识最大限度的体现，但是仍旧面临着传统数据个人赋权制下数据主体和数据控制人之间权利义务不均衡导致权利难以实现，以及继承法路径下网络服务商中介协议限制的双重困境。此外，为虚拟账号订立遗嘱这个观点在目前依旧是非主流，实践中，对于大量死者生前未订立遗嘱、未委托进行处理的数字账号信息，无法适用遗嘱信托路径进行保护。那么对于这部分信息数据，是否就可以理所应当让死者的近亲属来进行管理呢？答案当然是否定的。对于这类信息数据的保护，依旧要坚持保护死者利益的核心立场，死者近亲属并非死者数字账号信息的权利人。本文为未经委托的各类数字账号信息引入数据信托的保护路径，并将论述该模式在缺乏死者生前明确授意的前提下，对死者数字账号数据进行保护的合理性以及该模式构建的基本框架设想。

1. 数据信托模式构建的正当性和合理性

数据信托作为一种解决数据流通和共享领域的隐私和安全问题，平衡传统数据自我管理模式下数据主体和数据控制者之间张力的法律结构被提出。这个新兴概念的定义目前在国际实践和学界均未达成共识，其内涵和外延在不断丰富和完善。① 数据信托最早由爱德华兹（Edwards）在 2004 年发表的《隐私问题：一个温和的建议》中开创性提出，不过该文是从数据信托的角度来论述如何平衡数据控制者和消费者之间的关系，从而保护消费者的隐私。② 目前的数据信托主要发展出了两种不同的模式，第一种是美国的"信息受托人"模式。2014 年，美国学者巴尔金（Balkin）在《数字时代的信息受托人》

---

① 参见钟宏、袁田：《数据信托的制度价值与创新》，载《中国金融》2021 年第 19 期。

② LiLian Edwards, "The Problem with Privacy: A Modest Proposal," *International Review of Law Computers & Technology*, Vol. 18, No. 3 (November 2004), pp. 263-294.

中提出收集、分析、使用个人信息的服务商为信息受托人，[①] 并于 2016 年在《信息受托人与第一修正案》中系统阐述了该设想。[②] "信息受托人"设想也于 2018 年在美国《数据保护法案》对网络服务商的责任设置中直接体现出来。"信息受托人"模式有其难以平衡的利益冲突，即信托法要求受托人为恪守忠实义务实现委托人利益最大化和网络服务商作为私人经济体利用数据逐利之间存在着张力，所以美国模式对于我国的借鉴意义有限。第二种是英国的"第三方数据信托"模式。数据信托在英国也有不同的界定，本文借鉴了德拉克鲁瓦（Delacroix）和劳伦斯（Lawrence）提出的"自下而上"的数据信托模式：在数据主体和数据控制者之间，引入第三方即数据信托，受托人基于汇集的数据主体权利，凭借专业知识和技术能力对抗数据控制者，从而实现数据主体和控制者之间的权利平衡。[③] 引入独立的第三方管理数据的设想为处理未经委托的死者数字账号信息数据提供了启迪。因数据信托本身是具有高度情境化特征的，所以每个数据信托都具有独特性，[④] 难以总结也无须遵循一个既定的信托模式。并且数据信托的设想来源于普通法信托的灵感，而不是完全法律意义上的信托。所以本文借用数据信托的设想，基于死者数据处理的特殊情景，为未委托死者数字账号信息数据的处理，提供一个可参考的第三方参与的集体治理路径。[⑤]

引入第三方数据信托管理未经委托的死者数字账号信息，首先需要解决的是如何尊重死者自主性的问题。委托人"同意转移财产所有权"之意思表示是信托成立的前提，[⑥] 所以数据信托成立的前提是死者生前有同意将数据委托给第三方管理的意思表示。但是为了避免陷入与遗嘱信托相同的困境，数

---

① Jack M. Balkin, *Information Fiduciaries in the Digital Age*, https://balkin.blogspot.com/2014/03/information-fiduciaries-in-digital-age.html（2023-7-16）.

② Jack M. Balkin, "Information Fiduciaries and the First Amendment," *U. C. DAVISL. REV*, Vol. 49, No. 4(April 2016), p.1186.

③ 参见翟志勇：《论数据信托：一种数据治理的新方案》，载《东方法学》2021 年第 4 期。

④ ODI, *Data Trusts: Lessons from Three Pilots*, http://theodi.org/article/odi-data-trusts-report,（2023-7-16）.

⑤ 参见丁凤玲：《个人数据治理模式的选择：个人、国家还是集体》，载《华中科技大学学报》（社会科学版）2021 年第 1 期。

⑥ 参见冯果、薛亦飒：《从"权利规范模式"走向"行为控制模式"的数据信托——数据主体权利保护机制构建的另一种思路》，载《法学评论》2020 年第 3 期。

据信托并不要求死者生前有明确的处理和委托数字账号信息数据的同意，只需要死者生前同意之意思表示达到个人信息"知情—同意"原则下概括同意的程度即可。通常，数据控制者通过用户协议和隐私政策获得信息、数据使用的概括同意，所以数据信托可以借助网络服务商作为获取同意的中介通道。第三方数据信托机构可以和网络服务商建立合作，要求网络服务商在中介服务协议中添加条款，声明将由第三方数据信托机构给用户提供存储和保管逝后数据的服务，以获得用户的概括同意。由于死者生前未对其数字账号信息数据的处理和使用做出任何积极的意思表示，所以处理该类信息和数据最好的方式就是尽可能"保持原状"，延续死者生前的选择、习惯、倾向和喜好。由第三方数据信托代替死者近亲属对其账号信息进行保护是更合理的选择，首先这能够避免近亲属对死者的个人信息行使权利而架空了死者本身的法益。其次，这种方式更符合死者的合理隐私期待在逝后的延续。在传统继承理念的影响下，社会大众会先验地认为，由继承人和近亲属管理死者的数字账号是正当的，但实际上，在数字账号上遗留的具备高度私密性的隐私信息，反而是最不希望其近亲属知悉的，[①] 盲目地将用户隐私披露给其近亲属可能与用户的隐私期待背道而驰。最后，数字账号信息的处理和利用本身存在一定的技术壁垒，死者近亲属和其他遗嘱信托的受托自然人通常不具备对于信息数据进行管理的技术能力和知识水平，可能无法发挥出死者数据利用的潜在价值。退言之，由自然人管理死者数字账号信息数据依旧难以突破网络服务商的限制。在数据信托中，作为受托人的第三方承担忠实义务，受托人以委托人或受益人利益为一切决策的出发点，不得从事任何与受益人利益相悖的行为。[②] 数据信托的第三方机构具备相应的技术能力和专业技能，同时基于汇聚的数据主体的权利而具备足够的话语权，能够抗衡数据控制者从而达到权利的平衡，顺利履行对死者信息数据妥善管理的义务。

---

① 参见顾理平、范海潮：《作为"数字遗产"的隐私：网络空间中逝者隐私保护的观念建构与理论想象》，载《现代传播》（中国传媒大学学报）2021年第4期。
② 参见朱圆：《论信义法的基本范畴及其在我国民法典中的引入》，载《环球法律评论》2016年第2期。

2. 第三方数据信托模式的实现路径

构建第三方数据信托的设想具有以下几个特征：其一，"引入独立第三方"。在数据信托模式下，承担信托义务的不是网络服务商，而是独立于数据控制者和使用者的第三方数据信托机构。数据信托机构的独立性是保证其将委托人利益作为决策出发点的前提。其二，"基于死者的利益"。数据信托应当基于死者利益，保护死者的人格尊严。对于死者未提前委托的情形，信托机构需要尽可能维持死者数字账号信息的原状，并且承担防范和排除第三人对死者信息不当利用和侵害的义务。其三，"数据安全管理"。数据安全是数据流通共享的重要原则，事关数据主体的隐私和人格尊严。数据信托机构必须具备专业的技术能力保障数据安全，守护受托人的信赖利益。张小松教授提出："数据信托需从隐私保护、数据确权、数据追溯、权益可信分配等多方面提供技术支持，关键技术包括隐私检验、脱敏处理、区块链、隐私计算技术。"[①] "区块链+隐私计算"技术的成熟不仅成为数据信托机构建立信任的支撑，也为信托机构对数字账号信息进行增值性管理，激活死者数据信息经济价值提供了可能。一直以来死者信息数据是否可以进入公共领域存在争议，死者隐私等人格利益和公众知情权益之间存在着张力。但是通过隐私计算技术（如多方安全计算、差分隐私、匿名化等）对于死者数据进行匿名、清洗和脱敏，实现数据的可用不可见，可以让死者数据重回数据流通领域，用于医学科研和社会历史学的研究。其四，"公共模式"。此种数据信托模式是针对死者生前未委托处理数字账号信息的特殊情形，目的是填补未委托情况下死者利益保护的空白，并促进死者信息数据的流通。为消除公众特别是死者近亲属对数据信托机构的顾虑，并有力排除网络服务商中介服务协议的限制，需要由政府机构为数据信托机构进行背书。故可以设想由现有数据监管部门担任公共监管机构，制定数据信托遵循的原则和实践的细则，承担数据信托运行监督管理的职责。其五，数据控制者的义务规范：数据信托机构能够实现对数据的管理必须以数据控制者相配合为前提。依靠数据信托以聚集用户数据权利方式与数据控制者谈判协商，虽有可能实现数据主体和控制者的权

---

① 《备受瞩目的"数据信托"，真解药还是伪乌托邦?》，2021年9月17日，载微信公众号"算力智库编辑部"，https://mp.weixin.qq.com/s/CGnHFFWRAPdRwIcleVT_8g，最后访问时间：2023年7月16日。

利制衡，但时刻面临着失灵的风险。造成这个局面的根本原因是单纯通过立法给个体赋权的方式无法与强权的数据控制者抗衡，导致个体数据权利在事实意义上落空。所以必须要重思数据主体和控制者之间不平衡的权利义务关系，由传统赋权保护模式转向数据控制人义务规范为核心的权利保护进路。①《民法典》第 1038 条规定了信息处理者的信息安全保障义务，这是为数据主体设置法定义务规范以平衡权利的体现。为用户提供死后数据信托机构的通道服务，在一定程度上也体现了平台积极履行保障用户信息数据安全的义务，因为数据信托的核心价值就是数据安全。

五、结语

弗里德里希·基特勒说过："如果说墓碑是树立在文化开端的象征，那么我们的媒体技术就能够召唤回所有的神灵。"② 数字时代，生命的一切痕迹都被印进代码，数据具备了物质和精神双重属性。技术可以利用逝者的信息和数据穿越生死的界限，构筑数字时代的"数字永生"，让死亡变成遗忘和唤醒的循环往复。死者数字账号信息具有财产和人格价值，是构筑死者数字身份的重要介质。对于死者数字账号信息的保护，现有路径都是"近亲属权益保护说"主张的间接保护模式。但是，个人信息保护法的路径忽视了死者的自主性和尊严，传统继承法路径面临着死者意志受限、涉他性隐私不当披露和网络服务商限制等问题。数字和技术重构了人的存在形式，死者可以享有信息和数据构建的数字人格，所以死者信息保护在数字时代应当是基于其自身的利益。本文对于死者数字账号信息保护提出了信托模式的设想。首先，鼓励死者通过事前遗嘱信托的方式，妥善处理数字账号信息，这也是对继承法路径的补充。其次，对于死者事前未委托的数字账号信息，通过引入独立的第三方机构提供数据信托服务，实现对死者数字账号信息数据的管理。专业的数据信托机构通过技术手段保障数据管理的安全，并激发死者数据的流通价值，可以实现对死者信息从消极保护到积极管理的思路转变。此外，数据信托路径是通过数据集体治理方式来对抗数据控制者的数据强权，可以在一

---

① 参见冯果、薛亦飒：《从"权利规范模式"走向"行为控制模式"的数据信托——数据主体权利保护机制构建的另一种思路》，载《法学评论》2020 年第 3 期。

② Friedrich Kittler, *Gramophone, Film, Typewriter*, Stanford University Press, 1999, p. 13.

定程度上恢复数据主体的权利自主性。信托模式能够满足死者生前的合理期待，尊重死者的人格尊严和自主权，同时回应信息时代数据流通的需求。通过信托模式，我们可以守护死者的利益，让死者的信息在数字时代延续价值。

论数字平台互联互通的实现路径

——概念厘定、制度定位与方案设计

尹玉涵*

（上海交通大学凯原法学院，上海 200030）

摘　要：数字平台开放的核心是实现互联互通。在网络空间的财产性质和支撑技术变革的背景下，重申互联互通意在重塑数字平台秩序，而非回归公共互联网。平台间横向服务的互联较为困难，当前互联互通的关键在于促成平台内纵向服务的互联和公开数据的互联。互联互通的监管要求拥有数字基础设施的平台超越私人财产属性，承担公共性义务。所涉交易模式属于撮合商业用户和最终用户之间的中介模式，最终用户、商业用户和撮合交易的数量达到一定量级，以及在同类产品中不具有可替代的竞争者，表明相关服务和数据构成基础设施，需要赋予对商业用户公平、合理、非歧视的互联义务。这种强有力的干预非反垄断法既有目标与工具所能解释与构建，需要借助行业规制手段落地实施。具体方案是事前确立数字基础设施与互联互通的基本准则，并分别采用经典规制、后设规制和精巧规制三种进路推动横向服务、纵向服务与公开数据的互联。

关键词：互联互通；互操作；数字基础设施；行业规制

一、背景与问题

互联互通是互联网诞生的初心，服务的相互衔接和数据的无障碍流动是互联网得以不断创新的重要基础。但是随着数字平台的出现与崛起，服务趋

---

* 尹玉涵，上海交通大学凯原法学院博士研究生。

于彼此独立，数据趋于内部循环，逐渐形成以平台生态系统为主体的"围墙花园"。在塑造"围墙花园"的过程中，数字平台实施了许多引发竞争法关注的排他性行为，最早为外界所熟知的当属 2010 年前后腾讯与 360 杀毒软件之间爆发的"3Q"大战中相互排斥的行为。[①] 近年来，微信平台对今日头条、抖音等字节跳动系服务等数字平台封禁行为更是引发了一系列反垄断诉讼。[②]

然而，仅通过反垄断法的个案分析、事后规制方式无法及时、全面地促成数字平台从封闭走向开放。数字平台的封禁行为往往是成规模、大范围的相互行为。微信对外链内容中包含分享诱导类、关注类内容的严格禁止，[③] 淘宝、今日头条等都遭遇过微信不同程度的外链封禁，淘宝也曾屏蔽微信的浏览要求，今日头条也曾禁止推广微信账户。此外，反垄断法既有规制框架中的市场界定、行为分析和救济措施限制了执法机构在数字平台反垄断案件中充分应对数字平台封禁行为、要求数字平台互联互通。[④]

因此，我国开始尝试以更加主动、强势的监管方式干预数字平台的封禁行为，推动数字平台的互联互通。工业和信息化部（以下简称工信部）于 2021 年 9 月 9 日召开行政指导会，要求各大数字平台限期解除网址链接的屏蔽，否则将采取处置措施。[⑤] 国家市场监督管理总局于 2021 年 10 月 29 日公布了《互联网平台落实主体责任指南（征求意见稿）》（以下简称《平台落实主体责任指南》），规定了超大型平台开放生态的义务。[⑥] 2022 年 12 月 19 日发布的《中共中央 国务院关于构建数据基础制度更好发挥数据要素作用的

---

① 参见奇虎公司与腾讯公司垄断纠纷上诉案，最高人民法院（2013）民三终字第 4 号民事判决书。

② 侯利阳：《互联网平台反垄断的局限与突破：由"腾讯封禁抖音案"引发的思考》，载《商业经济与管理》2021 年第 4 期。

③ 微信团队：《微信外部链接内容管理规范》，2021 年 9 月 17 日，http：//weixin. qq. com/cgi-bin/readtemplate？t=weixin_ external_ links_ content_ management_ specification，最后访问时间：2023 年 7 月 15 日。

④ 郭传凯：《互联网平台企业封禁行为的反垄断规制路径》，载《法学论坛》2021 年第 4 期。

⑤ 财经杂志：《工信部牵头取消外链限制，互联网巨头冷暖自知》，2021 年 9 月 13 日，载新浪网，https：//finance. sina. com. cn/tech/2021-09-13/doc-iktzscyx4013883. shtml，最后访问时间：2023 年 7 月 15 日。

⑥ 国家市场监督管理总局《互联网平台落实主体责任指南（征求意见稿）》，第 3 条，2021 年 10 月 29 日，https：//view. officeapps. live. com/op/view. aspx？src=https%3A%2F%2Fwww. samr. gov. cn%2Fcms _ files% 2Ffilemanager% 2F1647978232% 2Fattach% 2F20233% 2FP020211029613173130339. docx&wdOrigin=BROWSELINK，最后访问时间：2023 年 7 月 15 日。

意见》（以下简称《数据二十条》）也将促进数据整合互通和互操作作为数据要素流通和交易制度的重要环节。①

在政策层面关注到互联互通监管的同时，研究也开始讨论系统推进的监管方案，但有较多分歧。存在全面互联互通、② 服务互联互通、③ 数据互联互通④与数据携带权⑤等多种有关互联互通方向的认知。在如何具体实施监管方面存在推动反垄断积极的救济措施和制定守门人义务清单、⑥ 嵌入竞争合规和公平竞争审查、⑦ 管制部门灵活制定标准的方式实施事前监管⑧等多种设想。产生这些分歧的原因在于互联互通概念和制度定位的模糊。数字平台互联互通的概念较为抽象，事前监管只说明介入时机但缺少固定方案，这使得不同研究者在考虑数字平台互联互通时有不同侧重，对数字平台互联互通具体监管方案的构建呈现碎片化，甚至相互冲突、缺乏共识，难以为现实的制度设计提供全局性的参考。

在数字平台的语境下，互联互通的概念具体指的是什么？基于推动数字平台互联互通而出现的监管方案，应当发挥怎样的功能，在反垄断法还是行业规制的框架下推进？具体的监管方案又该如何设计？深入财产属性与支撑技术层面思考，数字平台已经不再等同于公共互联网的简单链接，有必要将数字平台的互联互通视为一个多层次的整体性概念，以场景化方式厘清服务、数据互联的限度，并在此基础上确立数字平台互联互通监管的功能定位，最终完成数字平台互联互通具体监管方案的构建，为更进一步的数字平台开放生态的布局建言献策。

---

① 《中共中央 国务院关于构建数据基础制度更好发挥数据要素作用的意见》，第 3（8）条，2022 年 12 月 19 日，载中国政府网，https://www.gov.cn/zhengce/2022-12/19/content_5732695.htm，最后访问时间：2023 年 7 月 15 日。

② 方兴东：《"互联互通"解析与治理——历史维度与全球视野透视中国互联网深层次的问题与对策》，载《湖南师范大学社会科学学报》2021 年第 5 期。

③ 焦海涛：《平台互联互通义务及其实现》，载《探索与争鸣》2022 年第 3 期。

④ 陈兵：《破除数据型垄断 推进平台互联互通》，载《中国市场监管研究》2022 年第 12 期。

⑤ 侯利阳、贺斯迈：《互联互通视角下的平台挑战与制度因应——以自我优待为视角》，载《东北师大学报》（哲学社会科学版）2022 年第 6 期。

⑥ 焦海涛：《平台互联互通义务及其实现》，载《探索与争鸣》2022 年第 3 期。

⑦ 刘乃梁、吕豪杰：《平台经济互联互通：规制源流、进路与中国方案》，载《中国特色社会主义研究》2022 年第 4 期。

⑧ 王磊：《走出平台治理迷思：管制与反垄断的良性互动》，载《探索与争鸣》2022 年第 3 期。

二、数字平台语境下互联互通的概念厘定

"互联互通是互联网的初心"，但对互联网宽泛和抽象的理解，模糊了互联互通的概念。前文所指互联网是早期的公共互联网，而非进阶的数字平台模式。认识到从公共互联网到数字平台阶段网络空间在财产属性和支撑技术等层面发生的巨大改变，将有利于形成对互联互通这一概念更加清晰的认知，尤其是理解互联互通存在不同层次而不可以一概而论，进而明确数字平台互联互通可能的发展方向及其限度。

（一）数字平台互联互通的概念语境与内涵

在 50 余年间，网络空间完成了从公共互联网到数字平台的形态变迁。这种形态变迁使得互联网从一个公共领域转变为若干个受到互联网企业控制的私人财产，网络空间的支撑技术也完成了从以连接为目的到以控制为目的的转变，从而脱离了早期互联互通的发展路线，走上了更独立、更封闭的道路，这也使得互联互通出现了从公共互联网到数字平台的语境变迁，进而影响其概念内涵的形成。

互联网的前身是 1969 年美国军用的阿帕网（Arpanet），之后美国政府有意开发这一网络的实用功能，接入更多的科研机构、商业公司和高校教育网，采用"端到端原则"，便于工程师在网络终端创建程序和内容自由传输，不受任何外界的过滤和干预。在互联网的普及过程中，"端到端原则"作为底层逻辑始终未发生改变，普通用户也可以加入程序和内容创建，网络空间由此获得了极大的创新。[1] 美国政府作为这一开放网络的运营者，不以盈利为目的地维护，实则创造了一个面向公众的虚拟公共空间。各国政府通过向美国政府提出接入请求，使得互联网逐步覆盖全球。

20 世纪 90 年代，蒂姆·伯纳斯·李带领的团队开发了万维网，使得网络内容转变为一个相互关联的信息空间，成了真正意义上的互联网。在万维网的技术下，只要借助三种标准协议（HTML，URL，HTTP），就可以创建链接。这些协议对任何人都开放和免费，用户可以建立自己的网站，可以链接

---

[1] Jonathan Zittrain, *The Future of Internet and How to Stop It*, Yale University Press, 2009, pp. 67-71.

到任何内容，无论使用何种电脑、何种网络（这里指的是底层网络，宽带、电话入网等）、何种软件、何种语言。[①] 万维网所开创的三种标准协议均为免费、开放的技术，以无障碍地实现连接为目的。其中，URL 是互联互通的关键，它允许对任何链接的追踪，而不论内容为何、由谁发布。[②]

发现潜在商机的企业在吸收互联网法律规制缺位的早期红利，为互联网创造更多可能性的同时，也将原属于公共空间的数据纳为己有，实现互联网演进中的"非法兴起"。它们利用版权保护的漏洞，将大量盗版作品上传；发掘互联网提供服务和数据的更多可能，挤占线下服务的交易机会；借助网络用户生成内容的热情，签订服务协议将内容纳为己有。[③] 等到用户基础稳定、内容供应机制成熟、服务和数据充分积累后，互联网企业又通过技术措施、司法救济等方式应对常见的外挂、流量劫持、加框链接、广告屏蔽等行为，谋求边界清晰的私人产权，希望提供的服务不受外界干扰，数据在自己的架构中流动。[④] 互联网在这一商业化的过程中逐渐走向封闭。发展到数字平台阶段，随着私人财产属性的日益强化，封闭成为更加流行的发展趋势。

数字平台互联互通的技术原理在于使用应用操作界面（Application Programming Interfaces，API）进行互操作。理论上，API 技术为数字平台提供了自由选择是开放还是封闭的自主决策权，数字平台可以在法律对于服务、数据的交互尚无明确规定时更加自主地争取自身的架构利益，划定私人产权的边界，通过开放链接、提供服务交互、提供数据传输等收取费用，也可以通过不予直链、拒绝服务交互、拒绝数据传输等行为拒绝互联。然而，问题在于数字平台利用 API 技术更多实现了抑制互联而非促进互联的效果，导致互联网公共空间被压缩，服务交互和资源流通被限制。

通过选择封闭、抑制互联，数字平台可以防止竞争对手"搭便车"引流，

---

① Tim Berners-Lee，"Long Live the Web：A Call for Continued Open Standards，" *Scientific American*，Vol. 303，No. 6（November 2010），p. 82.

② Tim Berners-Lee，"Long Live the Web：A Call for Continuead Open Standards，" *Scientific American*，Vol. 303，No. 6（November 2010），p. 82.

③ 胡凌：《"非法兴起"：理解中国互联网演进的一个视角》，载《文化纵横》2016 年第 5 期。

④ 胡凌：《互联网"非法兴起" 2.0——以数据财产权为例》，载《地方立法研究》2021 年第 3 期。

将规模性数据限制在自己的架构内，与竞争对手在竞争优势上拉开差距。[①] 数字平台提供自营服务，作为中介撮合交易，通过收购、纵向一体化等方式融合不同场景，构筑自己的生态系统，无须与外部交互就可以实现服务提供、数据流动、用户锁定，开放反而会导致流量、数据、用户的流失，因此数字平台更希望构建相对独立、封闭的私域。2020 年美国国会对数字平台的市场调查显示，亚马逊通过自我偏好、盗用和降低互操作程度的结合，使几个开源项目更加封闭，试图用自营产品消除跨平台产品；苹果在智能语音市场上进行互操作的限制，使用 Siri 引导用户使用自己的产品和服务；脸书有条件开放第三方互操作，并且拒绝竞争社交网络互操作以锁定用户。[②]

因此，互联互通虽是互联网的初心，但发展至数字平台阶段，网络空间的架构主要由商业逻辑所支配，服务和数据的配置方式空前复杂，静态网页时期自发的互联互通已不再能够涵盖当前数字平台互联互通的内涵。在网络空间已经不可逆转地商业化、数字平台成为私人财产的语境下，互联互通的内涵是通过调整 API 技术的运用，实现服务、数据的互操作。互联互通的实现不是回归到早期公共互联网完全联通的状态，而是找寻将数字平台纳入私人产权的领域重新拉回公共空间的可能与限度，防止网络空间进一步朝着封闭化发展。

（二）数字平台互联互通的概念外延及其限度

实现网址链接的自由跳转是公共互联网时代实现互联互通的主流方式，工信部要求平台限时解除网址链接的屏蔽，是对数字平台互联互通的初步推动。但仍需认识到的问题是，在数字平台时代，建立开放生态所需要的互联互通，其要义并不止于实现跨平台网址的相互跳转，而指向了更加深层次的服务和数据层面的互联互通。

服务层面的互联互通可以进行横向与纵向的划分，横向互联发生在不同

---

① 王晓晔：《数字经济反垄断监管的几点思考》，载《法律科学》（西北政法大学学报）2021 年第 4 期。

② Subcommittee on Antitrust, Commercial and Administrative Law of the Committee on the Judiciary, *Investigation of Competition in Digital Markets*, pp. 325, 374, 167, 384, https：//fm. cnbc. com/applications/cnbc. com/resources/editorialfiles/2020/10/06/investigation_ of_ competition_ in_ digital_ markets_ majority_ staff_ report_ and_ recommendations. pdf （2023-7-15）.

数字平台的同类服务之间，纵向互联则发生在数字平台与平台内商业用户的互补服务之间。[①] 横向互联的要义是在不同平台的同类服务之间形成一个深度连接的网络，使得商业用户或最终用户可以实现同类服务的跨平台交互使用。这种深度连接要求同类服务之间实现全协议互操作（full protocol interoperability），也即全部功能的充分交互，[②] 以防止用户产生在使用若干独立网络的割裂感。当前横向互联的讨论更多集中在社交服务上，社交服务领域的集中度高，超级平台主导，与同样提供通信服务的电信市场相似，横向连接对用户而言具有实际利益。[③]

然而，同类服务的横向互联应用范围十分有限，因为许多服务均基于特定用户网络或交易关系而在特定平台内展开，无须平台间的交互。引入深度互联，如在淘宝上浏览唯品会的产品，在美团上浏览饿了么的外卖，开展腾讯与 zoom 的联合线上会议等，对于最终用户而言可有可无，自行切换手机应用就可以选择不同服务，对于数字平台却意味着突破合同约束，承担更多管理责任。此类横向互联模糊了平台管理的边界，成本收益不成正比，很难持续推进。

相较于横向互联，纵向互联的应用场景更为广泛，是实现数字平台服务层面互联互通的主要方向。纵向互联是指互补品如音乐文件与音乐平台、电子书与电子平台之间的共享程度与可访问程度。[④] 平台内商业用户提供的服务与数字平台大多属于互补品关系，平台内商业用户只开展较为有限和集中的

[①] OECD, *Data portability*, *Interoperability and Digital Platform Competition*, pp. 20 - 21, https://www. oecd. org/daf/competition/data - portability - interoperability - and - digital - platform - competition - 2021. pdf（2023 - 7 - 15）.

[②] European Comission, *Competition Policy for the Digital Era*, pp. 83 - 84, https://op. europa. eu/en/publication - detail/-/publication/21dc175c - 7b76 - 11e9 - 9f05 - 01aa75ed71a1/language - en（2023 - 7 - 15）.

[③] Competition and Markets Authority, *Online Platforms and Digital Advertising*, p. 370, https://assets. publishing. service. gov. uk/media/5fa557668fa8f5788db46efc/Final_ report_ Digital_ ALT_ TEXT. pdf（2023 - 7 - 15）. Inge Graef, "Mandating Portability and Interoperability in Online Social Networks: Regulatory and Competition Law Issues in the European Union," *Telecommunications Policy*, Vol. 39, No. 6（July 2015）, pp. 502 - 514.

[④] Wolfgang Kerber and Heike Schweitzer, "Interoperability in the Digital Economy, 8 Journal of Intellectual Property," *Information Technology and Electronic Commerce Law*, Vol. 8, No. 1（April 2017）, pp. 39 - 40.

业务类型，它们希望借助数字平台的渠道与更广泛的用户实现连接，数字平台也需要这些商业用户充实自己的生态系统、吸引更多的最终用户或带来直接的营收。由于平台内商业用户众多，提供的服务各异，这使得纵向互联的场景更广泛，也更个性化。微信平台与小程序、安卓应用市场与应用软件、淘宝平台与入驻商家纵向互联所涉及的内容就有很大差别。即便是同一平台与互补品，也会因为具体功能的差异存在互联内容的进一步细分。

服务互联与数据互联常常交织在一起，当平台经营者进行服务互联时，通常伴随着必要的数据互联，如微信用户启用微信小程序时会被要求获取用户的头像和昵称。当数据互联单独出现时，则主要指代以数据交易为目的的互联。数据互联涉及具有经济价值的、公开的规模性数据，包括购物平台上的商品展示页面、微博社交平台上的用户评论、点评软件上的用户评价等。[①]由于重要的经济价值，部分规模性数据需要付费获取，如在微博开放平台的介绍界面上，批量获取相关关键词的微博、一条微博的全部转发、某个用户的微博或评论等特定微博内容均属于付费项目。[②]那些由数据平台通过收集、分析、加工大量数据而形成的衍生数据则不在数据互联的范畴之内，它们是辅助于服务改进、商业决策的重要工具，数字平台在生产过程中倾注了财力、物力，更倾向于以非公开方式保存和使用，甚至采取保密措施，将其作为商业秘密进行保护，[③]因此衍生数据很难进入自由流通的市场。

互操作技术强调数字平台而非最终用户转移数据的意愿和能力，构成这种数据互联必要的技术支持。与服务互操作所采用的技术类似，数据互操作是通过创建和维护 API，实现第三方对数据实时、标准化的访问，有时与服务互操作并行，有时独立于服务互操作而存在。[④]此外，数据携带权使得最终用户所拥有的可以从数据控制者处以结构化的可读方式免费转移个人数据的权

---

① 孔祥俊：《论反不正当竞争法"商业数据专条"的建构》，载《东方法学》2022 年第 5 期。

② 《Business API 文档》，2023 年 7 月 14 日，载微博开放平台，https://open.weibo.com/wiki/Business_API%E6%96%87%E6%A1%A3，最后访问时间：2023 年 7 月 15 日。

③ 沈健州：《数据财产的权利架构与规则展开》，载《中国法学》2022 年第 4 期。

④ European Comission, *Competition Policy for the Digital Era*, pp. 84-85, https://op.europa.eu/en/publication-detail/-/publication/21dc175c-7b76-11e9-9f05-01aa75ed71a1/language-en（2023-7-15）.

利，① 被一些研究视为实现数据互联的一种路径。② 然而，数据携带权通常发生在同质性服务之间，转移伴随较高的成本，如离开熟悉的人际网络，不仅适用场景有限，用户行使意愿也有限。③ 归根结底，数据层面的互联互通不应是仅由最终用户带动的个人的、小范围的、静态的、一次性的转移，而应是由数字平台带动的多元数据的、大规模的、动态持续的流通。调动和处置海量数据的能力仍然掌握在数字平台手中，并构成数字平台的重要资产，这就意味着数据层面的互联互通最终仍需要数字平台的同意与调动，以商业化的交易方式来实现。④

三、互联互通监管的制度定位

网络空间逐渐封闭的发展趋势是市场趋利避害的结果，由数字平台的私人财产属性所决定，监管实际上是以法律手段对服务与数据的互联互通予以强制，它意味着要求数字平台超越私人交易属性，履行公共义务，其理论依据是赋予基础设施拥有者的非歧视义务。互联互通监管的实现具有多元目标、普遍适用、灵活调整等特征，已经超出了反垄断法的可及范围，属于一种行业规制。

（一）以数字基础设施作为理论依据

交易的意愿、对象和程度皆属于经营自主权的范畴，互联互通也在此范畴，数字平台有权自主决策。但当某些服务和数据已为社会、经济运行所不可或缺时，就有可能超越私人财产属性，成为基础设施。基础设施的持有者在交易中具有非歧视的公共义务，在数字平台领域，这一公共义务包含互联互通层面的非歧视要求。

传统意义上，基础设施（infrastructure）是指公共承运人或是公用事业所

① General Data Protection Regulation, Article 20, https：//gdpr-info. eu/ （2023-7-15）.
② 侯利阳、贺斯迈：《互联互通视角下的平台挑战与制度因应——以自我优待为视角》，载《东北师大学报》（哲学社会科学版）2022年第6期。
③ OECD, *Data portability, Interoperability and Digital Platform Competition*, 2021, pp. 17-18, https：//www. oecd. org/daf/competition/data-portability-interoperability-and-digital-platform-competition-2021. pdf （2023-7-15）.
④ 胡凌：《商业模式视角下的"信息/数据"产权》，载《上海大学学报》（社会科学版）2017年第6期。

掌握的为公共消费而制造的物理资源系统，如运输系统、通信系统、供水系统等。这类基础设施的关键特征是由一系列生产过程投入产生价值，通常支持多种用途、运用和下游市场。① 政府在确保基础设施的提供上发挥重要作用，并常以非歧视性的条件向所有人开放。② 随着社会生活的变迁，私人所掌握的一些资产也开始成为公共消费的对象，特别是在数字平台领域，支付、物流、评分、认证等由数字平台提供的基础性服务，都是曾经由国家投入建设或政府专门提供的，③ 而通信、购物、点餐、新闻、音乐等服务提供也开始慢慢取代线下场景，成为参与经济、社会生活的主流渠道。随之而来的新命题是，这些由数字平台提供的基础性服务以及附随产生的规模性数据，是否应当归属为基础设施。

新公用事业理论的代表学者评估现代基础设施的三个特征，对考察数字平台领域的基础设施具有参考意义。这三个特征分别是：（1）生产的经济性，即商品或服务在生产中具有规模效应，这表明需要市场的集中；（2）商品或服务的下游用途，即商品或服务是广泛开展下游服务的中介或中间环节，即可以为那些能够获得商品或服务的人开启并促成各种下游经济和社会活动；（3）商品或服务的必要性程度，即用户获得这些商品或服务的机会受到限制，处于潜在的从属、被剥削地位。④ 这一评估方法从商品或服务的基本性质以及提供者通过控制商品施加不当影响的能力对私人权力进行分析，更加接近基础设施作为经济、社会生活必需品的本质特征，可以将更多影响经济、社会发展的私人企业纳入审查范围，以应对服务集中对公共福利构成威胁、加剧社会不平等的隐忧。

根据这一评估方法，数字平台所提供的基础性服务与规模性数据极有可能构成基础设施，特别是超级平台所提供的服务和数据。数字平台具有双边市场的特征，作为商业用户和最终用户之间的中介提供服务和数据，通常符

---

① Brett M. Frischmann, "An Economic Theory of Infrastructure and Commons Management," *Minnesota Law Review*, Vol. 89, No. 4 (April 2005), pp. 923-924.

② Spencer Weber Waller, "Areeda, Epithets, and Essential Facilities," *Wisconsin Law Review*, Vol. 2008, No. 2 (January 2008), pp. 371-375.

③ 胡凌：《互联网的开放与封闭及其法律回应》，载《交大法学》2022年第2期。

④ K. Sabeel Rahman, "The New Utilities: Private Power, Social Infrastructure, and the Revival of the Public Utility Concept," *Cardozo Law Review*, Vol. 39, No. 5 (May 2018), pp. 1640-1645.

合基础设施的第二项特征"货物或服务的下游用途"。但是，超级平台提供的服务类型多，经济体量和用户规模大，网络效应明显，具有较强的集中性。基于规模化的用户及其数据，拥有远超竞争者的市场力量，可以通过杠杆效应导流、扩大生态系统，辅以各种信息剥削和排他性行为，强化商品和服务的单归属，更易将其他服务提供者排挤出局，[①] 导致数字平台领域一些特定商品和服务由超级平台独家供应，市场中缺乏能够与之匹敌的竞争性服务提供者。当最终用户聚集于超级平台，商业用户也只能依赖超级平台向下游提供商品与服务时，超级平台的相关服务或数据就构成基础设施，如谷歌作为信息的中介、脸书作为媒体接入的中介以及亚马逊作为购物、运输和物流骨干的角色等。[②]

在传统基础设施的管理上，政府对基础设施拥有者具有公平、合理、非歧视地对外交易的要求，如在电信管制中要求主导运营商非歧视地履行互联互通的义务。[③] 发展到互联网服务提供商，这种非歧视要求具象化为网络中立，即不对网络接入进行限制、平等地对待所有流量的义务。[④] 网络中立的根本问题是社会对经济效率和公平的驱动力之间的冲突，随着技术创新的发展，冲突会继续转移到另一个层面，如搜索中立。[⑤] 而在数字经济时代，非歧视要求则具象化为平台中立。数字平台的双边属性使得数字平台大量涉及最终用户端，基于数据、算法等要素对最终用户的行为活动具有支配性影响，因此数字平台的中立义务同时涉及商业问题与消费者保护，这与网络中立主要涉及商业问题有所区别。[⑥] 平台中立的内涵相应地更加丰富，包括收集、处理和

① Lina Khan, "Source of Tech Platform Power," *Georgetown Law Technology Review*, Vol. 2, No. 2 (July 2018), pp. 326-329.

② K. Sabeel Rahman, "*The New Utilities*: Private Power, Social Infrastructure, and the Revival of the Public Utility Concept," *Cardozo Law Review*, Vol. 39, No. 5 (May 2018), pp. 1669-1680.

③ OECD, *Interconnection and Local Competition*, pp. 15-17, https://www.oecd-ilibrary.org/docserver/234147353518.pdf? expires=1692013258&id=id&accname=guest&checksum=39B81F44B5F3DAA0B41504BB097DF921(2023-7-15).

④ Tim Wu, "Network Neutality, Broadband Discrimination," *Journal on Telecommnications and High Technology Law*, Vol. 2 (June 2003), pp. 145-146, 169-170.

⑤ Andrew Odlyzko, "Network Neutrality, Search Neutrality, and the Never-ending Conflict Between Efficiency and Fairness in Markets," *Review of Network Economics*, Vol. 8, No. 1 (March 2009), p. 41.

⑥ 丁晓东:《网络中立与平台中立——中立性视野下的网络架构与平台责任》，载《法制与社会发展》2021年第4期。

检索信息、表达形式和共享内容、信息生产手段、平台访问的交易条件、技术兼容性和互操作等多个层面的公平与非歧视。① 互联互通或称互操作是为商业用户提供接入平台服务或数据的机会，在数字平台领域，基础设施的拥有者也应当承担相应的非歧视义务，这一非歧视义务要求其积极地行为，以促进市场竞争和推动数据流动。

(二) 以行业规制作为监管路径

在数字经济中，市场参与者、参与要素和参与方式空前丰富并且处于持续变化中，主体之间既有交易关系又有管理与被管理的关系，行为的正当性也随着市场情势的动态发展而摇摆不定。数字平台在相对稳定的外观下，也持续发生着技术迭代、商业创新和业态融合，因此在这一领域展开规制行动，需要重新考虑立法的思路，选择更为动态的规制模式。②

反垄断法有限的规制目标、稳定的分析框架与有限的救济方式限制了互联互通在监管中发挥作用。经济效率目标基本锚定了反垄断法规制垄断行为的边界，③ 在单方行为层面，只有经营者构成市场支配地位、行为具有排除限制竞争效果时，才构成违法垄断行为。数字平台拒绝互联互通的行为，如果不足以确立其市场支配地位，或行为不具有明显的反竞争效果，则不构成垄断行为，而属于经营者自主经营权的范畴。反垄断法处理个案、以事后救济为主的特点也使得互联互通义务难以充分施加。它缺少行政处罚情况下的行为性救济措施规则，实践中执法机构偏向于采用罚款、责令停止违法行为等作为救济措施，无法指导涉案经营者采取积极行为弥补竞争损害。④ 因此如果数字平台拒绝互联的行为构成滥用市场支配地位行为，执法机构以个案方式查处后，通常只能对此类行为予以禁止。

尽管为了适应平台互联互通监管的需求，研究提出一些反垄断法内部改

① French Digital Council, *Platform Neutrality-opinion No. 2014-2 of the French Digital Council on Platform Neutrality*, https: //ec. europa. eu/futurium/en/system/files/ged/platformneutrality_ va. pdf （2023 - 7 - 15）.

② 宋亚辉：《网络平台的动态规制理论》，载《上海政法学院学报》（法治论丛）2023 年第 2 期。

③ 不同法域的反垄断法目标有不同设定，但通常都包括经济效率目标，并基于这一目标构建了现代反垄断法用以判断行为违法性的具体规则和分析框架。李剑：《平台经济领域的反垄断法实施——以经济效率目标为出发点》，载《中外法学》2022 年第 1 期。

④ 李鑫：《我国〈反垄断法〉救济措施的缺位与补正》，载《竞争政策研究》2022 年第 2 期。

革的方案，但这些方案仍然无法充分匹配推进互联互通的要求，甚至有"削足适履"之嫌。就嵌入竞争合规和公平竞争审查①的提议而言，公平竞争审查只处理行政性垄断问题，很难证成规制互联互通问题的合理性。至于将互联互通义务嵌入竞争合规制度，也仍需受制于反垄断法的定性标准，否则将受到超越反垄断法额外给经营者施加义务的诟病。而推动反垄断积极的救济措施和制定守门人义务清单，②可在一定程度上应对互联互通的规制需要，但积极的救济措施发生于案件查处之后，存在介入时机的滞后性，制定守门人义务清单则已经超越反垄断法的框架，成为行业规制的一部分。③

相较于反垄断法，行业规制往往基于更广泛的目标，根据目标设立行为规范、选择规制模式，普遍地适用于所有受规制主体，积极地干预市场，④更加符合数字平台互联互通监管的规制期待。互联互通的事前监管旨在重塑网络空间的秩序，它既具有促进竞争的目的，也包含推动数据流动的目的，还可能基于其他公共性目标，并不单单体现为竞争工具，这种多元化的目标是很难为反垄断法所包含和解释的，但却符合行业规制的主要特点。另外，互联互通监管赋予数字基础设施拥有者的数字平台以公共性义务，也是对传统公用事业规制模式的一种回归与复兴。例如，在电力、水力、电信等自然垄断行业中，各法域均对主导运营商具有推行普遍服务和非歧视互联要求，并以事前制定规则、普遍适用于受规制者的行业规制方式落实。⑤

行业规制的普遍适用和强外部干预给研究者以僵化和严厉的印象，⑥但随着规制经验的积累与规制理论的发展，行业规制也有了更加多元的可能性，可以匹配互联互通在横向服务互联、纵向服务互联与公开数据互联上的不同规制要求。在互联互通监管的规制方案中，以行政处罚等威慑手段为主的强

---

① 刘乃梁、吕豪杰：《平台经济互联互通：规制源流、进路与中国方案》，载《中国特色社会主义研究》2022年第4期。

② 焦海涛：《平台互联互通义务及其实现》，载《探索与争鸣》2022年第3期。

③ 高薇：《平台监管公用事业理论的话语展开》，载《比较法研究》2022年第4期。

④ Lancieri, Filippo and da Silva Pereira Neto, Caio Mario, "Designing Remedies for Digital Markets: The Interplay Between Antitrust and Regulation," *Journal of Competition Law and Economics*, Vol. 18, No. 3 (September 2022), p. 643.

⑤ 王俊豪：《政府管制经济学导论》，商务印书馆2017年版，第170—296页。

⑥ 侯利阳：《平台反垄断的中国抉择：强化反垄断抑或引入行业规制?》，载《比较法研究》2023年第1期。

干预方案不再是唯一方案，采取以约谈、合规等柔性手段为主的弱干预方案也在考虑之列。在规制模式的选择上，适用场景有限但需要执法机构统筹的横向互联互通可以选择事前规则充分明确、执法机构监督处罚的经典规制，①场景多元且规则个性化的纵向互联互通可以选择执法机构制定准则、受规制主体细化规则自我约束的后设规制（meta regulation），而有关利益复杂、制度尚在建立之中的数据互联互通，则可以选择构建规制金字塔，根据规制场景需要灵活选用规制工具的精巧规制（smart regulation）。②

综上所述，尽管反垄断法与行业规制均可以进行事前的监管，但反垄断法受限于立法目的、行为标准和执法模式，无法充分匹配互联互通监管中的期待。互联互通的监管需要选择允许追求更广泛目标、普适性地赋予积极义务、灵活性地调整执法模式和救济方案的行业规制路径。

四、互联互通监管的行业规制路径

在数字平台事前监管提案盛行的全球趋势下，互联互通作为重要的规则组成部分，得到一些初步的关注。例如，欧盟《数字市场法》对软件应用商店、搜索引擎、社交平台的互操作要求，③美国众议院发布的《ACCESS 法案》《美国选择和创新在线法案》等草案分别对横向互操作与纵向互操作的事前监管倡议，④英国《数字市场、竞争和消费者法案》草案允许执法机构对特定平台设置不得限制互操作的义务等。⑤我国发布的《平台落实主体责任指南》也提出了超级平台应建立开放生态、推动与其他平台经营者服务互操作

---

① ［英］科林·斯科特著，安永康译：《规制、治理与法律：前沿问题研究》，清华大学出版社2018年版，第213页。

② 尼尔·甘宁汉：《执法与守法策略》，罗伯特·鲍德温、马丁·凯夫、马丁·洛奇编，宋华琳、李鸻、安永康、卢超译，《牛津规制手册》，上海三联书店2017年版，第146-156页。

③ Digital Market Act, Article 5, https：//eur-lex. europa. eu/eli/reg/2022/1925（2023-7-15）.

④ ACCESS Act of 2021, H. R. 3849, Section 4, 6. American Choice and Innovation Online Act, H. R. 3816, Section 2, https：//www. congress. gov/bill/117th-congress/house-bill/3849（2023-7-15）.

⑤ Digital Markets, Competition and Consumers Bill, Article 20, https：//publications. parliament. uk/pa/bills/cbill/58-03/0350/220350. pdf（2023-7-15）.

等倡议。① 当前的规则架构并不完善，我国需在结合域外立法经验和本土发展现状的基础上，进一步确立细化数字平台互联互通的实体与程序规则，以形成方向明确可行、工具高效有力、实施动态灵活的常态化机制。

(一) 互联互通监管的实体规则

赋予作为基础设施拥有者的数字平台以中立开放的义务是互联互通事前监管开展的理据所在，也是推动数字平台互联互通的核心要求。因此，在数字平台事前监管的实体规则层面，首先需要确立基础设施的界定标准，其次考虑中立开放的义务如何设计。

中国、欧盟、美国、英国在有关数字平台事前监管的法案中，将受规制主体定位为超级平台，即在数字市场中具有稳定而持续的市场力量、对下游用户与商户十分关键的数字平台，以用户规模和经济体量等定量指标作为认定标准，并辅以一定的定性标准（参见表1）。由于规模性的要求，基础设施常常由超级平台所掌握。但是，仅对于超级平台进行界定，并不足以廓清基础设施的边界。在互联互通监管的语境下，基础设施的确立是为了明确数字平台对其他商业用户开放义务的范围和程度。因此，相关服务和数据是否构成数字基础设施，并不单纯取决于数字平台是否属于超级平台，而是需要考察特定服务或数据的交易模式、用户规模和设施重要性等因素。

表1 中国、欧盟、美国、英国相关议案中超级平台的界定标准

	用户数量	商户数量	营业额	市值	其他
中国	5000万	无	无	1000亿人民币	2项平台业务，限制能力
欧盟	4500万	1万	75亿欧元	750亿欧元	1项核心业务，重要门户等

---

① 国家市场监督管理总局《互联网平台落实主体责任指南（征求意见稿）》，第1~4条，2021年10月29日，https：//view.officeapps.live.com/op/view.aspx? src=https%3A%2F%2Fwww.samr.gov.cn%2Fcms_files%2Ffilemanager%2F1647978232%2Fattach%2F20233%2FP020211029613173130339.docx&wdOrigin=BROWSELINK，最后访问时间：2023年7月15日。

	用户数量	商户数量	营业额	市值	其他
美国	5000 万	10 万		6000 亿美元	商户关键的贸易伙伴
英国	无	无		全球 250 亿英镑	实质和根深蒂固的市场力量

在交易模式层面，撮合最终用户与商业用户的中介模式是判断数字基础设施的前提条件。中介模式意味着服务是商业用户与最终用户产生连接的渠道，并存在商业用户通过数字平台与最终用户交易的场景。数据虽然并非直接以撮合交易的方式展现，但数字平台上许多规模性数据实际上是由大量用户创制和生成内容的集合，数字平台主要起到汇集和呈现数据的作用，并向其他商业用户提供。

用户规模和设施重要性两项要素则进一步提供了数字基础设施的实质性界定标准。最终用户、商业用户和撮合交易的数量达到一定量级表明具有规模性的交易需求，此时应关注的是具体服务或数据的交易需求而非数字平台的整体规模。但是作为前提，仍需对数字市场发展状况有一个相对全局性的了解，以确立合适的量化数值，确保受规制主体控制在符合规制目的、便于规制实施的数量。从这一意义上来看，《平台分类分级指南》所构建的评价标准与我国数字经济发展的水平并不相符。2021 年就已经有 18 家平台企业达到了《平台分类分级指南》对超级平台界定的标准，[①] 这使得许多并不属于头部梯队的数字平台被纳入超级平台的范畴。事实上，腾讯、阿里巴巴、美团、字节跳动、蚂蚁金服 5 家市值或估值超过 1 万亿元的头部平台企业占据了我国互联网百强企业总市值的 51.7%，是数字经济发展的主力军。我国移动互联网的用户已超过 12 亿，而这些头部企业旗下的微信、QQ、淘宝、抖音、今日头条、支付宝均超过了 5 亿，[②] 也远超过预设标准。因此，市值或估值 1 万亿元、月活跃用户 5 亿是当前更适配的量化指标。

---

① 国家工业信息安全发展研究中心：《2021 年我国百强互联网企业发展态势分析》，2022 年 4 月 13 日，载互联网数据资讯网，http://www.199it.com/archives/1419108.html，最后访问时间：2023 年 7 月 15 日。

② 《2022 中国移动互联网年度大报告》，2023 年 2 月 21 日，载 QuestMobile，https://www.questmobile.com.cn/research/report/1627881652360417282，最后访问时间：2023 年 7 月 15 日。

此外，还需进一步结合设施重要性的标准对数字基础设施进行考察。不具有同类产品的有力竞争者则表明具有不可替代性，同类产品缺乏有力竞争者方可验证其作为基础设施的重要性。例如，2022 年初，微信的活跃用户数是 12.88 亿，小程序的活跃用户是 5 亿，[①] 同一时期视频号则有 8.13 亿活跃用户，两种服务皆具规模性。但在 2022 年的短视频市场上，抖音拥有 7.15 亿活跃用户，快手拥有 5.39 亿活跃用户，[②] 因此微信视频号仍然面临激烈竞争，不构成数字基础设施。相反，微信小程序界面是大量商业用户向最终用户推送信息、提供服务的重要媒介，且这一界面尚无可与之匹敌的竞争对手，更可能构成数字基础设施。

而在义务设定层面，公平、合理、非歧视原则作为基础设施理论中的核心要求，为互联互通的具体展开提供指引。在数字平台互联互通监管的语境下，遵循公平、合理、非歧视的原则意味着，义务主体需要向所有商业用户一视同仁地提供数字基础设施的接入，对服务、数据是否允许互联、可互联的具体范围以及互联的顺序、频率、价格等多个层面给予公平对待、合理条件与非歧视的待遇。首先，在互联机会上，义务主体应对所有商业用户有关数字基础设施的互联要约做出回应，无正当理由不得拒绝互联要约。构成正当理由的应为公共性抗辩，如商业用户从事法律法规所禁止的网络活动、互联将导致无法解决的数据安全问题、数据涉及个人隐私而最终用户拒绝授权等。其次，在互联条件上，义务主体应当与商业用户就数字基础设施接入进行公平谈判，拟定合理条件。双方应就互联条件友好协商，数字平台不得利用其在交易中的优势地位提出交易高价或严苛限制。所商定的互联方式、频率与费率，应当符合数字市场上的交易惯例，如无交易惯例则需符合交易的真实价值。具体可以通过数字平台是否给予类似的商业用户以类似待遇进行判断。最后，在互联结果上，义务主体不应将允许互联作为索取商业用户的衍生数据、限制商业用户互联其他平台等要求的手段，也不应违反互联协议，

---

① 腾讯控股有限公司：《腾讯控股 2022 年第一季度财报》，2022 年 9 月 1 日，载巨潮资讯网，http：//www.cninfo.com.cn/new/disclosure/detail? plate = hke&orgId = gshk0000700&stockCode = 00700&announcementId=1214514018&announcementTime=2022-09-01%2018：10，最后访问时间：2023 年 7 月 15 日。

② 《2022 中国移动互联网年度大报告》，2023 年 2 月 21 日，载 QuestMobile，https：//www.questmobile.com.cn/research/report/1627881652360417282，最后访问时间：2023 年 7 月 15 日。

私自改动互操作接口或利用支撑技术，限制商业用户的互联频率、规模和速度。

（二）互联互通监管的程序规则

数字平台互联互通涉及服务与数据两种要素，横向服务、纵向服务与公开数据互联三个层次。这三个层次各有特点——横向服务互联推行难度大、适用场景少；纵向互联服务发生于平台内部、适用场景多；公开数据互联涉及主体多、变动可能大。据此可匹配经典规制、后设规制与精巧规制三种类型的规制模式，作为程序规则设计的进路选择。

1. 横向服务互联的经典规制

横向服务互联发生于不同平台的同类服务之间。由于数字平台的生态系统独立，所以平台间的互联是双方的角力，同类服务的互联又需要各项功能的高度融合，有赖于执法机构的深度干预。但平台可以创立独立生态、集聚最终用户，少有平台服务属于其他平台经营者与最终用户之间的中介，从互联必要性上考虑也可以排除许多服务，因此横向服务互联的应用场景较少，执法只需聚集在关键领域。

基于横向互联应用场景有限、需要深度干预的特点，宜采取行业规制中的经典规制进路，由执法机构主导规制的推进。实施监管方案的具体规范需执法机构调研、设计与完善，包括考察数字服务的横向互联需求、确立横向互联的服务范围、服务互联所涉及的功能以及互联的标准规程等。横向互联的执行过程也需要执法机构把关与推动，包括督促数字平台落实相应服务的横向互联、监测横向互联中的消极不作为以及处罚互联中的违法行为等。

横向服务互联的关键领域在于社交平台领域即时通信服务的互联。即时通信服务一定程度上取代了电信运营商提供的经典通信服务，越来越多的用户选择通过社交平台的即时通信服务发消息、打电话。社交平台即时通信与电信服务的相似性，使得电信市场互联互通的规制经验可以作为即时通信横向互联的参考。[1] 然而，即时通信承载于社交平台，而社交平台不仅是通信的

---

[1] Michael Kades and Fiona Scott Morton, *Interoperability as a Competition Remedy for Digital Networks*, *Wash. Ctr. for Equitable Growth*, Working Paper, 2020, pp. 24-25, https: //equitablegrowth. org/working-papers/interoperability-as-a-competition-remedy-for-digital-networks（2023-7-15）.

渠道，也是人们交流信息、展示照片、涂鸦笔记和查看亲友动态的媒介，[①] 即时通信的互联必然会牵扯到社交平台这一全新媒介模式带来的全新挑战，包括即时通信服务的范围应当如何划分、即时通信服务的哪些功能应当互联、对于那些不愿意参与互联的最终用户应当如何处理等。

2. 纵向服务互联的后设规制

纵向互联发生于数字平台与商业用户之间，通常处于生态系统内部，执法机构面对的是一个内容繁复的规制任务，不同的互联场景使得规则个性化，发生于平台内部的诸多互联场景也难以充分监测，此时调动数字平台的力量就变得十分重要。数字平台在市场参与者之外，更是市场的组织和管理者，纵向互联更多的是处理其系统内部的架构和与平台内商业用户的关系，平台对其架构具有充分的了解、绝对的主动权，互联的程度和方式取决于平台单方意愿。

基于多元场景导致的规则个性化、执法力量有限且难以深入以及数字平台对内部架构的了解和控制，纵向互联可以考虑采取后设规制的方式进行治理。[②] 后设规制是"对规制者的规制"，这些规制者可以是公共机构、作为私人企业的自我规制者或者第三方的看门人。[③] 这一规制模式可以联结执法机构与自我规制主体，利用私人企业在运营上的知识与信息优势，将政府的执法角色后撤，但又能够通过保证对自我规制者的监督作为兜底。[④]

在纵向服务互联的场景下采用后设规制的治理模式，也即将数字平台视为私人企业的自我规制者，将规制任务交由数字平台自行实施，执法机构只在必要时加以引导和约束。执法机构仍然负责界定数字基础设施，并设置其服务互联的基本准则，但更进一步地细化规范则由数字平台结合自身运营情况拟定，再交由执法机构审查，进行必要的协商和调整。确定行为规范后，数字平台据此进行互联行为的矫正，定期向执法机构提交合规报告。执法机构亦可以保留对拒绝互联、合规不力等问题的处罚权，以作为威慑的后盾。

---

① ［荷］何塞·范·迪克：《连接：社交媒体批评史》，晏青、陈光凤译，中国人民大学出版社2021年版，第6-7页。

② 侯利阳：《论互联网平台的法律主体地位》，载《中外法学》2022年第2期。

③ Parker C., *The Open Corporation：Effective Self-Regulation and Democracy*, Cambridge University Press, 2002, p.255.

④ 高秦伟：《社会自我规制与行政法的任务》，载《中国法学》2015年第5期。

　　纵向服务互联是数字平台互联互通的主要方向，适用场景包含社交平台、应用商店、搜索引擎、在线购物等多类数字平台所提供的特定服务，后设规制较好地匹配了纵向互联多场景带来的个性化规则制定与执行需要。《数字市场法》中大量涉及数字平台内不公平行为的治理要求，包括诸多与互操作相关的要求，[①] 而在规制模式上，则是采取了守门人自我规制、欧盟委员会引导和监督的方案，[②] 是后设规制在数字市场规制中的现实例证。

　　3. 公开数据互联的精巧规制

　　数据的保护和利用是一对在冲突中共存的矛盾关系，在有关商业数据权益的讨论中持续存在，[③] 即便数据互联只涉及公开的规模性数据，也仍然是数据利用的一种具体呈现形式，亦以数据产权、流通和交易制度为前提。基于《网络安全法》《数据安全法》与《个人信息保护法》的数据安全法治体系已经基本建成，但开放利用数据相关的数据产权、流通和交易制度尚未形成全国性的法律制度，[④]《数据二十条》初步厘定了数据开放利用制度构建的努力方向。在这一背景下，数据互联的相关规范仍需不断探索和适时调整，因此需要一套规范灵活、合作共治的规制模式与之相匹配。

　　基于公开性数据属性复杂、数据产权与交易制度尚不健全以及数据互联的现实需要，公开数据互联可采用精巧规制的进路。精巧规制沿用了回应性规制中的执法金字塔模型，注重根据规制的多元场景采取从轻到重的不同规制工具，但更强调执法机构、作为私人企业的自我规制者或者第三方主体广泛地参与。在精巧规制的工具箱中，执法机构掌握的工具有建议、教育、劝导、警告、通报、处罚与撤销资格，自我规制者掌握的工具有建议、教育、引导、警告、处罚和撤销资格，第三方主体掌握的工具有建议、培训、监督、

---

　　① 这些互操作要求包括允许第三方应用于守门人的核心服务之外的操作系统进行互操作，允许用户和附属服务的提供者接入守门人的附属服务所享有的相同操作系统、硬件和软件性能，禁止强制商户与守门人的核心服务进行互操作，禁止强制商户与守门人构成渠道的服务进行互操作等。See Digital Market Act，Article 5，6，https：//eur-lex. europa. eu/eli/reg/2022/1925（2023-7-15）.

　　② Digital Market Act，Article 18-31，https：//eur-lex. europa. eu/eli/reg/2022/1925（2023-7-15）.

　　③ 王利明：《论数据权益：以"权利束"为视角》，载《政治与法律》2022 年第 2 期。

　　④ 时建中：《数据概念的解构与数据法律制度的构建——兼论数据法学的学科内涵与体系》，载《中外法学》2023 年第 1 期。

激励、审查、推动、训练和除名。[①]

在数据互联的语境下，精巧规制表现为根据不同场景的差异灵活确立规制主体、方式和工具。在规范制定层面，执法机构负责界定作为数字基础设施的数据，但在互联的范围、方式和频率上则要充分了解市场需求和技术支持能力，听取数字平台和其他相关市场主体的意见，必要时召开听证会进行商谈。如果涉及互操作标准化的要求，还需委托行业协会、技术专家以及平台经营者等多方主体制定标准。而在具体的规范执行过程中，数字平台自我合规，数据互联相关方进行外部监督，执法机构也需密切关注数据互联的动态，并在出现冲突、困难或新情况时，通过约谈等柔性方式调整合规要求、纠正不合规行为等。

五、结语

网络空间从开放走向封闭，是数字平台出现和发展的过程中公共领域转变为私人财产、连接技术转变为控制技术的变迁所导致的结果。当公共逻辑转变为商业逻辑，为防止网络空间进一步走向封闭，可以赋予市场主体超越私人交易的公共义务，在可行的范围内以事前监管的方式推动服务、数据的互联互通。参照传统公用事业中的公平、合理、非歧视原则，事前监管也即赋予数字基础设施拥有者中立开放义务，以行业规制的方式推动数字市场的互联互通。尽管完全开放、互联的公共互联网已经成为历史，但通过适当的市场干预分层、逐步实现数字平台互联互通，仍能在平衡好数字平台、商业用户和最终用户利益的基础上推动数字平台开放生态的建立，实现网络空间的重塑。

---

① Robert Baldwin and Martin Cave, *Understanding Regulation*, Oxford University Press, 1997, pp. 265-266.

云计算服务的避风港规则适用

杨默涵*

（中国政法大学刑事司法学院，北京　100088）

摘　要：云计算等新技术带来了避风港规则适用对象的变化。根据实践案例，可分析出云计算服务在避风港规则适用上存在必要措施类型不适当问题，同一市场主体在不同案件中存在角色差异，同种主体在提供同种服务时的责任切断也存在差异。究其原因是技术复杂性导致的云服务主体权限差异，从而导致了特殊主体在"通知—删除"履行上的困境。在民法典对避风港规则进行修改后，以往司法实践中探索的"转通知"不能再作为必要措施，导致必要措施履行困境无法解决。民法典的规定使必要措施种类受到限缩，并使网络服务提供者的程序性义务得到加强，在今后的避风港规则适用中，应注意关注具体服务类型而非主体类型，必要措施的履行以相关信息不可获得效果为标准，并可以探索新制度作为权利保护的补充。

关键词：避风港规则；云计算；必要措施

一、引言

我国避风港规则经历了嬗变过程，使其呈现出调整内容扩大、调整对象扩充等新特征。我国最早在《信息网络传播权保护条例》（以下简称《条例》）第 14~17 条提出了避风港规则，2009 年《侵权责任法》第 36 条将避风港的调整对象扩大到广泛的民事侵权领域，但并没有具体区分网络服务提供者的服务类型。2019 年电子商务法注意到学界呼吁的转通知、反通知、恶

---

* 杨默涵，中国政法大学博士研究生。

意通知、终止措施等问题，在民法典规定中也得到延续。《民法典》第1195条、第1196条在保留原来规定思路的基础上又进行了修改，但其在网络服务提供者的主体类型方面延续了侵权法的规定。民法典位阶较高，在具体细节上没有过多规定具有合理性。民法典规定变化最大的是将"转通知"作为删除、断开链接等必要措施的并列措施，"转通知"成为一项必要义务，并且在网络服务提供者收到合格通知进行第一次"转通知"后，根据疑似侵权人声明，其还有义务进行第二次"转通知"，并且规定了终止必要措施的流程，这为恶意通知情况下被采取必要措施一方的权益保护提供了途径。至此，"通知—转通知及必要措施—声明—转通知及终止必要措施"这一系统性的新避风港规则形成。

对云服务提供者避风港规则适用而言，民法典实际并没有解决长期存在的主体适格性和对策可能性问题。[①] 目前学界对避风港规则的研究集中于避风港学理基础、扩张发展、实施挑战、周边规范、部门法适用等方面，特别是在民法典发布之前提出了很多避风港规则构想，但可以看到很多构想并没有实现，对于新兴平台而言，民法典也并没有使避风港规则得到更优适用。例如，由于云计算本身的技术复杂性，导致主体和服务类型多样性，在"必要措施"的适用方面，民法典将"转通知"作为必要措施的同等义务加以规定截断了云服务可以适用的少有的必要措施类型，使云服务产业发展的伦理限制与成本考量问题继续存在。本文即通过对民法典生效前后的避风港规则适用逻辑进行对比，发现并尝试找到解决路径。

二、实践困境：审判中的避风港规则适用逻辑

（一）云服务避风港规则适用司法实践考察

为考察我国司法实践中对云服务避风港规则适用的态度和情况，笔者在中国裁判文书网进行了案例检索，检索方式为，案由选择"知识产权权属、侵权纠纷"，文书类型选择"判决书"，在"全文"字段输入"云计算"关键词，共检索到裁判文书665篇。后将案由改为"网络侵权责任纠纷"，其他筛

---

① 蔡元臻、白睿成：《云计算服务平台适用避风港规则的局限性及其破解》，载《知识产权》2020年第4期。

选条件不变，共检索到裁判文书4篇。对全部文书进行逐一筛选，最后得到符合本文研究条件的，以云计算服务提供者为被告、以避风港原则适用为问题的裁判文书共20篇，表一为该20篇文书内容分析。

表1　案例统计

案号	主体类型	是否明/应知	适用法律	通知是否合格	必要措施种类	措施是否适当	是否有责
（2017）京73民终1194号	云服务器租赁服务提供者	否	《侵权责任法》	否	关停服务器，强行删除服务器内全部数据	否	否
（2015）京知民终字第2430号	链接服务提供者	是	《最高人民法院关于审理侵害信息网络传播权民事纠纷案件适用法律若干问题的规定》（以下简称《信息网络传播权规定》）	—	—	—	是
（2015）京知民终字第2432号	链接服务提供者	是	《信息网络传播权规定》	—	—	—	是
（2015）京知民终字第2433号	链接服务提供者	是	《信息网络传播权规定》	—	—	—	是
（2015）京知民终字第2431号	链接服务提供者	是	《信息网络传播权规定》	—	—	—	是
（2017）京0108民初3395号	域名解析服务提供者	否	《侵权责任法》	是	转通知	是	否
（2019）京0491民初30710号	内容提供者	—	《信息网络传播权规定》	—	—	—	是

续表

案号	主体类型	是否明/应知	适用法律	通知是否合格	必要措施种类	措施是否适当	是否有责
（2019）京 0108 民初 42336 号	域名注册服务提供者	否	—	—	—	—	否
（2014）杭西知民初字第 537 号	信息存储空间服务提供者	否	《信息网络传播权保护条例》	是	删除	是	否
（2013）一中民终字第 10826 号	内容提供者	—	—	—	—	—	是
（2020）京 73 民终 1757 号	内容提供者	—	《信息网络传播权规定》	—	—	—	是
（2020）京 73 民终 2056 号	内容提供者	—	《信息网络传播权规定》	—	—	—	是
（2020）京 73 民终 1758 号	内容提供者	—	《信息网络传播权规定》	—	—	—	是
（2020）京 73 民终 2163 号	内容提供者	—	《信息网络传播权规定》	—	—	—	是
（2020）京 73 民终 2162 号	内容提供者	—	《信息网络传播权规定》	—	—	—	是
（2018）浙 01 民初 2136 号	信息存储空间服务提供者	否	—	是	屏蔽	是	否
（2018）京 73 民终 310 号	信息存储空间服务提供者	否	《信息网络传播权规定》	是	删除	是	否
（2019）京 0108 民初 3566 号	信息存储空间服务提供者	否	—	否	—	—	否

续表

案号	主体类型	是否明/应知	适用法律	通知是否合格	必要措施种类	措施是否适当	是否有责
（2021）京73民终1000号	内容提供者	—	《信息网络传播权规定》				是
（2022）湘0104民初9072号	内容提供者	—	《信息网络传播权规定》				是

根据上述案例，可归纳出法院判断某一云服务提供者主体是否应当承担责任时的判断路径。需注意，由于民法典颁布后并没有发生符合本文主题的重大典型案例，而民法典生效前发生了阿里云等典型案例，因此得出的判断路径符合民法典生效前的规定：

第一，区分某一行为是直接侵权还是帮助侵权。如果云计算服务提供者提交的证据不能证明侵权内容来自用户上传，其就会被法院认定为内容提供者，以直接侵权承担责任。直接侵权并非本文要讨论的重点问题。

第二，如果是帮助侵权，法院首先要判断云服务提供者主体类型，以确定应当适用的法律。也有不少法院没有确定应当适用的法律，判断主体类型之后直接判断其行为内容。实践中出现的有云服务器租赁服务提供者、链接服务提供者、域名解析服务提供者、域名注册服务提供者、信息存储空间服务提供者，分类较为细致。

第三，接下来判断该云计算服务提供者主体是否明（应）知，如果具有明（应）知情节，则落入红旗原则调整范围，否则就用避风港规则进行调整。从表1可以看到，在"是否明/应知"一栏中标记了"是"的案例落入红旗原则调整范围。

第四，如果落入避风港调整范围，接下来需判断权利人有没有进行通知，以及通知是否符合法律规定的条件。网络服务提供者采取必要措施的前提是有合格通知，否则其就可以据此不承担责任。

第五，如果通知合格，则继续判断网络服务提供者是否采取了必要措施以及必要措施是否适当。法条列出的必要措施比较简单，采用了"等"的开放式规定，因此实践中出现了删除、断开链接、屏蔽之外的措施，如"转通知"。民法典生效之前的案例中法院将"转通知"确立为必要措施的一种，具有合理性和正当性，虽然这与民法典后来的规定并不一致。

从实践案例发现，民法典出台之前，法院对云服务提供者适用避风港规则的程序标准较为统一，只是在适用条件上有区别，如对主体类型的认定。在必要措施适用方面，云服务提供者在适用必要措施时应当合比例，依据该行业的发展状况和相关行业伦理规范来确定必要措施责任才适宜。更有法院创新性地指出了应将"转通知"作为必要措施的一种，这与一些云服务提供者的服务模式更加匹配。按照相关行业的发展现状以及伦理要求来确定合比例的必要措施这一思路值得肯定，法院拓展思路接纳新型平台的特殊性也值得肯定。

（二）实践中避风港适用困境

1. 必要措施类型不适当

在著名的阿里云一案中，法院对阿里云公司属于信息存储空间服务提供者还是云服务租赁服务提供者进行了讨论。[①] 在经营实践中，信息存储空间服务包括综合性门户平台、电子商务平台、云盘和网盘等。其中，云盘和网盘最容易和本案中的服务类型产生混淆。在云盘和网盘中，如果网盘用户选择"不公开"其存储的信息，那么不特定第三人都将无法获得这些信息。如果用户选择"公开"，则分为"直接提供未设密网盘资源"和"提供设密资源的链接密码"。前者是指把用户存储在网盘中的资源的链接直接公布出来；后者是指通过各种社交媒体同时发布相关资源的链接和密码。这说明网盘也就是信息存储空间服务并非完全封闭，只要用户上传的信息涉嫌侵权，经营者仍可以直接通过链接打开这些内容，即便是"不公开"情况下，经营者也可以通过服务器后台接触到这些信息。所以信息存储空间服务提供者在面对"通知—删除"规则时，能够做到迅速定位并获得侵权信息，可以方便、快捷地判断这些信息是否侵权，并采取删除、断开链接措施等。但在云服务器租赁服务中则不同，其可以对整个云服务器进行关停或者空间释放，却无法直接控制已经租出去的云服务器。云服务器租赁服务的抽象程度较低，云服务提

---

① 参见阿里云计算有限公司与北京乐某卓越科技有限公司侵害作品信息网络传播权纠纷案，北京知识产权法院（2017）京73民终1194号民事判决书。

供者的控制能力较弱，客户本身的控制能力较高。在行业监管层面，主管部门对两种云服务提供者设置的监管类别是不同的，租赁服务属于"互联网数据中心业务"，信息存储空间服务属于"信息服务业务"，相比之下，租赁服务需遵守的安全保护、保密和隐私保护义务都比较高，其不被允许接触用户在服务器中存储的信息或数据内容，但是仍然属于广义的"网络服务提供者"类型，因此可以为当时的《侵权责任法》第36条所函射。

国家规定为云服务器租赁服务提供者设置的保密义务非常严格，而"通知—移除"中的一些必要措施因过于强硬，不适合这一类服务提供者。在阿里云案中，原告希望被告直接删除服务器中的涉嫌侵权内容，这种要求对于被告主体来说过于严苛，且无论是"关停服务器"还是"强行删除服务器内全部数据"对被告公司来说成本都过于高昂，并不现实。所以二审法院认为"转通知"可以成为必要措施。但民法典将"转通知"加入"通知"和"必要措施"之间，使其成为程序性要求，导致其不能再单独作为必要措施，进而导致以云服务器租赁服务为代表的 IaaS 类型的云服务提供者的必要措施仍没有合适方式。

2. 同一市场主体在不同案件中的角色差异

在表1中，可以发现一些案例的被告经营者是同一市场主体，如阿里云计算有限公司就出现了多次，在不同案例中扮演的角色不同，所提供的云服务种类也不同。在具体个案和不同场景之下，该市场主体是否应当承担"通知—删除"义务，以及应当采取何种必要措施，都应区别对待。

例如，在另一起阿里云计算公司为被告的侵害商标权纠纷案件中，阿里云计算公司为涉案三个侵权域名提供域名解析服务，原告主张被告在收到侵权通知后没有及时停止解析服务，使得侵权行为得以继续，并且导致原告损失扩大。[①] 其中阿里云公司还为涉案三个域名提供隐私保护服务，从而导致原告无法采取其他法律行动来制止侵权，所以应当承担帮助侵权责任。法院分析，《侵权责任法》第36条针对一切发生于网络中的侵权行为。在本案中，域名解析服务只是阿里云服务内容中的一种，其还是涉案三个域名的域名注册机构，这一主体类型并没有被侵权责任法排除，因此可适用《侵权责任法》

---

① 参见阿鲁克股份公司（ALUKS. A.）等诉阿里巴巴云计算（北京）有限公司侵害商标权纠纷案，北京市海淀区人民法院（2017）京 0108 民初 3395 号民事判决书。

第 36 条。类似地，如果该案发生在民法典生效之后，民法典对避风港原则适用主体的规定与侵权责任法对主体的规定一致，所以也会被民法典中的避风港规则函射。

在必要措施方面，法院认为，必要措施应根据所侵害权利的性质、侵权行为具体情节，以及网络服务具体性质等综合判断，该法院也认为将侵权通知转送服务对象也可以成为必要措施的一种，并且只提出了这样一种可能的必要措施类型。也就是说，对于采取删除、屏蔽等必要措施过于严格且不现实的服务提供者主体来说，除了"转通知"以外，可能很难找到其他更适宜的必要措施种类。在本案中，阿里云公司采取停止解析服务措施，才是和"通知—删除"规则中对等的"删除"方式。但停止解析服务的方法会超出该当范围，使得相关网站在一定时间内不能被访问，阻断通过域名访问全部网站内容的渠道，这与"删除、屏蔽、断开链接"等措施所产生的效果完全不同，明显超过必要限度。

本案与上一案件中法院都明确控制网络服务提供者必要措施的适当性，不同的是，同一网络服务市场主体在不同场景下所发挥的作用完全不同，其所提供的网络服务也完全不同，但在避风港规则的适用上却可能殊途同归。不过，实践中法院在不适宜采取"删除、屏蔽、断开链接"等必要措施的主体上，能够确定的其他必要措施只有"转通知"一种，而民法典却将"转通知"排除在必要措施之外。对于这种困境，或许应当对一些实在不适合采取这种必要措施的主体进行网络服务提供者的限缩解释，或许应当在必要措施之外为这一类主体开辟一个例外。

3. 同种主体提供同种服务时责任的切断差异

在表 1 第 16、17、18 个案例中，服务提供者主体都是信息存储空间服务提供者，裁判结果都是不需要承担侵权责任，但推导过程却完全不同。有的案件经过了《信息网络传播权规定》的适用，最终被确定无责。有的案件则没有经过任何与避风港有关的审查，最终被确定无责。这说明同种主体在提供同种服务时，即便遇到类似侵权责任纠纷，在责任豁免上也有差异，或者叫责任切断差异，因为如果还没有产生可能的责任，则谈不上豁免，而在责任产生之前就进行了阻断，则是一种责任的切断。

在（2019）浙民终 242 号案件中，① 避风港规则适用问题一直没有成为案件的焦点，一审法院认为，疑似侵权人虽租用了阿里云公司的服务器，但在案证据在认定直接侵权者的经营行为是否构成侵害计算机软件著作权及不正当竞争侵权方面尚存在极大争议，所以提供相关网络服务的阿里云公司和腾讯公司亦无须承担法律责任。二审对阿里云公司是否采取必要措施等行为也没有进行审查。实际上，即便二审同样进行审查，也极有可能不承担任何责任。这是因为，首先，按照当时民法典生效之前的案例判决，采取"转通知"已经足以让阿里云公司免除责任；其次，即便"转通知"的措施必要性不足，该案作为著作权纠纷案，法院在判断是否存在著作权侵权以及是否存在不正当竞争等问题时尚出现了不同意见，二审法院更是推翻了一审法院的判决，在案发时将这种判断义务加之云服务提供者主体身上太过勉强，因为服务提供者已经采取了其认为适当并且必要的措施来防止损害的扩大。

在（2018）京 73 民终 310 号案件中，② 被侵权人主张被告公司应当事先审查开发者上传的内容，但法院认为，被告公司提供的是信息存储空间服务，开发者选择什么时间上传应用、上传何种应用，都应该由作为第三方的开发者自行决定，被告公司作为网络服务提供者对开发者上传的应用并不负有事先审查的义务，其从事实上讲也做不到这一点，要求信息存储空间服务提供者在海量应用中注意到某个应用程序中的文字是否构成侵权，对服务提供者来说要求过于严格。另外，被告公司在收到被侵权人的《侵权风险告知函》以后，就在合理时间内将涉案应用程序进行了移除，尽到了法律规定的义务，服务提供者成功适用避风港进行责任豁免。在（2019）京 0108 民初 3566 号判决中，③ 微梦公司是信息存储空间服务提供者，在收到合格通知之前，其并没有义务主动审查平台中的信息，而侵权行为发生后权利人并没有向微梦公司提交合格通知，在诉讼发生后微梦公司得知侵权行为便删除了相关内容，法院认为其已经履行了适当注意义务。

---

① 参见上海哔咚科技有限公司、上海校妆科技有限公司、阿里云计算有限公司等侵害著作权纠纷案，浙江省高级人民法院（2019）浙民终 242 号民事判决书。

② 参见中文在线数字出版集团股份有限公司与北京奇虎科技有限公司侵害作品信息网络传播权纠纷案，北京知识产权法院（2018）京 73 民终 310 号民事判决书。

③ 参见朱慧卿与北京微梦创科网络技术有限公司等著作权权属、侵权纠纷案，北京市海淀区人民法院（2019）京 0108 民初 3566 号民事判决书。

综上，在避风港规则适用中，规则本身以及规则周边种种条件都可以阻断服务提供者的责任。例如，避风港周边规则设置可以阻断相关情形进入帮助侵权环节，在进入避风港规则调整后又可以通过权利人未提出合格通知、服务提供者采取了必要措施等事由来适用。当然，根据避风港规则免责事由还有其他类型，这里只是根据实践当中的案例总结和发现的几种类型。

三、困境分析：技术复杂性所致

（一）技术复杂性导致规则适用无法统一

云服务可以分为基础设施即服务（IaaS）[①]、平台即服务（PaaS）[②]、软件即服务（SaaS）[③]。不同类别的云服务技术原理不同，外在表现也有差异。基础设施即服务只提供基础物理设施，构建庞大的服务器供客户使用，用户如何使用则在所不问。平台即服务在提供服务器设施基础上，还需开发和部署软件平台。软件即服务模式下，云服务提供者要将自己的数据与用户的数据结合，并在自己提供的空间中运行。技术差异导致避风港适用差异，从不同法院面对不同种类云服务提供商侵权案件时的处理就可以发现。

从技术上讲，云服务提供商在自己提供的平台中存放客户数据都会有一套完整的生态。为确保客户存储数据的安全性和完整性，用户在将数据上传到云之前一般会通过各种方式进行加密，或者云服务提供商也会主动采取加密方式进行存储。如果服务器中的数据都以服务商或者他人能够访问并可以理解的形式进行存放，安全性必然无法保证。当然，实践中也有不加密的情况，视服务双方的选择而定。根据服务类型、是否加密以及加密方式不同，云服务提供商所处场景也不断变化，其对服务器中数据的访问、控制权限和能力也有很大差异。

值得注意的是，根据我国《信息安全技术 云计算服务安全指南》第7.3.2条的规定，云服务商未经客户授权，不得访问、修改、披露、利用、转

---

① 其提供的是原始计算资源，如数据处理能力以及存储功能等。

② 即开发与部署软件应用程序的平台。PaaS 可以为用户提供完整的计算基础设施和编程平台，在其平台中，用户不需要管理底层计算机资源，而是可以直接编写应用程序代码。

③ 即一种终端用户应用程序。在 SaaS 上，通过网络使用的 IT 资源是应用软件，如用户无须在本地计算机中安装文字处理软件，就可以通过 Google Apps 或者 Microsoft Office 365 SaaS 进行网上文字处理，其抽象程度在三者中最高。

让、销毁客户数据，并应采取有效管理和技术措施确保客户数据和业务系统的保密性、完整性和可用性。在行业标准上，云服务提供商在保密和安全义务遵守上非常严格，不能随意修改和接触客户数据，如果按照避风港"通知—删除"规则采取必要措施，则会对云服务提供商造成行业伦理上的打击，并且因为《信息安全技术 云计算服务安全指南》与我国对信息存储空间网络服务提供者的"通知—删除"义务要求产生了冲突，还会导致企业处于进退两难的境地。云服务提供商在收到合格通知后到底应不应该进行定位、核实、删除处理，会使其在实践中面临困境，也会在后续适用避风港规则方面造成困境。

这种矛盾不仅体现在法律规定、商业规范上，从技术底层来看，云服务中的"删除"与我们惯常理解的"删除"确实存在差异，在云计算领域，进行了"删除"可能并不意味着某些数据消失不存在，只是我们无法再访问。如果要让这些数据实现真正不存在，需要等到服务器中该空间被新的数据覆盖，或者毁灭服务器。也正是由于这种技术和法律规定含义的差异，以及按照法律和安全指南规定产生的行业伦理冲突，使得避风港规则在云服务中适用时产生了理论和现实困境。

（二）主体权限差异导致规则实施困难

云服务要想为避风港规则所函射，至少需要满足两个条件：第一，云服务提供者要具备依据被侵权人通知采取必要措施的能力，也就是技术可行性，有时也是行业伦理要求可行性；第二，在技术和成本合理区间内，采取相应措施可以达到制止侵权效果，[①] 也就是必要措施和侵权行为以及平台特点的适当性和互配程度，过当措施会造成成本浪费。云服务提供者是否具有采取必要措施的能力则与云服务技术层级有关。如果在整个云服务过程中，用户和服务商都没有采取加密等措施，那么云服务商采取必要措施则是不困难的，可能面临的就是依据商业习惯和行业做法，应不应该这样做的问题。

云服务商是否有权访问加密数据，又根据服务的不同而有差异：第一，一些云服务中直接给服务商授权或者包含了密钥访问权，如许多 SaaS 服务就

---

① 蔡元臻、白睿成：《云计算服务平台适用避风港规则的局限性及其破解》，载《知识产权》2020 年第 4 期。

授予了服务商访问可理解用户数据的权利。但在分层次的云服务中，抽象程度更低的服务可能就没有必要获得这种授权，如 SaaS 是建立在 PaaS 或者 IaaS 的基础设施上，即使用户会授权 SaaS 服务商获取存储于其应用程序上的加密数据的解密密钥，他们也很少会授权次级的 PaaS 或 IaaS 服务商。对于 SaaS 而言，即便用户在传输之前进行了强力加密，SaaS 服务商也可能无法获得用户的密钥授权。[1] 如果相应云服务商无法访问加密数据，也就很难合比例地采取必要措施。

在涉及必要措施时，因为进行"删除"等操作存在不同程度，也可以天然地将必要措施进行比例性配置。例如，云端服务器其实和本地计算机一样，存在一个"回收站"或"垃圾箱"，被删除的数据在一段时间内会被转移进去，即使在清空回收站以后，数据也可能没有真正被删除，真正被删除的只是包含了数据集碎片指引地址的元数据"指针"，实际数据会不断被新数据覆盖，在被覆盖之前，这些数据残留就是可理解或者可重组的。要实现绝对删除的终极方法是去磁或者破坏物理存储介质，如果数据被加密则可以直接破坏密钥，这种终极方法对于避风港规则的需求来说显然不合比例，越彻底的删除对服务商来说越昂贵，也会给云服务提供商带来成本压力。[2] 因此，惯常理解的避风港规则中的"删除"与云服务中的"删除"在程序和后果上都不一样，云服务更适合用"其他必要措施"作为平台义务履行方法，这样就能尽量避免比例原则和云服务商的成本控制成为避风港适用的障碍。

四、困境解决：民法典避风港规则适用应做调整

民法典生效之后，根据其对避风港规则的更新和完善，结合既有实践经验以及新法条规定，可得出新适用路径。图 1 中加粗字体表示有可能实施侵权行为的相关网络用户行为，非加粗字体表示避风港中网络服务提供者的行为措施及相关流程。民法典更新后避风港规则加入了网络服务提供者的"转通知"义务，不仅要转送权利人的通知，还要转送网络用户的声明，起到了

① ［英］克里斯托弗·米勒德：《云计算法律》，陈媛媛译，法律出版社 2019 年版，第 30-31 页。

② ［英］克里斯托弗·米勒德：《云计算法律》，陈媛媛译，法律出版社 2019 年版，第 35-36 页。

权利人和网络用户之间传话者的作用。在这一程序延长过程中，网络服务提供者的责任增加，也随之产生了新的抗辩事由。

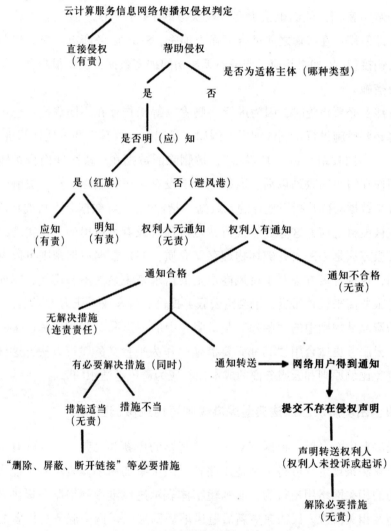

图1　民法典避风港规则适用路径

对于实践中避风港适用遇到的技术复杂性带来同一市场主体角色差异、必要措施类型不当等问题，民法典的适用逻辑尚不能完全解决，还需要在适用中做出调整。

（一）关注具体服务类型而非主体类型

由于技术复杂性，云服务提供者势必不会像传统网络服务提供者一样能完美适用避风港"通知—删除"规则。法院要判断云服务提供者属于哪种网络服务提供者主体，实际不需要根据《条例》规定强行分类，涉案云服务商在当时提供何种服务就可以直接认定其服务类型，并不一定按照云服务及其他网络服务分类方法进行归纳。在云服务中，属于哪种类别服务模式对于能否被避风港规则函射并非决定性因素，重要的是服务当时服务商与用户各自所处的位置以及各自权限大小。例如，在用户采取了加密手段的云存储服务中，云服务提供商无法确定加密文件是否存在侵权，便只能将必要措施设置在解密过程中或解密之后。对于以不加密的公开方式进行存储和传输的信息，云服务提供商很容易及时采取必要措施。

涉案信息的来源和控制权归属也会影响到服务商所要承担的责任。如果基础设施服务提供商将云服务卖出后，购买方运营过程中的客户上传或传播侵权信息，涉案信息的来源和控制权归属都不在基础设施服务提供商，而在于购买云服务并生成具体网络产品的运营商，或者直接归咎于信息发布者。我国《信息安全技术 云计算服务安全指南》也规定了云服务商的安全和保密义务，因此应当明确，对于不适宜用避风港规则进行调整的云服务模式完全可以剔除，这类云服务模式多为 IaaS 类型的服务提供商，但也不能一刀切地完全剔除这种主体类型，应该以云服务商所提供的具体服务是否适宜采用避风港进行调整为标准，具体问题具体分析。实践中需要做的是先将不同云服务进行简单分类，如属于 IaaS、PaaS 还是 SaaS，或者属于存储空间租赁还是算力租赁，抑或平台和软件租赁等。在进行简单分类后，可以为实践工作提供大致方向。其后再判断云服务商在具体服务中所承担的义务以及权限大小，对于对服务器或平台内信息具有一定控制和接触权限的服务商则可以以避风港规则为基础，继续探讨其应当承担的必要措施问题。

（二）必要措施以不可获得性效果为标准

如果权利人通知合格，要继续判断网络服务提供者是否采取了必要措施以及必要措施是否适当。根据民法典规定，服务提供者必须在采取必要措施的同时进行通知转送，如果必要措施适当，则服务商可以不承担责任，如果必要措施不适当，则服务商也不一定必然承担责任，还要看不适当的必要措施是超出了必要限度还是程度不足，如在阿里云版权侵权案中，"关停服务器，强行删除服务器内全部数据"明显是超出了合理的必要限度的措施，但是服务商并没有因此而承担责任。① 在进行第一次转送通知操作后，网络用户接到通知，可以选择向服务商提交不存在侵权的声明，对于该声明也有类似合格通知一样的要求，合格声明应当"包括不存在侵权行为的初步证据及网络用户的身份信息"。服务商接到该合格声明后负有将该声明转送给权利人的义务，这是第二次转送操作，并要告知权利人可以选择进行投诉或起诉。如果权利人没有选择投诉或起诉，服务商才可以解除相关必要措施，这之后如果解除必要措施造成进一步侵权或损害扩大，便不能再要求服务商承担责任。

民法典将"转通知"规定为程序性义务具有合理性，无论是何场景，何种网络服务提供者主体，何种侵权类型，采取何种必要措施，如果没有"转通知"环节，都会导致争议双方武装不平衡，甚至导致一方损害扩大。"转通知"作为程序性措施实有必要，也是网络服务提供者主体能否进入避风港规则函射范围的重要条件，但其带来的"必要措施"种类限缩也确实给云服务提供商的义务履行造成困难。民法典中没有提出其他新型必要措施，采取了"删除、屏蔽、断开链接等必要措施"规定，对云服务来说不够明确。克里斯托弗·米勒德提出的三条改革建议或许更可行：第一，数据控制者与数据处理者的二分方式已经不适用于云计算环境，对云计算环境可以适用当责原则，当云计算服务作为基础设施服务商时应该被视为中立的媒介，除非它们对数据有一定的预先了解和控制权。第二，对于那些实质上不处理个人数据的服务商，应当认定其是一种媒介角色，类似于欧盟《电子商务指令》中的"托管"或者"单纯的传输"（又称纯粹通道）服务。第三，取消指示要求，立法应当要求控制者限制处理者或资源服务商的行为，可以通过合同规定服务商的违约责任来限制，或者通过用户加密或其他措施来防止服务商访问可理

---

① 参见阿里云计算有限公司与北京乐某某卓越科技有限公司侵害作品信息网络传播权纠纷案，北京知识产权法院（2017）京73民终1194号民事判决书。

解的个人数据。① 这说明，当涉及基础设施服务时，在"通知-移除"规则之外寻求预防措施是可行的。

如果剔除基础设施服务类别的云服务商，采取何种必要措施完全可以以最终需要达到的效果为标准来要求，也就是使得相关侵权信息不再为他人所接触，不再具有可获得性即可。不再具有可获得性是指相关信息已经不能再被更多主体认识，也不会导致侵权范围扩大以及损害扩大。以信息网络传播权保护为例，云计算环境下的信息网络传播权是指"在云环境下通过网络的方式向公众提供作品，使公众可以在特定时间或地点都能通过网络获得或利用作品的权利"，② 不可获得则自然是公众不再可以在特定时间或地点获得或利用相关作品，至于这些信息或者数据是否在云服务平台或者服务器上彻底消失则在所不问。因为前文已经提到，云计算环境中的"删除"与我们惯常理解的"删除"概念并不一致，在云计算环境中也无法使相关数据彻底消失，但是从法律效果上只要不再具有可获得性就达到了权益保护和责任避风港目的。

（三）新制度作为权利保护补充

对于底层的存储空间租赁这种基础设施服务类别，我国可以尝试探索采用过滤技术阻止侵权文件共享。该技术措施在美国版权局 2020 年发布的对 DMCA 第 512 条的报告［《数字千年版权法》（DMCA）］中提出③，报告指出，DMCA 第 512 条规定目前避风港系统的运作是不平衡的，如在服务提供商适用避风港资格方面、对重复侵权者的政策、删除通知中的特殊性等。多年来技术和商业模式变化导致互联网生态系统变化，允许远程访问软件、服务和数据存储的云计算在当今互联网中发挥着关键作用，但在 1998 年立法时对公众来说基本不存在，因此法律的规定始终是不完善的。报告中提到了云存储平台 Dropbox 采用的是一种过滤技术，该技术可以使用哈希值匹配方法防

① ［英］克里斯托弗·米勒德：《云计算法律》，陈媛媛译，法律出版社 2019 年版，第 311-317 页。

② 徐素萍、李文全：《云计算环境下著作权保护评价研究》，载《前沿》2019 年第 5 期。

③ See U. S. COPYRIGHT OFFICE, SECTION 512 OF TITLE 17: A REPORT OF THE REGISTER OF COPYRIGHTS 1 (May 2020), P46, https://www.copyright.gov/policy/section512/section-512-full-report.pdf (2023-8-9).

止已经有合格通知的疑似侵权材料在系统和平台上存在。在服务商收到合格通知并采取相关必要措施停止对文件的访问之后，该云存储平台就会把这一侵权文件的唯一标识符（或哈希值）加入黑名单。如果网络用户又尝试上传或者传输与黑名单中的文件标识符相同的文件，系统就会自动终止这种传播。这不会从用户的账户中删除相关文件，而只会阻止用户的共享和传播操作。这种过滤技术相当于一种进入避风港之前的预防措施，但可以像避风港一样达到保护相关权益的效果，也能像避风港一样成为服务提供者主体的免责事由。

也有国内学者指出如果让云服务提供商按照"避风港"规则审查、删除数据，将会影响数据安全，加重云服务商的责任，阻碍云计算技术的发展，因此可以尝试采用诉前禁令制度，规定云服务商协助禁令的执行。① 这就在避风港之外另寻到了 IaaS 模式云服务商之版权保护责任的承担方法，绕开了难以处理的云服务商主体问题。可见，以新制度作为避风港的补充，达致权利保护效果，不失为好的调整方法。

五、结语

避风港规则中网络服务提供者所要承担的必要措施义务种类与其服务种类相关联，因此不能单纯以服务提供者的类型判断义务种类，而要看其在具体场景中的服务类型和具体权限。云计算服务主体类型、适用避风港的前置行为、云计算服务提供者的主观认知、帮助侵权的归责原则以及免责事由都是云计算服务适用避风港的要件。在民法典对避风港规则的细节进行修改之后，避风港在新型平台中的适用逻辑也发生了变化，以往司法实践中探索出的"转通知"必要措施不能再作为必要措施进行适用，否则可能会给基础设施即服务类型的服务提供者带来必要措施履行困境，从而造成避风港适用困境。这类情况或可参考利用哈希值匹配等技术手段防止侵权发生的做法，或者增加其他制度（如诉前禁令）进行完善，都可以在避风港之外对相关侵权行为实现救济。对这些手段本文只作为引子，还需要另做文章深入分析国外相关技术做法和其他相关制度。

---

① 王渊：《数据安全视角下 IaaS 模式云服务商版权责任研究——以阿里云版权侵权案为例》，载《中国科技论坛》2020 年第 8 期。

"刷脸支付"技术应用的风险防范机制研究

韩富营*　　王景淘**

（烟台大学法学院，山东烟台　264005）

摘　要： "刷脸支付"技术作为人脸识别技术应用于支付领域的产物，具备一系列核心优势，同时面临个人面部特征不稳定、个人面部信息易被获取、人脸识别系统尚不完善以及人脸分析技术不当使用等现实风险。大数据时代下，人脸识别技术相关法律法规、司法解释和行业自律公约等规则陆续出台，但尚未形成足以化解"刷脸支付"技术应用风险的系统性规范。为有效防范"刷脸支付"技术应用的风险，应当提升识别技术的精准度与稳定性，适用书面知情同意规则，增设外部审查制度，并强化信息储存和查证机制。

关键词： 刷脸支付；人脸识别技术；生物识别信息；风险防范机制

　　随着光电技术、微计算机技术、图像处理技术以及模式识别等科技的迅猛发展，人脸识别技术等生物特征识别技术随之诞生。人脸识别技术是一种基于个人面部特征进行身份验证的生物特征识别技术。除人脸识别技术之外，生物特征识别技术还包括虹膜识别技术、眼纹识别技术以及骨骼识别技术等。"刷脸支付"正是一种以人脸识别技术为基础的新型支付方式。通过"刷脸支付"进行结账时，消费者仅需在收银台面对拍摄设备上的摄像头，系统即可自动扫描消费者的面部信息，并将其面部信息与数据库中的存储信息予以比对，待消费者的身份信息比对成功，交易后台进行自动扣费，整个支付流程

　　基金项目：2022 年度山东省高等学校优秀青年创新团队"公私法交融治理模式下数据交易规则的检视与重构"（2022RW095）的阶段性成果。
　　* 韩富营，烟台大学法学院讲师，烟台大学数字法治研究中心研究员。
　　** 王景淘，烟台大学法学院硕士研究生。

即告终结。作为将人脸识别技术应用于支付领域的"新生儿"，"刷脸支付"技术具有改善消费者支付体验、化解弱势群体支付障碍、提高市场交易效率、降低商家应用成本以及拓宽主体交互渠道等一系列核心优势。

"刷脸支付"技术契合当下国家关于"加快发展现代产业体系，巩固壮大实体经济根基""加快数字化发展，建设数字中国"等重点行动指南。① 然而，我国现有法律制度与司法运作均未能深刻把握"刷脸支付"技术应用的现实冲突，对"刷脸支付"技术应用的底层逻辑更是不甚了解，当前的法律应对措施尚无法真正化解"刷脸支付"技术应用的风险。随着"刷脸支付"技术的商业化、规模化推广，如何合理防范与规制"刷脸支付"技术应用的风险，使"刷脸支付"能够在具备安全性的前提下，最大限度地发挥其社会价值，值得当下理论界和实务界认真思考。

一、"刷脸支付"技术应用的现实风险

2018 年 12 月，中国人民银行办公厅印发《关于开展金融科技应用试点工作的通知》（银发〔2018〕325 号），决定在北京市、上海市、江苏省和浙江省等多地组织开展金融科技应用试点工作，探索兼顾安全性与便捷性的新型网络身份认证技术应用，陆续启动商业银行"刷脸支付"技术的试点及推广工作。② 但迄今为止，"刷脸支付"技术应用的风险防范机制仍不成熟，其根源在于"刷脸支付"技术的潜在应用风险与人脸识别技术的内在安全隐患之间存在紧密联系。

（一）个人面部特征不稳定

不同于指纹支付、扫码支付等支付方式，"刷脸支付"所依赖的核心"凭证"，即人脸具有不稳定性。其一，个人面部特征易受自然人所处生命阶段的影响。自然人在幼年阶段、老年阶段分别处于人生的成长期与衰老期，个人面部特征变化十分明显。其二，受饮食、作息、运动以及疾病等因素的综合

---

① 《中华人民共和国国民经济和社会发展第十四个五年规划和 2035 年远景目标纲要》，2021 年 3 月 23 日，载中国政府网，http://www.gov.cn/xinwen/2021-03/13/content_5592681.htm? pc，最后访问时间：2022 年 11 月 8 日。

② 《央行等 6 部委发布 325 号文　推动金融科技应用试点工作》，2019 年 5 月 8 日，载移动支付网，https://www.mpaypass.com.cn/news/201905/08203056.html，最后访问时间：2023 年 1 月 9 日。

影响，人脸极易变胖或者变瘦，从而影响个人的面部轮廓与五官形状。其三，个人发型的大幅变化会影响人脸识别技术系统的正常比对。其四，随着医学整容技术的迅速发展，越来越多的人出于各种各样的原因选择进行面部微整容手术，甚至大幅改变个人面部特征。其五，在日常生活中，意外毁容现象并不少见，面部被热水烫伤、被利器划破等情形均会影响人脸识别技术系统在信息自动匹配时的精准度。其六，"高强度"的人脸化妆会对个人面部特征的正常识别产生不容忽视的影响。其七，佩戴口罩、墨镜以及发箍等面部装饰品时，个人面部的很多重要部位会被遮盖，此类穿戴打扮行为可能会导致系统出现无法识别或者识别错误的情况。其八，在"刷脸支付"时，人脸由于面向拍摄设备的角度不同、拍摄时光线过明或者过暗等因素，均会影响系统识别的精准度与成功率。

（二）个人面部信息易被获取

与储存于人们大脑内的支付密码或者隐蔽性较强的个人指纹信息不同，个人面部信息无须特别手段即可被获取。一方面，由于人脸长期暴露在外，导致个人面部信息的私密性较差。尽管未经个人面部信息归属主体的同意，他人仍可从不同角度进行拍摄，从而获取大量的个人面部信息。随处可见的摄像头与人脸识别技术相结合，使得社会大众的个人面部信息成了"行走的密码"。[①] 这使盗取个人面部信息比窃取支付密码或套取个人指纹信息都容易许多。另一方面，在互联网大背景下，人们在 QQ 空间、微信朋友圈、微博或小红书等平台上公开或者半公开发布自己或他人的照片数量繁多，通过汇总、整合与技术分析，获取特定主体的个人面部信息并非难事。目前，已出现不良商家专门兜售不特定信息主体的大量人脸照片，并附加具体、详尽信息说明的情形。[②] 因此，由于个人面部特征具有不稳定性且个人面部信息易被获取，而大多数的"刷脸支付"技术系统仍采用静态识别方法，使得支付环节存在不容忽视的安全隐患。

[①] 参见蒋淑旭、胡丹：《刷脸支付下消费者个人信息的法律保护》，载《山西省政法管理干部学院学报》2020 年第 4 期。

[②]《17 万"人脸数据"遭公开售卖　当事人对此一无所知》，2019 年 9 月 11 日，载腾讯网，https://new.qq.com/rain/a/20190911A0984800，最后访问时间：2023 年 1 月 10 日。

（三）人脸识别系统尚不完善

在签订"刷脸支付"用户许可协议时，通常不会要求消费者进行实时拍照。在"刷脸支付"时，如果需要对消费者进行身份认证，则"刷脸支付"技术后台不仅会通过全国公民身份证号码查询服务中心进行查询，还会将采集到的人脸图片与全国公民身份信息数据库、人民银行和公安部联网核查公民身份信息系统中的留档照片进行比对。[1] 这一过程与时兴的扫码支付业务中的身份验证方式具有相通之处，"刷脸支付"技术有可能成为未来主流的、基于人脸信息的实名制支付工具。尽管如此，"刷脸支付"技术系统的识别精准度仍时常受到照片更新速度过慢、拍摄像素有限等因素的制约。同时，某女子"被刷脸"背上万元贷款案件中更是暴露出传统借贷机构在放款时仅进行形式审查的弊病，即只要身份证照片和本人看起来差不多，则径直审核通过。[2] 由于消费者个人账户内的资金与人脸识别技术系统关联紧密，若在身份认证上未采取严格审查机制，则极易被犯罪分子所利用，从而导致消费者个人账户内资金安全的风险系数提高。

目前，实现对人脸识别系统的技术破解尚存在一定困难，最主要的原因在于，即便能够破解人脸识别技术系统，其所采集到的数据也无法直接用于分析消费者的面部特征，而是需要经过一系列算法、模型等处理才能得出最终结果。但是，如果能够对这些数据进行深度分析研究，则实现对人脸识别技术系统的破解并非不现实。通过活体辨识技术以实现识别目的的人脸识别技术系统，可以被制作精良且细节逼真的特制面具破解；通过实时重建技术以实现识别目的的人脸识别技术系统，则可以被"3D"模型制造的仿真头像破解。例如，某犯罪团伙通过软件合成的"3D"头像，顺利通过了支付宝的人脸识别认证，非法牟利数万元。[3] 更有甚者，有小学生以打印出的图片代替真人，便轻松破解了人脸识别智能快递柜。[4]

---

① 参见唐林垚：《刷脸支付的法律挑战及规制路径》，载《北方法学》2022年第1期。

② 参见章宁旦、刘梦薇：《女子"被刷脸"背上万元贷款，要不要还》，载《法治日报》2021年8月25日，第6版。

③ 参见张富、余杭飞等侵犯公民个人信息、诈骗案，浙江省衢州市中级人民法院（2019）浙08刑终333号刑事裁定书。

④ 参见董振班、赵春秀：《"刷脸支付"该规范了!》，载《人民政协报》2019年12月31日，第12版。

（四）人脸分析技术不当使用

随着个人面部信息数据库扩充、"刷脸支付"技术应用场景增多以及采用"刷脸支付"技术的商家主体逐渐多样化，"刷脸支付"技术的应用目的已不再局限于改善消费者支付体验、提高市场交易效率等技术研发的初衷，人脸分析技术"应运而生"，功能异化现象愈加明显。① 人脸分析技术与人脸识别技术的核心差异在于，通过识别个人面部信息确认消费者身份的步骤完成后，是否存在出于其他目的的后手自动化决策，即是否存在"情感计算"。② 所谓的"情感计算"，就是通过人工智能系统对用户感知方式及用户行为模式进行判断，从而决定用户意愿，并影响用户的行为。目前，我国已成为世界范围内最主要的"情感计算"技术的研发与应用国家之一。③

大数据时代下，基于人脸识别技术的"情感计算"逐渐被违规用于各类消费场所中，人脸信息被用于精准营销，从而为商家进行"信息赋能"。人脸分析技术的不当应用会引发一系列问题。当消费者面部被人脸识别技术系统自动抓取后，后台会自动识别出消费者的年龄、身份、到店频率以及购买记录等诸多个人信息，借以推断消费者的近期心情和消费偏好。④ 具体事例已不胜枚举，如某售楼处安装人脸识别技术系统，抓拍看房客户后进行"情感计算"，引发地方政府部门关注；⑤ 央视 3·15 晚会曝光科勒卫浴、宝马、Max-Mara 商店等大型企业安装人脸识别摄像头违规收集海量人脸信息等。⑥ "情感计算"不仅会严重侵犯消费者的个人隐私，而且会影响消费者在具体行为上的选择。当知晓自己正在被窥视或被窃听时，人们的行为会发生变化，而这

---

① 参见周坤琳、李悦：《回应型理论下人脸数据运用法律规制研究》，载《西南金融》2019 年第12 期。

② 参见唐林垚：《刷脸支付的法律挑战及规制路径》，载《北方法学》2022 年第 1 期。

③ 参见王禄生：《情感计算的应用困境及其法律规制》，载《东方法学》2021 年第 4 期。

④ 参见唐林垚：《刷脸支付的法律挑战及规制路径》，载《北方法学》2022 年第 1 期。

⑤ 参见潘颖欣、冯群星：《售楼处人脸识别"无感"抓拍 看房人戴口罩没用要戴头盔》，载《南方都市报》2020 年 11 月 23 日，第 GA12 版。

⑥ 《央视 315 晚会曝光：科勒卫浴、宝马、MaxMara 商店安装人脸识别摄像头》，2021 年 3 月 15 日，载新浪网，https：//news.sina.com.cn/c/2021-03-15/doc-ikkntiam2262457.shtml，最后访问时间：2023 年 6 月 6 日。

正是自由的一种丧失。① 这类滥用人脸分析技术的行为不仅会造成个人隐私信息被过度收集，还可能危害公共安全。因此，对人脸信息进行保护的重点应当是防止过度使用或者滥用技术。在使用人脸识别技术或人脸分析技术时，应当注意个人隐私保护和公共安全维护之间的平衡。

综上所述，尽管"刷脸支付"技术的出现为人们带来了极大的便利，但也带来了诸多的个人信息安全问题。一方面，将人脸识别技术应用于支付领域时，往往具有不安全性，"刷脸支付"技术系统对不实信息的辨识能力有限；另一方面，消费者及政府对于"刷脸支付"技术系统的信息收集、存储及使用行为缺乏必要的约束与监管。基于人脸识别技术的"情感计算"则更加可怕，在某种意义上，人脸分析技术侵犯了消费者的个人隐私和自由选择权，这也使部分消费者对"刷脸支付"技术产生抗拒心理和抵触情绪，削弱了社会公众对"刷脸支付"技术的接受度和信任度。因此，消费者的资金安全仅是"刷脸支付"技术的"近忧"，而不负责任的概括同意、不清不楚的捆绑授权和随之而来的后手自动化决策歧视，才是深度困扰消费者的"远虑"。② 简言之，如何解决"刷脸支付"技术中存在的一系列风险隐患，保护消费者权益不受侵害并引导社会大众积极正确地使用人脸识别技术，值得深思。

二、比较视野下"刷脸支付"技术的法律规制

技术发展"一日如千年"，而人类为防范技术应用过程中存在的潜在风险所需的规范制定时间日益赶不上技术的创新速度。③ 作为国家法治生活的逻辑起点，立法活动将不可避免地在科技进步的驱动下迎来新改变。④ 美国科学家Woodrow Bledsoe 于 20 世纪 60 年代首次提出以计算形式进行人脸识别任务的

① 参见特蕾莎·M. 佩顿、西奥多·克莱普尔：《大数据时代的隐私》，郑淑红译，上海科学技术出版社 2017 年版，第 7 页。
② 参见唐林垚：《刷脸支付的法律挑战及规制路径》，载《北方法学》2022 年第 1 期。
③ 参见李河：《从"代理"到"替代"的技术与正在"过时"的人类?》，载《中国社会科学》2020 年第 10 期。
④ 参见王怡：《智能互联网能为民主立法贡献什么》，载《北方法学》2019 年第 6 期。

研究思路，并付诸开发。① 此后，有关"刷脸支付"等人脸识别技术应用的法律规制实践，在全球各国陆续展开，在此以欧盟、美国对"刷脸支付"技术的法律规制为例进行介绍，以期为我国提供有益借鉴。

（一）欧美对"刷脸支付"技术的法律规制

2018 年 5 月，欧盟出台了《通用数据保护条例》（以下简称 GDPR）。GDPR 第 4 条将人脸图像纳入生物数据中，第 9 条则将人脸图像等生物数据认定为个人数据的特殊类别，并规定生物数据被用于商业用途时需要数据主体做出"真实、自由、明确、具体且不含混"的同意。② 2019 年 7 月，欧洲数据保护委员会颁布了《关于通过视频设备处理个人数据的 3/2019 指引》，该准则阐明了 GDPR 如何适用于通过视频设备的个人数据处理之中，以确保 GDPR 的一致适用。③ 同年 11 月，欧盟基本权利局发布了《人脸识别技术：执法中的基本权利考虑》，该文件在阐述人脸识别技术应用过程中涉及的基本权利含义的基础上，将人脸识别技术运用于执法与边境管理领域。④

在美国，联邦层面并未出台统一的有关保护生物识别信息的法律，各州层面的隐私保护法则构成了生物识别信息保护领域法律规范的重要组成部分。例如，伊利诺伊州《生物识别信息隐私法》（以下简称 BIPA）第 10 条对生物识别信息进行了列举式定义，明确规定人脸的几何扫描图像属于生物识别信息的具体类型之一。2019 年 5 月，出于对人脸识别技术存在的较高错误识别率、种族及性别歧视、个人隐私侵犯等问题的多重担忧，加利福尼亚州旧金山市出台了《停止秘密监控条例》，禁止该市所有的政府部门使用人脸识别技术。不久之后，马萨诸塞州萨默维尔市、加利福尼亚州奥克兰市也发布了类

① 《人脸识别"双刃剑"效应尽显，寻找被偷的"人脸"》，载澎湃网，https://www.thepaper.cn/newsDetail_ forward_ 11763267，最后访问时间：2023 年 8 月 11 日。
② 参见洪延青：《人脸识别技术的法律规制研究初探》，载《中国信息安全》2019 年第 8 期。
③ 参见广东省 WTO/TBT 通报咨询研究中心：《欧洲数据保护委员会通过了〈视频监控准则〉》，2019 年 9 月 5 日，载广东省应对技术性贸易壁垒信息平台，http://gdtbt.org.cn/noteshow.aspx? noteid = 250755，最后访问时间：2023 年 1 月 10 日。
④ 参见中国信通院互联网法律研究中心：《欧盟基本权利局发布有关面部识别技术的报告》，2019 年 12 月 27 日，载安全内参，https://www.secrss.com/articles/16253，最后访问时间：2023 年 1 月 10 日。

似的关于人脸识别技术应用的禁令。[①]

值得注意的是，国外对人脸识别技术的法律规制仅是一种参考，欧美国家的做法并非标准范式而必须予以遵循，应当取其精华，去其糟粕，将国际有益经验与国内客观实际相结合，探索适应我国国情的法律规制路径。

（二）我国对"刷脸支付"技术的法律规制

应明确的是，法律规制人脸识别技术的目的，不是一味地叫停该项技术的使用，而是应该在确保安全的前提下，倡导一种负责任的使用。[②] 与欧美国家严格管控甚至明令禁止使用人脸识别技术的政策不同，我国对于人脸识别技术的应用采取了较为包容的态度。"刷脸支付"技术便是在支付领域中引入人脸识别技术系统，从而对用户的个人面部信息进行采集和分析的产物。不可否认的是，如果不采取适当措施，"刷脸支付"技术可能被滥用，以提供非法服务。因此，以人脸识别作为身份验证方法时，应当充分提示风险，可以将"刷脸支付"技术的使用限制在一定范围内，而不是使其完全失去市场空间。

尽管欧美国家限制人脸识别技术应用的法律规定具有一定的局限性，但其针对该技术应用的相关法律规制体系已较为成熟。而我国关于人脸识别技术的法律规制体系初步成型，专门规制"刷脸支付"技术应用的具体性规范仍以分散式、碎片化立法的形式分布在不同层级的规范性文件中。[③]

纵观国内既有的碎片化规制现状，不仅缺乏对"刷脸支付"技术共性特征的整体把握，陷入机械化适用规则的困境，而且不同的规范性文件在条文表述上出现了不同程度的矛盾、冲突甚至抵消。具体而言，民法典首次回应了社会大众关切的个人信息保护问题，但并未回应因个人面部信息自带的不可更改性与人格权益属性而产生的特殊保护需要。[④]《人脸识别线下支付行业自律公约（试行）》作为行业自律公约，其效力与覆盖范围均存在局限性，

---

① 参见张新宝、葛鑫：《人脸识别法律规制的利益衡量与制度构建》，载《湖湘法学评论》2021年第1期。

② 参见邢会强：《人脸识别的法律规制》，载《比较法研究》2020年第5期。

③ 参见唐林垚：《刷脸支付的法律挑战及规制路径》，载《北方法学》2022年第1期。

④ 参见赵精武：《〈民法典〉视野下人脸识别信息的权益归属与保护路径》，载《北京航空航天大学学报》（社会科学版）2020年第5期。

且缺乏明确、具体的行业指引。《最高人民法院关于审理使用人脸识别技术处理个人信息相关民事案件适用法律若干问题的规定》将积年累月的审判智识浓缩进了司法解释中,但缺乏针对"刷脸支付"技术应用予以专门法律规制的具体化、特殊化规则。尽管《数据安全法》与《个人信息保护法》均规定针对个人面部信息等生物识别信息予以特别保护,但面对"刷脸支付"技术应用领域错综复杂的利害格局,既有的法律法规能否处理好个人利益保护与公共利益维护、个人权益保障与数字经济发展之间的多元诉求与价值平衡,仍有待时间检验。

三、"刷脸支付" 技术风险防范机制的完善

通过立法的方式完善"刷脸支付"技术的法律规制体系,应当同时发挥好基本原则的统筹规划作用与风险防范措施的具体指引作用。在构建处理个人面部信息的基本原则的顶层设计的同时,应当针对不同的应用场景与个人面部信息数量,具体规定不同的保护强度和风险防范措施。不仅如此,受专业规范术语使用难度、具体应用场景多样化等因素的影响,法律法规等"硬法"尚无法针对"刷脸支付"技术予以妥帖的场景化、细致化规定,仍需借助国家标准或者行业标准等"软法"以实现细化与自治的效果。只有将"刷脸支付"技术纳入多元化治理机制的轨道中,方能促进既有法律规范之间"相互增益",在确保安全的前提下,充分释放"刷脸支付"技术应用的潜在效能。[①]

(一) 提升识别技术性能

构建动态辨识机制以替代静态识别方法,可以有效化解"个人面部特征未发生明显变化,但存在客观影响因素"的难题,即可以解决由于发型大幅变化、穿戴打扮、拍摄角度不同、拍摄时光线过明或过暗,从而影响"刷脸支付"识别精准度的技术障碍。同时,引入新型摄影摄像技术,提升在支付环节进行人脸拍摄时的高清度,并提高人脸拍摄图像与对比库内照片匹配时的质量与效率。

定期更新消费者的照片对比库,可以有效解决"个人面部特征发生明显

---

① 参见唐林垚:《刷脸支付的法律挑战及规制路径》,载《北方法学》2022 年第 1 期。

变化，从而影响人脸识别比对成功率"的问题。一方面，经过固定时间段后，消费者即需要根据系统提示提交最新且符合行业标准的个人照片，系统后台以此替换对比库中的老旧照片，或在全国公民身份信息数据库中进行认证，复制数据库采集到的最新消费者照片予以替换。这可以有效解决青少年成长、老年人衰老、人脸变胖或变瘦、发型大幅变化、医学整容以及意外事故毁容，从而导致"刷脸支付"技术系统自动识别受限的问题。另一方面，为保障"刷脸支付"技术应用的便捷性与安全性，除系统定期提示消费者更换最新照片之外，还需要进行相应的常识宣传普及，引导社会大众在医学整容或者发生意外事故导致毁容后，在系统中及时上传最新个人照片以替换老旧照片。

（二）适用书面知情同意规则

个人面部信息并非一般的个人信息，与指纹等生物识别信息也存在较大的区别。因此，收集个人面部信息应当采取差异化的规制方式，适用更加严格的"知情同意框架"。知情同意规则是个人信息保护领域中法律适用的核心规则之一。[1]《民法典》第 1035 条、第 1036 条分别规定了处理个人信息的原则、条件与免责事由，其中便包括知情同意规则。[2]《个人信息保护法》第二章"个人信息处理规则"和第五章"个人信息处理者的义务"规定的核心要义仍是信息主体的知情同意。信息主体应当在"充分知情"的前提下，自愿做出同意的意思表示。而"充分知情"意味着信息处理者在处理个人信息之前，应当以显著、明晰的方式告知信息主体其收集与处理该个人信息的目的、方式、范围等涉及信息主体个人权益的必要事项。[3] 因此，"告知"与"同意"是适用知情同意规则的两个核心要素。

《民法典》与《个人信息保护法》中均规定了知情同意规则，但针对信息主体如何做出同意的规定过于模糊。针对"刷脸支付"技术所带来的风险与问题，应当采取更严谨且全面的规制手段予以应对。收集一般个人信息时，除了法定例外情形，均须征得信息主体的知情同意。但是，由于个人面部信

① 参见陆青：《个人信息保护中"同意"规则的规范构造》，载《武汉大学学报》（哲学社会科学版）2019 年第 5 期。
② 参见邹开亮、陈西西：《人脸识别中知情同意规则适用的失灵与矫正——从人脸识别收集"非人脸信息"谈起》，载《江西科技师范大学学报》2022 年第 3 期。
③ 参见邹开亮、陈西西：《人脸识别中知情同意规则适用的失灵与矫正——从人脸识别收集"非人脸信息"谈起》，载《江西科技师范大学学报》2022 年第 3 期。

息具有特殊性，除法定例外情形之外，其所适用的"知情同意框架"应当更加严格。① 鉴于书面知情同意是一种十分有效、成本较低且可切实保障信息主体权益的手段，故应当将其作为应对与化解"刷脸支付"技术所带来的风险与问题的重要措施之一。BIPA 针对此情形也规定了书面知情同意规则，可以作为参考。收集个人面部信息前，收集者应当明确、具体地告知被收集者其所收集信息的具体类型、目的、保存时间、被收集者的风险及权利等内容，且告知须采取书面方式。② 此外，在收集个人面部信息时，"告知"与"同意"均应符合当地信息监管部门的具体要求和所在行业的操作习惯。

（三）增设外部审查制度

目前，我国的"刷脸支付"技术应用尚未形成统一的规范标准。在缺乏统一规范的情况下，企业为了追求市场份额而积极推进"刷脸支付"技术的应用，却忽略了相应的法律风险。在现有规定下，对于"刷脸支付"技术系统的审查存在宽松甚至空白的现实困境，也难以发现与防范利用"刷脸支付"技术实施的不当行径。因此，有必要增加对"刷脸支付"技术予以严格审查的规范要求，设定规范系统的外部审查规则，建立有效的风险防范机制。针对"刷脸支付"技术系统进行相应强度的审查，根据其使用目的是否符合相应标准，以决定是否同意该系统收集、使用和处理人脸数据，从而对相关主体予以更有效的保护。

一方面，应当制定专门的规范性文件以规范和监督"刷脸支付"技术的应用。在政府层面上，设立专门委员会作为个人信息保护机构，对"刷脸支付"技术应用进行监督。另一方面，应当建立严格的外部审查标准，具体路径如下：一是设计严谨的"刷脸支付"软件或者硬件系统；二是严格控制应用范围，如限定在特定场景下使用"刷脸支付"设备；三是将"刷脸支付"纳入正常监管范围，委托第三方独立机构进行定期检查；四是建立并完善对"刷脸支付"技术应用领域内的企业内部工作人员的培训与监管制度；五是通过制定行业自律制度以加强对"刷脸支付"技术应用主体资格的审查；六是将"刷脸支付"技术应用纳入行政执法范畴，在发现违法违规行为时予以严

① 参见邢会强：《大数据交易背景下个人信息财产权的分配与实现机制》，载《法学评论》2019年第6期。

② 参见邢会强：《人脸识别的法律规制》，载《比较法研究》2020年第5期。

格查处。

值得一提的是，采用"刷脸支付"技术时，需要有第三方独立机构定期检查"刷脸支付"技术系统的准确性与非歧视性，必要时，定期检查结果应当及时向监管部门备案。[①] "刷脸支付"技术的门槛较高，金融机构一般通过"第三方硬件+自有算法"的方式，构建自身的刷卡支付体系。[②] 第三方硬件通常由"刷脸支付"技术终端和三维结构光摄像头两部分组成。其中，三维结构光摄像头属于精密光学仪器，国内能够实现量产的企业数量不多，尚属于不完全竞争市场。例如，微信支付使用华捷艾米公司的摄像头，支付宝使用奥比中光公司的摄像头。在自有算法上，为杜绝急于求成的算法开发行为，中国人民银行授权银行卡检测中心对人脸识别算法进行检测。[③] 但是，银行卡检测中心片面地聚焦于检测人脸识别算法的识别准确度和稳定性，忽略了对"刷脸支付"技术的不合理使用行为与基于"刷脸支付"技术的"情感计算"的应有防范。因此，应当增设外部审查规则，由无利益相关的专家对"刷脸支付"技术应用的全过程予以监督审查。外部审查的标准与强度，应当具体情形具体分析，如在不存在"情感计算"时，可以降低正当目的测试的强度。

（四）强化信息储存和查证机制

近年来，随着互联网、大数据产业的不断发展，加之 AI、5G、物联网等技术在各行各业的广泛应用，海量的信息呈现爆炸式增长的趋势。[④] 信息量的增加对于个人信息的存储方式提出了更高的要求。一方面，指数式增长的信息大大加重了服务端存储系统的负载；另一方面，存储方式的多元化对个人信息存储的合规性提出了新的挑战。个人信息存储是指将经过加工整理后的个人信息按照一定的格式与顺序存储在特定载体中的一种信息活动，其目的是便于信息管理者和信息用户快速、准确地识别、定位以及检索信息。

目前，个人信息的存储方式主要有两种：一是通过专门的技术存储设备进行存储；二是通过介质进行存储，如光盘、硬盘等。为保证个人信息的安

---

① 参见许可：《开放银行的制度构造与监管回应》，载《财经法学》2019 年第 5 期。

② 参见唐林垚：《刷脸支付的法律挑战及规制路径》，载《北方法学》2022 年第 1 期。

③ 参见刘晓明、夏天文：《支付机构刷脸支付技术应用现状及问题研究》，载《金融科技时代》2020 年第 12 期。

④ 参见张艺：《个人信息"云存储"行为的法律规制——从〈个人信息保护法〉第 40 条展开》，载《石河子大学学报》（哲学社会科学版）2022 年第 5 期。

全，应当对个人信息存储技术进行严格监管。对于电子存储介质，应当区分个人信息的重要性并分别采取加密、备份等保护措施。为保证个人信息的完整性、可用性和可追溯性，应当在一般情况下采取定期备份的方式。个人信息备份的目的是防止信息系统发生故障或遭受外力破坏而导致个人信息的丢失。鉴于个人面部信息的特殊性，通过公共网络收集、传输、存储个人面部信息时，均应适用加密措施，对收集到的个人面部信息予以分片段单独存储。此外，在采用"刷脸支付"技术时，均应搭建可追踪查证机制，即何人在何时、何地对何种个人面部信息进行了查询、使用、修改或者下载，事后均应可溯回查证，便于后期发生纠纷时的查证与追责。

四、结论

科技发展必然会带来一定的风险，而法律的持续追逐将是未来的常态。以往以确定性为基础的互联网法律法规，已不足以防范和解决当代不确定的技术风险。个人面部信息作为生物识别信息中敏感性较强且具有不可更改性的特殊类别，其法律规制体系的构建是一个复杂的问题，不应采取简单、传统的方法予以切分。因此，在大数据时代背景下，为有效防范"刷脸支付"技术应用的风险，应当同时发挥好基本原则的统筹规划作用与风险防范措施的具体指引作用，适时更新、与时俱进，提升"刷脸支付"技术识别的精准度与稳定性，适用书面知情同意规则，增设外部审查制度，并强化信息储存和查证机制，以实现科学合理的制度安排。

经典译苑

关于 GDPR^① 第 3 条与根据第五章的数据国际转移规定在适用时相互作用的 05/2021 准则

（2021 年 11 月 18 日通过）

译者　裴　轶[*]　洪延青[**]

一直以来，对于（欧盟和中国）个人信息保护法的域外适用和数据跨境流动章节之间的关系，存在各种不同的理解。一些专家认为，两者是互斥关系，只要受个人信息保护法的管辖，就不存在数据跨境流动章节的适用问题。另一些专家认为，两者是包容关系。近日，欧盟 EDPB^② 通过专门指南的形式，对这个问题做出了回答。译者将全文翻译并和各位共享，希望以此为我国《个人信息保护法》的理解和适用做出些许贡献。

欧洲数据保护委员会

考虑到欧洲议会和理事会 2016 年 4 月 27 日关于在处理个人数据方面保护自然人和此类数据自由流动并废除第 95/46/EC 号指令的第 70（1）（e）条，（以下简称 GDPR 或条例）。

考虑到《欧洲经济区协定》，特别是经欧洲经济区联合委员会 2018 年 7 月 6 日第 154/2018 号决定修订的附件十一和议定书 37^③，

考虑到其《议事规则》第 12 条和第 22 条，

已通过以下准则：

---

[*] 裴轶，北京理工大学网络空间国际治理研究基地副研究员。

[**] 洪延青，北京理工大学法学院教授。

① GDPR：《通用数据保护条例》，英文全称为 General Data Protection Regulation。

② EDPB：欧盟数据保护委员会，英文全称为 European Data Protection Board。

③ 本文件中提到的"欧盟"和"成员国"应分别理解为"EEA"和"EEA 成员国"。

1 简介

1. 根据 GDPR 第 44 条①，其第五章规定的条件应适用于任何 "正在处理的或打算在转移到第三国或国际组织后处理的个人数据的转移"②。第五章的首要目的是确保当个人数据被转移到 "第三国或国际组织" 时，GDPR 所保障的保护水平不会受到影响③。

2. 第五章的规定旨在确保个人数据在被转移到第三国或国际组织后继续得到保护。当个人数据在欧盟境内被处理时，它不仅受到 GDPR 中规则的保护，而且还受到欧盟和成员国层面的其他规则的保护，这些规则必须符合 GDPR（包括其中可能的克减），并最终符合欧盟基本权利和自由宪章的规定。当个人数据被转移并被欧盟领土以外的实体所获取时，欧盟内部提供的总体法律框架不再适用。

3. 因此，必须确保被转移的个人数据以其他方式得到保护。例如，在欧盟委员会做出充分性决定的情况下进行转移，或根据 GDPR 第五章提供适当的保障措施。当依靠 GDPR 第 46 条所列的转移工具之一时，必须评估是否需要实施补充措施，以使转移数据的保护水平达到与欧盟要求实质等同（essential equivalence）的标准④。这也适用于处理属于 GDPR 第 3（2）条的情况，以避免 GDPR 提供的保护被数据进口者所属的其他立法削弱。例如，当第三国对政府获取个人数据的规定超出民主社会中必要和相称的范围 [以保障联盟或成员国法律中承认的重要目标之一，如 GDPR 第 23（1）条所列目标] 时，就可能出现这种情况。第五章的规定是为了弥补这种风险，并在个人数据被转移到欧盟以外的国家时，补充第 3 条所定义的 GDPR 的地域范围。

4. 以下章节旨在澄清第 3 条和 GDPR 第五章中关于国际转移的规定之间

---

① "任何正在处理或打算在转移到第三国或国际组织后处理的个人数据，只有在符合本条例其他规定的情况下，控制者和处理者遵守本章规定的条件，包括从第三国或国际组织向另一个第三国或另一个国际组织继续转移个人数据时，才能进行转移。"

② "国际组织" 是指受国际公法管辖的组织及其下属机构，或由两个或更多国家之间的协议建立的或在此基础上建立的任何其他机构。

③ 除了 Recital 101 外，第 44 条第 2 句特别强调了这一点，其内容如下："本章的所有规定应予适用，以确保本条例所保障的自然人保护水平不受损害。"

④ 见 EDPB 建议 01/2020，关于补充转移工具的措施，以确保符合欧盟的个人数据保护水平，以及 EDPB 建议 02/2020，关于欧洲监控措施的基本保障。

的相互作用，以帮助欧盟的控制者和处理者确定某项处理是否构成向第三国或国际组织的转移，因此，他们是否必须遵守 GDPR 第五章的规定。

5. 然而，重要的是要记住，尽管某种数据流可能不构成第五章下的转移，但这种处理仍可能与风险有关，必须设计出保障措施。无论处理是否发生在欧盟，控制者和处理者都必须遵守 GDPR 的所有相关规定，如第 32 条规定的实施技术和组织措施的义务，*特别是考虑到与处理有关的风险*。

2 符合向第三国或国际组织转移个人数据的处理标准

6. 由于 GDPR 没有规定"向第三国或国际组织转移个人数据"这一概念的法律定义[①]，因此澄清这一概念至关重要。

7. EDPB 已经确定[②]了以下三个累积标准，使一项处理有资格成为"向第三国或国际组织转移个人数据"：

1）控制者或处理者在特定的处理过程中要遵守 GDPR。

2）该控制者或处理者（数据出口者）通过传输或其他方式将受此处理的个人数据提供给另一控制者、联合控制者或处理者（数据进口者）。

3）数据进口者在第三国，或者是一个国际组织，同时不管这个数据进口者是否按照第 3 条的规定在给定的处理方面受到 GDPR 的约束。

8. 在此有必要回顾一下，根据第 3 条，GDPR 的适用必须始终与某项处理有关，而不是与某一特定实体（如公司）有关。[③]

2.1 控制者或处理者在特定的处理过程中要遵守 GDPR 的规定

9. 第一条标准要求相关处理符合 GDPR 第 3 条的要求，即控制者或处理者在特定的处理过程中要遵守 GDPR 的规定。EDPB 指南 3/2018 对 GDPR 的领土范围（第 3 条）进行了进一步阐述。

10. 值得强调的是，不在欧盟设立的控制者和处理者，根据 GDPR 第 3 条第 2 款，在特定的处理过程中可能会受到 GDPR 的约束，因此，在将个人数据转移到第三国或国际组织时，必须遵守第五章。

---

① 第 44 条，第 1 句。

② 考虑到欧盟委员会 2003 年 11 月 6 日判决中的相关结论，Bodil Lindqvist，C-101/01，EU：C：2003：596。

③ 见 EDPB 指南 3/2018 的第 1~3 节，关于 GDPR 的领土范围（第 3 条）。

2.2 该控制者或处理者（数据出口者）通过传输或其他方式将受此处理的个人数据提供给另一控制者、联合控制者或处理者（数据进口者）

11. 第二条标准要求有一个控制者或处理者通过传输或其他方式向另一个控制者或处理者披露数据。关于 GDPR 中控制者和处理者的概念，EDPB 指南 07/2020 对这些概念进行了进一步阐述。*除其他外，应牢记控制者、联合控制者和处理者的概念是功能性概念*，因为它们旨在根据各方的实际作用分配责任，并且是*自主概念*，即它们应主要根据欧盟数据保护法进行解释。有必要对所涉及的处理和所涉及的行为者的角色进行逐案分析①。

12. 如果数据是由数据主体直接和主动②向接收方披露的，则不能认为满足了第二条标准。在这种情况下，不存在发送或提供数据的控制者或处理者（数据出口者）③。

例 1：第三国的控制者直接从欧盟的数据主体收集数据

居住在意大利的玛丽亚（Maria）在一个在线服装网站上填写了她的个人数据，以便完成她的订单，并在她罗马的住所收到她在网上购买的衣服。该在线服装网站是由一家在新加坡成立的公司运营的，在欧盟不存在。在这种情况下，数据主体（Maria）将她的个人数据传递给新加坡公司，但这并不构成 GDPR 意义下的个人数据的转移，因为数据不是由数据出口商（控制者或处理者）传递的，而是由数据主体自己直接和主动传递的。因此，第五章不适用于这种情况。然而，该新加坡公司需要根据第 3（2）条检查其处理业务是否受 GDPR 的约束④。

---

① 见 EDPB 指南 07/2020 第 9 页，关于 GDPR 中控制者和处理者的概念。

② 数据主体不能被认为是控制者或处理者。这源于 GDPR 第 4（10）条，它区分了控制者/处理者和数据主体。因此，披露他/她自己的个人数据的数据主体不能被视为"数据出口者"。这并不妨碍自然人/个人可以根据 GDPR 第 4（7）和第 4（8）条成为控制者/处理者（如作为自营职业者）的事实。然而，这并不限制作为控制者/处理者的自然人在涉及他们自己的个人数据时享有的保护。

③ 此外，重要的是要记住，如果个人数据的处理是由"自然人在纯粹的个人或家庭活动中"进行的，根据第 2（2）（c）条，这种处理将不属于 GDPR 的实质范围。

④ 在这方面，请参见 Recital 23，其中包括在确定是否符合 GDPR 第 3（2）（a）条的目标标准时需要评估的要素。

例 2：欧盟的控制者将数据发送给第三国的处理者

成立于奥地利的 X 公司作为控制者，向成立于智利的 Z 公司提供其雇员或客户的个人数据，Z 公司作为处理者代表 X 公司处理这些数据。

在这种情况下，数据从一个控制者提供给第三国的处理者，就有关处理而言，该控制者受 GDPR 的约束。因此，数据的提供将被视为向第三国转移个人数据，因此适用 GDPR 的第五章。

---

13. 同样重要的是要注意，GDPR 第 44 条明确设想，转移不仅可以由控制者进行，也可以由处理者进行。因此，可能会出现这样的转移情况：一个处理者按照其控制者的指示将数据发送给另一个处理者，甚至发送给一个控制者。

例 3：欧盟的处理者将数据发回给其在第三国的控制者

XYZ 公司，一个不属于欧盟机构的数据控制者，将其雇员/客户的个人数据（都是非欧盟居民）发送给处理者——ABC 公司，以代表 XYZ 公司在欧盟进行处理。ABC 公司将数据重新传输给 XYZ 公司。根据 GDPR 第 3（1）条的规定，处理者 ABC 公司所进行的处理属于处理者的具体义务，因为 ABC 公司是在欧盟成立的。由于 XYZ 公司是第三国的控制者，从 ABC 公司到 XYZ 公司的数据披露被认为是个人数据的转移，因此适用 GDPR 的第五章。

例 4：欧盟的处理者向第三国的子处理者发送数据

成立于德国的 A 公司作为控制者，委托一家法国公司 B 作为其代表的处理者。B 希望将其代表 A 进行的部分处理活动进一步委托给子处理者 C（一家在印度成立的公司），并为此目的将数据发送给 C。A 及其处理者 B 进行的处理是在其位于欧盟的机构范围内进行的，因此根据 GDPR 第 3（1）条，受其管辖，而 C 的处理是在第三国进行的。因此，数据从处理者 B 传递给子处理者 C 是向第三国的转移，适用 GDPR 的第五章。

---

14. 第二条标准意味着"向第三国或国际组织转移个人数据"的概念只适用于涉及两个不同的（独立的）当事方（各自为控制者、联合控制者或处理者）的个人数据披露。为了符合转移的条件，必须有一个控制者或处理者

披露数据（数据出口者）和一个不同的控制者或处理者接收或被给予访问数据（数据进口者）。

例5：欧盟的控制者的雇员到第三国进行商务旅行

A公司（总部设在波兰）的雇员乔治前往印度参加会议。在印度逗留期间，乔治打开他的电脑，远程访问他公司数据库中的个人数据以完成一份备忘录。这种从第三国远程访问个人数据的行为不符合以下条件：

个人数据的转移，因为乔治不是另一个控制者，而是一个雇员，因此是控制者（A公司）的一个组成部分。因此，披露是在同一个控制者（A）内进行的。处理过程，包括远程访问和乔治在访问后进行的处理活动，是由波兰公司执行的，即根据GDPR第3（1）条在欧盟设立的控制者。

---

15. 因此，如果发送方和接收方不是不同的控制方/处理方，则个人数据的披露不应视为GDPR第五章下的转移——因为数据是在同一控制方/处理方内处理的。在这种情况下，应该记住，根据GDPR第32条，考虑到其处理活动的风险，控制者和处理者仍有义务实施技术和组织措施。

16. 还应忆及的是，构成同一公司集团一部分的实体可能有资格成为单独的控制者或处理者。因此，属于同一公司集团的实体之间的数据披露（集团内部的数据披露）可能构成个人数据的转移。

例6：欧盟的子公司（控制者）与第三国的母公司（处理者）共享数据

爱尔兰公司A是美国母公司B的子公司，它向B公司披露其雇员的个人数据，由美国的母公司储存在一个集中的人力资源数据库中。在这种情况下，爱尔兰公司A以其雇主的身份处理（和披露）数据，因此是一个控制者，而母公司是一个处理者。根据GDPR第3（1）条，A公司的这种处理方式受GDPR的约束，而B公司则位于第三国。因此，该披露符合GDPR第五章意义上的向第三国转移的条件。

---

17. 尽管根据GDPR第五章（包括例5），某些数据流可能不符合向第三国"转移"的条件，但这种处理仍可能伴随着风险。例如，由于第三国的国家法律或政府访问的冲突，以及对欧盟以外的实体执行和获得补救的困难。控制者对其处理活动负责，无论它们发生在哪里，并且必须遵守GDPR，包括

第 24 条（"控制者的责任"）、第 32 条（"处理的安全性"）、第 33 条（"个人数据泄露的通知"）、第 35 条（"数据保护影响评估"）、第 48 条（"未经欧盟法律授权的转移或披露"）等。根据其实施技术和组织措施的义务，特别是考虑到 GDPR 第 32 条规定的处理方面的风险，控制者很可能得出结论，需要采取广泛的安全措施——或甚至不合法——以便在第三国进行或着手进行具体的处理操作，尽管没有"转移"的情况。例如，控制者可以得出结论，员工不能将他们的笔记本电脑等带到某些第三国。

2.3　数据进口者是在第三国，或者是一个国际组织，无论该进口者是否按照第 3 条的规定，在特定的处理方面受 GDPR 的约束

18. 第三条标准要求数据进口者在地理上位于第三国，或者是一个国际组织，但不管眼前的处理是否属于 GDPR 的范围。

例 7：欧盟的处理者将数据发回给其在第三国的控制者

A 公司，一个没有欧盟机构的控制者，向欧盟市场提供商品和服务。法国公司 B 代表 A 公司处理个人数据。B 将数据重新传送给 A。根据第 3（1）条，处理者 B 进行的处理由 GDPR 处理者的具体义务涵盖，因为它发生在其在欧盟机构的活动范围内。然而，由于 A 在第三国，从 B 到 A 的数据披露被认为是向第三国的转移，因此适用 GDPR 第五章。

3　后果

19. 如果符合 EDPB 确定的所有标准，则存在"向第三国或国际组织转移"的情况。因此，转移意味着个人数据被控制者或处理者（数据出口者）发送或提供给第三国的不同控制者或处理者（数据进口者），根据第 3 条，该控制者或处理者在特定的处理过程中受到 GDPR 约束，无论该数据进口者是否受到 GDPR 约束。

20. 因此，在"转移"情况下的控制者或处理者（根据上述标准）需要遵守第五章的条件，并通过使用旨在保护个人数据被转移到第三国或国际组织后的法律工具来对转移进行保障。

21. 这些手段包括承认数据被转移到的第三国或国际组织存在适当的保护水平（第 45 条），或者在没有这种适当的保护水平时，数据出口者（控制者

或处理者）实施第46条规定的适当保障措施。根据第49条①，只有在特定情况下和某些条件下，才能在不存在适当保护水平，或实施适当保障措施的情况下，将个人数据转移到第三国或国际组织。

22. 第46条中列出的主要转移工具类型有：

- 标准合同条款（SCC）。
- 有约束力的公司规则（BCRs）。
- 行为准则。
- 认证机制。
- 特设合同条款。
- 国际协议/行政安排。

23. 保障措施的内容需要根据不同的情况进行定制。举例来说，处理者转移个人数据时应提供的保障措施与控制者转移时需要提供的保护，有所不同②。同样，对于向第三国的控制者转移个人数据，如果该控制者在特定的处理过程中已经受到 GDPR 的约束，则需要较少的保护/保障措施。因此，在开发相关的转移合规工具（目前仅在理论上可用），即标准合同条款或特别合同条款时，应考虑到第3（2）条的情况，以便不重复 GDPR 的义务，而是解决"缺失"的元素和原则，因此，需要填补与第三国的国家法律和政府数据访问相冲突的空白，以及对欧盟以外的实体执行和个人获得救济的困难。为了澄清，这些工具应该，如解决在第三国立法和 GDPR 之间的法律冲突的情况下，以及在第三国有法律约束力的数据披露要求的情况下所采取的措施。EDPB 鼓励并随时准备合作开发数据转移合规工具，如一套新的标准合同条款，以适应在数据进口者根据第3（2）条的规定在特定的处理过程中已受 GDPR 的约束的情形。

24. 总而言之，如果不符合 EDPB 确定的标准，就不存在"转移"，GDPR 的第五章也不适用。如前所述，控制者对其控制的所有处理负有责任，无论其发生在哪里，在第三国的数据处理可能涉及风险，需要识别和处理（根

---

① 在这种情况下，也可参见 EDPB 建议 01/2020，关于补充转让工具的措施，以确保符合欧盟的个人数据保护水平。

② 参考委员会 2021 年 6 月 4 日关于根据欧洲议会和理事会 2016/679 号条例（欧盟）向第三国转移个人数据的标准合同条款的实施决定（欧盟）2021/914。

据情况减轻或消除），以便根据 GDPR 使这种处理合法。

25. 值得强调的是，根据第 3 条，其处理受 GDPR 约束的控制者和处理者在向第三国的控制者或处理者或国际组织披露个人数据时，必须遵守 GDPR 第五章的规定。这也适用于由不在欧盟设立但根据第 3（2）条受 GDPR 约束的控制者/处理者向同一或另一第三国的控制者或处理者披露个人数据的情况。